Nick
Polizzi

PFLANZEN MAGIE UND SCHAMANEN KRAFT

**Wie 8 Menschen
in den Dschungel reisten,
um Heilung zu finden**

Aus dem Amerikanischen übersetzt
von Jochen Lehner

Meiner Frau Michelle, die mir beigebracht hat, von Herzen zu lachen, was auch passiert. Und meinen Söhnen River und Rowan, den größten Lehrern überhaupt.

Das hier ist für euch.

INHALT

VORBEMERKUNG

Hier und da finden Sie in diesem Buch Übungen und Proben indigener Weisheit, die Sie sofort umsetzen können. Diese Praktiken wurden mir von den Heilern vermittelt, mit denen Sie Bekanntschaft schließen werden. Mit deren Einverständnis habe ich sie in dieses Buch aufgenommen.

Bitte gehen Sie zu Ihrer eigenen Sicherheit und der Ihrer Umgebung sehr vorsichtig beim Experimentieren mit diesen Techniken um. Sie können lebensverändernd wirken, aber bei unsachgemäßer Anwendung auch schaden.

EINLEITUNG

Auf die nachmittägliche Hitze hier ist immer Verlass. Das linke Augenlid blinzelt ein lästiges Schweißtröpfchen weg, während Zeigefinger und Daumen griffsicher eine Mücke gleich oberhalb des Halsausschnitts meines verschwitzten T-Shirts ertasten und abpflücken. Die Tierchen sind in dieser Gegend praktischerweise mit einer Vorrichtung am Saugrüssel ausgestattet, die die Einstichstelle betäubt und ihren Übergriff so lange unbemerkt bleiben lässt, bis der Schmaus beendet ist.

Hier keine Gratisverpflegung, Señor.

Ich sitze irgendwo im Grenzgebiet zwischen Brasilien und Peru auf der Kante eines schlichten Holzstuhls, den man in die Ecke einer schilfgedeckten offenen Küche gerückt hat, und starre in das dunkle Glotzauge eines mit Flüssigkeit gefüllten und trotz seiner farbenfrohen Gestaltung irgendwie beängstigenden Gefäßes. Die wettergegerbten braunen Hände des Eingeborenen, der es mir hinhält, geben beredt Zeugnis von den Jahrzehnten, die er wie die Generationen vor ihm hier im Busch verbracht hat.

Er heißt Arturo und ist der *curandero* des Dorfs. Den in diesem uralten Beruf tätigen Männern und Frauen sagt man eine übersinnliche Beziehung zu den örtlichen Pflanzengeistern nach, durch die sie die Kräfte dieser Pflanzen zur Heilung Kranker einsetzen können. Wahre Heiler oder Schamanen, so habe ich gehört, werden mit dieser Fähigkeit geboren und haben kaum eine andere Wahl, als ihrer Berufung zu folgen.

Arturo, Glied einer langen Kette von Medizinmännern, hatte mir eine Probe vom legendären Kraft- und Vitalitätselixier seiner Familie versprochen. Ah, das hier muss sie sein.

Die Flüssigkeit in der umgewidmeten Zwei-Liter-Limonadenflasche auf dem Tisch vor mir ist einigermaßen klar, sodass man kleine Zweige, Blätter, Samen und Insektenoberkörper darin schweben sieht.

»Das trinken alle in meinem Stamm jeden Morgen, bevor sie sich an die Arbeit machen. Es besteht aus zwanzig Zutaten und gibt dir einen ganz schönen Kick. Außerdem hilft es gegen Kopfschmerzen.« Arturo hält die Flasche ans Licht und benennt stolz die verschiedenen Schwebeteile, nicht ohne zu erwähnen, wie sie jeweils zur Wirkkraft des Gebräus beitragen.

»Heilen« ist ein Wort, das seine Tücken hat. Diese harmlosen sechs Buchstaben bezeichnen in der modernen Welt etwas ganz einfach zu Erfassendes, aber hier im Regenwald kann heilen so ungefähr alles bedeuten, vom Verband mit etwas Aloe an einem aufgeschürften Knie bis hin zu Zeremonien, die eine ganze Nacht andauern und einen bis an jenen existenziellen Rand treiben können, hinter dem nur noch der Tod selbst wartet.

Das deutsche Verb »heilen« geht wie das entsprechende englische auf Wurzeln zurück, von denen sich auch Wörter wie »heil«, »heilig« und »Heiland« herleiten. Zehn Jahre zuvor hätte ich mir diesen Zusammenhang noch nicht träumen lassen, aber beim Blick in diese Schamanenaugen weiß ich Bescheid. Sie scheinen so fest miteinander verflochten wie die ineinander verschlungenen Haare des über die linke Schulter hängenden samtschwarzen Zopfes.

»Sind das da drin Insekten?«, frage ich und weiß die Antwort bereits.

»Die da? Feuerameisen! Sie beißen ganz furchtbar, enthalten aber eine starke Medizin. Wirklich gut für dich.«

Ich lächle und nicke, als fände ich das richtig toll.

Er dreht den breiten Plastikverschluss mit dem »Inca Kola«-Logo ab und die Flasche gibt ein brausendes Zischen von sich wie eine Flasche, nun ja, Inca Kola.

»*Salud.*« Arturo schiebt sich die abgegriffene Truckermütze ins Genick, setzt die volle Flasche an. Zwei-, drei-, vier-, fünfmal saugt er ordentlich, dann folgt das lang gezogene »Ahhhh…«

6

Und gleich danach: »Ui, der ist aber stark geworden!«
Jetzt bin ich dran. »*Prueba, mi amigo*«, drängt er mich. Nach dem Ausdruck von bemüht überspielter Übelkeit in Arturos Gesicht – er ist ja mit diesem Zeug aufgewachsen –, darf ich mich auf ein Erlebnis gefasst machen, das gewiss nicht langweilig ist.

Es gibt einen besonderen inneren Ort, den ich in solchen Augenblicken gern aufsuche. Meine Arbeit verlangt zunächst einmal, dass man immer ein bisschen neben der Kappe ist, aber durch ständige Wiederholung schleift sich eine Fähigkeit ganz eigener Art ein, die einem in diese Kaninchenlöcher abzutauchen erlaubt, ohne dass einem die leidigen Überlebensinstinkte zu sehr in die Quere kommen. Es handelt sich um einen Ort, der vom Denken befreit ist. Angst bringt hier so wenig wie Spekulationen über den möglichen weiteren Verlauf der Dinge, und die Hindernisse lassen sich ja auch nicht immer umgehen. Genau hierhin sollte der Weg einen bringen. Jetzt kann man nur noch den nächsten Schritt tun und auf alles gefasst sein.

Während Arturo mir weiterhin seinen Zaubertrank hinhält, fällt mir ein taoistischer Priester ein, der mir einmal eine Weisheit mitgeteilt hat, auf die ich mich jetzt zu besinnen versuche. Es ging um einen Kung-Fu-Schüler und seinen Meister. Während das Training des Schülers immer anspruchsvoller wurde, bedrängte ihn der Meister mit einem immer dichter werdenden Hagel von Schlägen und Stößen mit Fäusten und Füßen. Der Schüler gab sich alle Mühe, sich auf die Aktionen des Meisters irgendwie einzustellen, doch es ging alles zu schnell für dieses kalkulierende Denken, das mit fünf bis zehn Schlägen pro Sekunde aus allen Richtungen schlichtweg überfordert war. Sobald der Meister merkte, dass der Schüler seine Angriffe mit zurechtgelegten Strategien zu parieren versuchte, folgte augenblicklich die Strafe.

»Sieh nichts voraus«, sagte der Meister. »Sei nur immer bereit.«

»*Salud.*« Ich nicke meinem lächelnden Freund zu und hoffe, dass ich meine zu erwartende Übelkeit unauffälliger überspiele als er seine. Hoch die Flasche und runter mit dem verloren geglaubten Elixier der Jugend.

Die folgende wahre Geschichte wird aus der Sicht eines durchschnittlichen weißen Amerikaners aus New England erzählt, der etwas über sich und diese Welt zu wissen meinte. Bis er einen Zeh in die Welt des Schamanismus steckte und erschrocken realisierte, dass dem nicht so war.

Sie werden in diesem Buch Bekanntschaft mit etlichen ungewöhnlichen Gestalten schließen, darunter zwei Schamanen, ein *Vegetalista* mit geradezu enzyklopädischem Wissen über Heilpflanzen des Dschungels, ein Häuflein von acht unerschrockenen Patienten, die zu allem bereit waren, was Heilung versprach, und meine zusammengewürfelte Filmcrew.

Jetzt fragen Sie sich vielleicht, was ein durchschnittlicher Typ aus Connecticut im unberührten Dschungel Südamerikas zu suchen hat. Gute Frage.

Ich heiße Nick, und nachdem ich in meinen Zwanzigern ernsthaft erkrankt und auf natürlichem Wege wieder gesund geworden war, beschloss ich, mein Leben der Erforschung alter Heilkünste zu widmen. Dieses Projekt führte mich in alle Winkel der Welt, in die Dörfer und Wohnungen indigener Völker, bei denen die Heilmittel und Zeremonien der Vorfahren noch in Gebrauch waren.

Irgendwo auf diesem Weg spielte mir das Schicksal eine Filmkamera in die Hände, und dann wurde auch bald klar, dass Guerilla-Dokumentarfilmerei wunderbar geeignet ist, um dieses untergehende schamanische Wissen zu bewahren und die lebenserhaltenden Heilgeheimnisse dorthin zu bringen, wo sie dringend benötigt werden.

Nun gibt es aber Dinge, die zu viel umfassen, als dass sie auf Filmmaterial gebannt werden könnten, und jeder, der einige Zeit bei den Ureinwohnern des Amazonasdschungels oder in den angrenzenden Anden verbracht hat, wird einem sagen, dass es da mehr als genug Wunderbares für ein ganzes Leben gibt. Ich leihe Ihnen deshalb für die folgenden Kapitel – in denen wir uns auf eine merkwürdige Heilexpedition begeben werden, die eine kühne Dokumentation werden sollte, sich aber als Tor zu unabsehbarer Transformation erwies – die normalsichtigen Augen, mit denen ich geboren wurde.

Meine Crew und ich dachten, wir würden losziehen, um einen verwegenen Film zu drehen, indem es darum gehen würde, die indigene Medizin der ultimativen Bewährungsprobe an echten Patienten zu unterziehen. Wir hatten keine Ahnung, dass wir dazu unser Realitätsverständnis neu zusammensetzen und uns den vergessenen Anteilen unserer selbst stellen mussten.

In diesem Buch geht es um Schamanismus und schon dieses geheimnisumwitterte Wort wird oft falsch interpretiert. Machen wir uns also besser gleich im Voraus klar, was dieser Begriff genau beinhaltet. Das Wort »Schamane« selbst ist Tungusisch und stammt aus der Gegend des Altai-Gebirges in Sibirien. Wörtlich bedeutet es »Wissender« oder »Wissende«.

In Tibet, der Mongolei und Teilen Chinas bezeichnet man mit diesem Wort Menschen, die Brücken zwischen der physischen Welt und dem Reich der Geister schlagen, um in ihrem Stamm Harmonie zu stiften und die Kranken zu heilen. Zu diesem Zweck treten sie in veränderte Bewusstseinszustände ein, die durch Trommeln, psychotrope Pflanzen, kontrollierte Überwärmung und andere Veränderungen der Umgebungsbedingungen induziert werden.

Abbildungen schamanischer Gestalten findet man in vielen Gegenden der Welt und teilweise aus prähistorischer Zeit. Ein Beispiel ist die fünftausend Jahre alte Höhlenmalerei im algerischen Tassili. Sie zeigt einen bienenköpfigen Schamanen, dessen Körper von Pilzen übersät ist. Ältere Höhlenmalereien in Frankreich und Spanien zeigen tierisch-menschliche Mischwesen die für viele Historiker ebenfalls schamanischer Natur sind.

Die Bezeichnungen dieser Position als Heiler und Priester sind regional und je nach Sprache unterschiedlich. Aber bezeichnenderweise wird die Rolle überall annähernd gleich betrachtet und auch die angewandten Praktiken stimmen weitgehend überein. Viele der von Medizinmännern und Medizinfrauen in den unterschiedlichsten Weltgegenden angewandten Riten sind einander unzweifelhaft ähnlich und dienen dem Zweck, den Schleier dieser Realität zur Seite zu ziehen, damit der Patient von innen heraus geläutert werden kann.

Puristen sind der Ansicht, man solle nur indigene Heiler aus den Wäldern Sibiriens und der Mongolei als Schamanen bezeichnen, weil der Schamanismus eben in dieser Gegend entstanden sei. Aber auch in Nord- und Südamerika, Afrika, Australien und Europa werden indigene Heiler, die mit veränderten Bewusstseinszuständen arbeiten, vielfach als Schamanen bezeichnet, weil der Ausdruck ihr Handwerk so treffend beschreibt.

Oft wird auch betont, dass für den Schamanismus Linien der direkten Übertragung charakteristisch sind, weil das Wissen hier mündlich von Generation zu Generation weitergegeben wird und es keine schriftlichen Aufzeichnungen gibt. Wenn es Lehrlinge zu unterweisen gilt, führt der Schamane sie oder ihn nicht nur in das Zeremoniell und die Heilpflanzenkunde ein, sondern lebt auch das In-der-Welt-Sein eines Schamanen vor.

Schamanen sind eine lebendige Brücke zwischen dieser Dimension hier und der anderen, die wir nicht sehen können. Ihr Leben ist durch die Erblichkeit des Amts innerhalb der Familie oder durch eine nicht beabsichtigte Initiation vorgezeichnet, zu der es oft aufgrund lebensbedrohlicher Situationen kommt. Ich habe mit etlichen dieser Männer und Frauen Bekanntschaft geschlossen und habe tiefen Respekt vor ihnen, aber sie geben ihr Wissen nur unter bestimmten Bedingungen weiter.

Jahrhunderte der Unterdrückung, aber auch Ausbeutung indigener Traditionen haben die Linien des Schamanismus so gut wie ausgelöscht. Die noch vorhandenen echten Hüter der Weisheit haben das uralte Wissen sicher zu verwahren gelernt und weihen nur einige wenige ein, denen sie vertrauen.

Eine der Grundregeln beim Drehen eines Dokumentarfilms lautet, das Vertrauen der gefilmten Menschen zu gewinnen, dabei aber nie seine eigentliche Aufgabe zu vergessen: dokumentieren und nicht partizipieren. Das kann schwieriger sein, als es klingt, wenn es um sehr heilige schamanische Zeremonien in privatem Rahmen geht.

Kapitel 1

Abstieg

Würden wir uns der Weisheit der Erde fügen,
wir könnten verwurzelt aufstreben wie Bäume.

RAINER MARIA RILKE

18. Juni 2016
Larapata, Peru

Ich sitze in einem Pick-up-Truck, der sich mitten in den Anden auf über 4800 Metern Höhe auf einer einspurigen Kiesstraße an einer Felswand entlangbewegt. Wir sind unterwegs in eine abgelegene Gegend, wo sich das majestätische Hochland ganz plötzlich zu einem flachen Meer von Amazonas-Dschungelgrün absenkt.

Am Steuer sitzt Roman, ein achtunddreißigjähriger Schamane, der vor jeder nicht einsehbaren Kurve hupt, damit entgegenkommende Lastwagen anhalten können. Wir sind ein bisschen in Eile, weil wir nur noch eineinhalb Stunden Tageslicht haben und uns am Ende dieser Fahrt ein zweistündiger Fußmarsch erwartet, bis wir »das Land« erreichen, wie Roman es liebevoll nennt.

In einem der scheinbar unzähligen Täler entlang dieses Ostabhangs befindet sich das neue Zuhause des Paititi-Instituts, wo wir unseren Dokumentarfilm *The Sacred Science* gedreht haben. Hier sollen ein paar Ayahuasca- und Coca-Zeremonien mit den Schamanenlehrlingen stattfinden, und außerdem möchten wir ein paar Heiler der Region filmen.

Noch ahnen wir nicht, dass der Weg nach Paititi so »arzneilich« wird, wie das Zentrum selbst.

Wir werden 1200 Meter und durch drei Klimazonen ins Tal des Río Mapacho absteigen und dann zwei Seilbrücken überqueren und schließlich am anderen Ufer bis zum Lager aufsteigen. Dieser beschwerliche neue Weg hat so gar nichts von dem, der zum früheren Standort des Instituts führte. Dort konnten Besucher von einem kleinen Flugfeld mit einem Kleinbus auf das Gelände des Instituts gebracht werden.

Als wir in unserem Toyota Hilux jetzt die schmale Kiesstraße hinunterrumpeln, geht die Hochgebirgsvegetation allmählich in üppigeres tropisches Grün über. Wir nähern uns dem Amazonas und spüren die feuchte Wärme, die uns durch die offenen Fenster des Wagens von unten entgegenweht.

Zwanzig Minuten später erreichen wir einen abgelegenen landwirtschaftlichen Stützpunkt mit ungefähr zweihundert Leuten – letzter Außenposten der Zivilisation, bevor wir Paititi erreichen. Roman kennt im Ort jemanden, bei dem er den Wagen abstellen kann und von dem wir Maultiere und Packpferde bekommen, um unsere Vorräte und sonstiges Material hinunter ins Tal zu transportieren. Während mein Kollege Mileen und ich unsere Rucksäcke festzurren, bespricht Roman mit ein paar Dorfleuten, dass sie die Nahrungsmittel und Ausrüstungsgegenstände auf der Ladefläche am nächsten Tag mit den Packtieren nach unten bringen.

Es wirkt nicht gerade ermutigend, wenn örtliche Quechua, die dieses Land wie ihre Hosentasche kennen, sich amüsierte Blicke zuwerfen bei dem Gedanken, dass diese beiden Ausländer und ihr Schamanenführer tatsächlich in diese Wildnis absteigen wollen, und das auch noch im Licht der untergehenden peruanischen Sonne.

Die Wege nach Paititi sind immer eine Lektion in Vertrauen, Vertrauen auf Mutter Natur, Vertrauen in den göttlichen Plan.

Also los!

Roman gibt uns noch mahnend zu bedenken, dass der Abstieg einem sehr viel mehr abverlangt als der Aufstieg, einfach weil er über weite Strecken sehr steil ist. Wenn man nicht bei jedem Schritt weich in den Knien nachgibt und die Stöße hauptsächlich mit den Muskeln abfängt, sind die Knie in null Komma nichts hinüber.

Beim Abstieg setzten wir jeden Schritt sehr behutsam, aber auch schneller, als wir ohne den Druck des schwindenden Tageslichts in solchem Gelände gehen würden. Der alte Inka-Pfad ist gerade breit genug für einen Menschen und führt über Kilometer mit starkem Gefälle an der bedrohlich wirkenden Talflanke hinunter, bis er weit unten an einem blauen Flüsschen endet. Linker Hand ist der Pfad mit Pflanzen aller Art bewachsen, aber rechts gibt es gar nichts – ein paar Zentimeter Erde und dahinter der sichere Tod.

Der Abstieg führt uns durch herrliche Blütenpracht und hohes goldenes Gras und Bestände wilder Erdbeeren, aber wir haben immer ein Auge auf die Kante, die nur einen falsch gesetzten Schritt entfernt ist.

Nach ungefähr zwanzig Minuten stoßen wir auf die Überreste einer alten Inka-Festung, die strategisch auf einem Kamm platziert ist, von dem aus man in allen Richtungen die Berge und Täler überblicken kann. Angesichts der späten Stunde, bleiben wir nur für einen Moment bewundernd stehen.

Wieder eine halbe Stunde später hören wir von weit unten herauf das dumpfe Donnern des Río Mapacho. Roman ruft uns zu, wir hätten die Hälfte des Weges geschafft. Seinem munteren Tonfall ist nicht zu entnehmen, ob er das ernst meint oder uns auf den Arm nimmt. Ich rufe zurück, dass ich ihm nicht glaube, aber jetzt bleibt er kurz stehen, und sein Medizinmannblick, den ich inzwischen kenne, sagt mir, dass er es ernst meint.

Jetzt ist wirklich nur noch ein letzter Rest Tageslicht übrig und wir sind ein bisschen aufgeschmissen, weil wir so müde sind. Auf einem schwierigen Bergpfad müde zu sein, das kann ein schlimmes Ende nehmen, aber wenn wir jetzt langsamer gehen, werden wir uns hier im Stockdunkeln zurechtfinden müssen.

Roman ist ungefähr fünfzehn Meter vor uns und ruft uns zu: »Okay, jetzt kommt das schwierigste Stück. Passt besonders auf, was ihr macht. Reine Präsenz. Lasst euch nicht ablenken.«

Ich gebe Romans Worte an den mit schnellen Schritten fünfzehn Meter hinter mir gehenden Mileen weiter. Er ruft nur »Klar« zurück, wohl um Luft zu sparen.

Als wir den Grat überquert haben, ist gleich zu erkennen, was Roman meinte. Hier besteht der Pfad nicht mehr aus festgetretenem Boden, sondern aus lockeren Steinen und wird dazu auch noch steiler, an einer ebenfalls noch steileren Felswand entlang. Jetzt ist es so weit, auch nicht für einen einzigen Gedanken oder ein einziges Wort ist Raum – man weiß einfach, dass das Leben von Sekunde zu Sekunde an einem seidenen Faden hängt.

Wir keuchen. Es wird so steil, dass man nicht mehr gehen kann, stattdessen in eine Art gebückten Trab verfällt, die Stirnlampe auf den Boden unmittelbar vor den Füßen gerichtet.

Da höre ich innerlich ganz fern ein leises Plappern: »Meine Güte, in was hast du dich denn da reingeritten? Das geht aber jetzt zu weit.«

Die Stimme lässt mich zusammenfahren, mein Blick fällt über den Rand in die Schlucht und dabei stolpere ich auch noch. Der plötzliche Ruck nach vorn lässt mich nach einem kleinen Strauch greifen, um mich wieder zu stabilisieren. Das war knapp.

Ganz unwillkürlich falle ich in ein Mantra: Immer nur dieser eine Schritt. Augen auf den Weg, nicht auf den Rand. Mein Atem ist mein Freund. Naturvertrauen.

Das wiederhole ich immer und immer wieder, um alle anderen Gedanken und die Angst aus dem Kopf zu bekommen. Das Gelände scheint immer noch trügerischer zu werden, und jetzt wird aus dem Trab eine Art gebückter Tanz, wobei die Schritte dem Rhythmus des Mantras folgen und sich der Form jedes einzelnen Steins und der vorausliegenden Kurve angleichen. Nicht denken, einfach tun, reagieren, überleben. Der Geist des Tals strömt in meinem Körper und die Angst weicht der Freude.

Ein durch das Dunkel wehender Geist fängt an, dem Körper, in dem er wohnt, ganz unschuldig klingende Fragen zu stellen: »Wessen Nase riecht da jetzt dieses warme Dschungellüftchen? Von wessen Braue tropft dieser salzige Schweiß?«

Ich weiß nicht mehr so richtig, wer dieser Nick Polizzi eigentlich ist, doch dafür weiß ich jetzt, wer *ich* bin. Kein Ego mehr da, ich bin das Tal geworden, das mich umgibt. Auch wenn das nicht unmittelbar einleuchtet, meine eingebauten Selbsterhaltungsinstinkte sind nicht notwendig, um in den Bergen am Leben zu bleiben.

Weiter vorn sehe ich Romans Stirnlampe haltmachen und dann in meine Richtung leuchten. Ich gehe im Dunkeln auf den hellen Strahl zu. »Okay«, sagt er leicht außer Atem. »Das Schlimmste liegt hinter uns. Wir sind gleich da.«

Fünfundzwanzig Minuten später queren wir auf einer knarrenden alten Seilbrücke die trüben Wasser des Río Mapacho. Danach liegen noch ein paar Hundert Meter Aufstieg an der anderen Talseite vor uns. Das fühlt sich gegen den Abstieg geradezu bequem an. Dann sind wir auf einmal im Paititi-Lager und werden von der Belegschaft und den auf uns wartenden Schülern begrüßt.

Beim Abendessen mit Roman und drei seiner Lehrlinge erzähle ich, wie es sich unterwegs für mich angefühlt hat, »niemand« zu werden. Roman setzt ein breites Grinsen mit blitzenden Zähnen auf: »Ja, erstaunlich, wie schnell unsere Illusionen verschwinden, wenn das Leben auf dem Spiel steht.«

Wir sitzen im Schneidersitz auf dicken Alpakadecken in einem »der Tempel« genannten Ziegelbau, dem größten Gebäude auf diesem

Tausend-Hektar-Grundstück, das als Treffpunkt und Speiseraum für all die Patienten, Schüler, Permakultur-Leute und die hier arbeitenden Heiler dient. Während der Schamane spricht, bemerke ich, dass zwei der Lehrlinge sich über eine eigene Reaktion auf meinen Bericht verständigen. Elton, ein maltesischer Koch und früher Inhaber eines mit einem Michelin-Stern ausgezeichneten Restaurants, spricht als Erster mit seinem melodischen Akzent.

»Nick«, sagt er, »das trifft sich sehr gut, dass du auf dem Weg ins Tal auf einmal nicht mehr wusstest, wer du bist. Wir nehmen uns immer eine Frage vor, über die dann abends meditiert wird. Vor eurer Ankunft haben Anthony, Stella und ich die Frage für den heutigen Abend ausgesucht. Kannst du dir vorstellen, wie sie lautet?«

Alle blicken zu mir herüber, gespannt, ob mir etwas einfällt. Dann bricht Anthony den Bann und antwortet für mich: »Wer bin ich?«

In einem anderen Leben wäre ich solchen Zufällen sicherlich mit Skepsis begegnet, doch die letzten fünf Jahre waren für mich eine Serie perfekt platzierter Synchronizitäten. *The Sacred Science*, mein Dokumentarfilm über den Schamanismus im Amazonasgebiet, der Roman und mich zusammenführte, war ein ganzes Spinnennetz unzweifelhafter Koinzidenzen, die anfangs höchst unwahrscheinlich erschienen, aber inzwischen so normal wie eine Sternennacht geworden sind. Nicht dass Synchronizität für mich etwas ganz Selbstverständliches wäre, aber sie ist auf dieser uralten Straße ins Unbekannte ein unentbehrliches Navigationsinstrument geworden. Ein weithin leuchtendes Signalfeuer, das zuverlässig irgendwo im Blickfeld auftaucht, wenn ich genau da bin, wo ich gerade sein soll. Wie Steinmarkierungen auf einem Bergpfad bestätigt dieses überraschende Zusammenfallen von Umständen, dass Kompass und topografische Karte richtig eingeordnet sind und die Richtung stimmt.

Ich lächle den drei Auszubildenden mit einer angedeuteten Verbeugung zu, bevor ich zu Mileen sage: »Scheint so, dass wir hier richtig sind.«

Roman sagt: »Ist das nicht allerhand, was noch vor der morgigen Ayahuasca-Zeremonie alles bei euch passiert? Was für Begrüßungsgeschenke!« Sein Blick hat etwas von Mitgefühl, aber auch etwas Amüsiertes, als würde er seinem jüngeren Bruder zusehen, wie er die ersten Erfahrungen mit einem Packen Knallfrösche sammelt. Wir kennen uns jetzt zehn Jahre und wir sind in dieser Zeit wirklich gute Freunde geworden, aber in Augenblicken wie diesem ist nicht zu übersehen, dass wir auch Schamane und Schüler sind.

»Die Komfortzone ist nicht der Ort, an dem man wächst«, sagt Roman. »Erst wenn wir an unsere Grenzen getrieben werden, sei es bei der Zeremonie oder auf dem Inka-Trail im Dunkeln, lernen wir, wer eigentlich am Lenkrad sitzt.«

Und wer *sitzt* am Lenkrad?

Ich hatte mich mit der Einstellung auf diesen Trip eingelassen, dass unser Ich – der für die Selbsterhaltung zuständige Persönlichkeitsanteil – in spirituellen Zusammenhängen eher hinderlich ist, aber ausgesprochen wichtig wird, wenn es um Leben und Tod oder um strategische Entscheidungen geht. Mit diesem Glauben stehe ich nicht allein da. Seit Sigmund Freud uns die Ich-Funktionen dargelegt hat (und wahrscheinlich schon lange vorher), waren sich Wissenschaftler und Naturheilkundige darin einig, dass die Kernfunktionen des Ichs, nämlich Urteilsvermögen, Kontrolle, Planung und Verteidigung, ganz wesentlich für unser Überleben sind. Roman erhebt Einwände gegen diese Sicht der Dinge und möchte meine »Weiterbildung« bei diesem Besuch offensichtlich an diesem Punkt festmachen.

»Du wirst einsehen müssen, dass es nicht nur bei den Zeremonien darum geht, loszulassen und sich für das Unbekannte bereit zu machen. Jeder Augenblick deines Lebens ist heilig und voller feinster Andeutungen, die nur der mitbekommt, dessen Blick klar genug ist. Und dazu kommen wir nur, wenn wir uns von uns selbst lösen und das Bangen vor dem, was noch kommen mag, hinter uns lassen.«

Auf meinen ratlosen Gesichtsausdruck hin vereinfacht er die Sache ein bisschen. »Du meinst immer noch, du müsstest den Wagen lenken, aber ein Weiser weiß, dass er der Wagen *ist* und der Wagen die Straße *ist*. Du brauchst nicht zu steuern, Nick. Du musst nur vertrauen.« Etwas von dem, was er sagt, kommt jetzt endlich doch bei mir an und wirkt inspirierend, aber auch beunruhigend. Dieses Gefühl habe ich während meiner ungefähr zehn Jahre auf dem Medizinpfad oftmals erlebt. Erfahrungsgemäß ist dieser »seelische Juckreiz«, der meist dann entsteht, wenn ich kurz etwas zu sehen bekomme, was ich noch nicht einordnen kann, die Ankündigung eines bevorstehenden persönlichen Durchbruchs.

Dieser Gedanke, dem Herz die Führung zu überlassen, klang für mich in jüngeren Jahren immer nach New-Age-Gerede, aber es gab inzwischen ein paar Reinigungsriten, die mich auf eher unangenehme Art auf mein tatsächliches Maß zurückgestutzt und mir bewusst gemacht haben, dass mein Gehirn entgegen der landläufigen Meinung nicht das Kontrollzentrum ist. So ist meine Reise eine Lektion im Stillsitzen geworden, bei dem mein Herz auf feinste Hinweise lauscht, die mein Gehirn weder aufnimmt noch verarbeiten kann.

Der Abstieg ins Tal des Río Mapacho war eine Art Feld-Lektion gewesen, eine Demonstration, bei der sich zeigte, dass Menschen selbst bei einem höchst strapaziösen Test ihrer Wendigkeit und ihres Durchhaltevermögens besser für sich sorgen können, wenn sie sich von ihrem Ich lösen und aus einer anderen Quelle schöpfen. In Gegenwart eines Schamanen zeigen diese Lehren von einem höheren Menschsein eine fatale Neigung, sich bald nach dem Aussprechen dieser Worte im echten Leben zu bewahrheiten – und das geht für gewöhnlich mit einem ordentlichen Angstschub einher.

Roman klopft Elton auf die Schulter und sieht uns Übrige an. »Gehen wir doch rüber zur Kapelle ein bisschen Coca kauen. Da können wir auch gleich Großmama was mitbringen und uns vor der morgigen Zeremonie schon mal mit dem Ort vertraut machen.«

Loslassen

Der am klarsten vorgezeichnete Weg ins
Universum führt durch die Waldwildnis.

JOHN MUIR

Vielleicht kennen Sie das: Sie gehen durch den Wald und ein Gefühl von Heimat kribbelt die Wirbelsäule hinauf. Die Natur ringsum atmet Sie ein und aus, spült sanft alles ab, was Sie als Ihre Probleme wahrnehmen, und hinterlässt Sie in einem Zustand reiner Erfahrung der Schönheit, die da ist.

Beim Gang durch Wiesen oder über hervorstehendes Wurzelwerk oder an bröckelnden Felswänden entlang fallen Ihnen Übereinstimmungen zwischen diesen Naturtableaus und dem Räderwerk Ihres Denkens auf. Je näher Sie dem Boden unter Ihren Füßen und der Beschaffenheit der ein- und ausströmenden Atemluft sind, desto schärfer heben sich Ihr Stress und die Herausforderungen davon ab.

In der Natur ist alles ganz und gar Kommunikation. Niemand beaufsichtigt das und es gibt keine Helden und Schurken. Alles, was sich hier tut, ist Teil eines fortgesetzt evolvierenden Zyklus.

Sie brauchen sich aber nicht in den Amazonas-Regenwald aufzumachen, um dieser Erd-Medizin teilhaftig zu werden. Vielleicht bringt es Ihnen sogar viel mehr, wenn Sie Ihren eigenen kleinen Waldstreifen zu Hause als Schauplatz wählen.

Waldbaden

a) Planen Sie diese Woche eineinhalb Stunden ein, die Sie sich selbst schenken. Sie werden einen kleinen Ausflug machen.

b) Leeren Sie Ihre Taschen und den Rucksack, bevor Sie aus dem Haus gehen: Handy, Computer, Zeitschriften, Zeitungen, iPod, Notizbuch und so weiter.

c) Gehen oder fahren Sie zu einem Waldstück oder Park in der Nähe. Suchen Sie sich dort eine Stelle, wo keine Leute sind und es auch sonst keine menschengemachten Ablenkungen gibt. Setzen Sie sich hin. Die Augen müssen nicht geschlossen werden, seien Sie einfach nur still.

d) Ziehen Sie, sofern das möglich ist, Schuhe und Socken aus, damit Ihre Füße unmittelbar die Erde berühren.

e) Verfolgen Sie eineinhalb Stunden lang das Rattern des Tickers mit seinem Auf und Ab.

Hier ein paar Dinge, auf die Sie währenddessen achten könnten.

- Wie lange dauert es bei Ihnen, bis innerlich alles ganz still wird?
- Welche Auslöser lassen Ihre Gedanken nur so stieben?
- Was für positive und negative Gedanken kommen da hoch?
- Was spüren Sie in Ihrer unmittelbaren Umgebung?
- Falls Sie gerade gesundheitliche Probleme haben, was für Gedanken stellen sich dazu ein?

Wenn es Ihnen gelingt mit offenem Herzen zu lauschen, wird der Wald Ihnen seine Geheimnisse anvertrauen und vielleicht hilft er Ihnen, ein paar Ihrer eigenen Geheimnisse preiszugeben.

Wir sitzen zu sechst in einer mindestens dreihundert Jahre alten spanischen Kapelle auf dem Boden und plaudern entspannt bei Kerzenlicht. In den Bergen Südamerikas gibt es viele dieser kleinen christlichen Sakralbauten mit einer Grundfläche von oft nicht mehr als knapp zehn Quadratmetern und einem kunstvoll verzierten Altar, der die ganze Wand gegenüber dem Eingang einnimmt.

Als die Konquistadoren in dieses Land einfielen, bemerkten sie bald, dass die Inka ihre heiligen Stätten und Tempel an Stellen platzierten, die sie als Kraftorte wahrnehmen. Hier kamen die Menschen zusammen, um zu den *Apus*, den Geistern oder Göttern des jeweiligen Berges, zu beten und ihnen Opfergaben darzubringen, für die sie sich Schutz und Erkenntnis erhofften.

Um die Leute schneller zum Katholizismus zu bekehren, griffen die Spanier auf das bewährte Mittel zurück, an den alten Andachtsstätten Kapellen wie die zu errichten, in der wir gerade sitzen. Die Eroberer wussten, dass die Eingeborenen weiterhin an diese heiligen Orte kommen würden, auch wenn da andere Gebäude standen. Und so konnte man sie nach und nach dazu bringen, die Gebete, die Glaubenssätze und den Gott der katholischen Kirche zu übernehmen.

Die heute noch vorhandenen Kapellen sind von schlichter Schönheit, auch wenn man das von der ursprünglichen Absicht und deren Durchführung überhaupt nicht sagen kann.

Laut rumpelt das rostige Blechdach über uns, als draußen plötzlich Wind aufkommt. Man kann sich kaum vorstellen, dass es auf seinen Sparren bleiben wird. Vermutlich war das ursprüngliche Dach ästhetisch ansprechender und weniger geräuschvoll.

Als Roman seinen Lehrlingen zunickt, flaut das Gespräch ab und sie breiten ihre kunstvoll gewebten Ritualdecken auf dem Boden vor sich aus. Dann ziehen sie alle ein Säckchen grüner Blätter aus ihrem Medizinbeutel, binden es auf und schichten ein paar Handvoll der Blätter zu einem kleinen Haufen. Es folgen Gefäße mit einem grünlichen Pulver, die sie ehrfurchtsvoll neben die Blätterhaufen stellen.

»Da wir hier morgen Abend eine Ayahuasca-Zeremonie abhalten werden«, beginnt Roman, »habe ich mir gedacht, dass es für uns alle gut wäre, heute zur Vorbereitung eine Coca-Zeremonie zu machen. Wir sind hier für mein Gefühl eine ganz besondere Gruppe von hoher Resonanz mit diesem Weg, und hier haben wir jetzt die Gelegenheit, uns mit dieser uralten Struktur zu verbinden und mit ihr vertraut zu werden.«

Wir kauen Cocablätter, seit wir letzte Woche in Cusco angekommen sind. Coca, diese Pflanze, die auch zu Kokain verarbeitet wird, ist eine der heiligsten Pflanzen Südamerikas, wenn nicht die heiligste. Sie ist seit Jahrtausenden als Medizin, Nahrungsmittel und Zeremonialpflanze im Gebrauch, und für viele Maestros ist sie eine Kraftpflanze.

Sicher ist jedenfalls, dass sie uns die letzten Tage hat überleben lassen.

Dass so gut wie alle Quechua-Waldbewohner der hohen Anden Coca kauen, liegt daran, dass diese Blätter neben vielen anderen Heilwirkungen vor Höhenkrankheit schützen und einen verlässlich mit Energie versorgen.

Ich habe diese Wirkung der Cocablätter schon früher erlebt, aber erst ab einer Höhe von 4000 Metern fand ich bestätigt, dass sie einen höhentauglich machen.

Tagsüber hatten Mileen und ich mit dem Wagen einen besonders hoch gelegenen Pass überquert, als uns beiden speiübel wurde. Ich lief grün an. Roman warf mir vom Fahrersitz aus einen kurzen Blick zu und schüttelte dann eine Tüte Cocablätter, die er neben sich liegen hatte. »Ihr müsst Cocablätter kauen. Das dürft ihr hier oben keinen Augenblick unterbrechen.«

Gehorsam stopften wir uns die Blätter in die Backentaschen, zusammen mit einem kleinen Löffel »Aktivator«, einer Mischung aus gemahlenen Blättern und Natron. Minuten später waren Übelkeit und Schwindel wie weggeblasen.

Persönliche Erfahrung ist immer noch der beste Beweis für die behaupteten Wirkungen traditioneller Arzneien.

»*Hallpay kusinchis.*« Mit diesem traditionellen Quechua-Segensspruch beugt sich Elton zu Roman hinüber und bietet ihm drei besonders schöne Blätter an, die er zwischen Daumen und Zeigefinger hält. Die Worte bedeuten: »Lass uns zusammen Coca kauen.« »*Urpiay sunkayai*«, gibt Roman zurück. Diese traditionellen Dankesworte bedeuten »Täubchenflattern aus meinem Herzen«. Er blickt Elton in die Augen, als er die Gabe entgegennimmt. Die Zeremonie hat begonnen.

Bei der traditionellen Coca-Zeremonie wählen alle Teilnehmer drei makellose Blätter aus den vor ihnen liegenden Haufen und fassen sie zu einem kleinen Strauß oder *kintu* zusammen, wobei die Blattseite auf die Person gerichtet ist, die es bekommen wird. Man schwenkt das Kintu ein wenig vor dem Mund des Empfängers und haucht ihm ein Gebet ein. Mit diesem Segen versehen übergibt man es.

Da sitzen wir also an einer Stelle, die ein uraltes Kraftportal der Inka sein könnte, und fertigen unsere Kintus füreinander an. Ein Gefühl von Frieden senkt sich über die Szene. Ich bin diesen Schamanenschülern noch nie begegnet, und trotzdem regt sich in mir kein Impuls, sie über ihr Leben zu befragen oder von meinem zu erzählen. Dass Roman uns hier zusammengebracht hat, sagt genug darüber aus, wer wir sind und woran wir glauben.

Während wir jetzt alle kauen, erzählt er der Gruppe von Mileen und mir. Ein paar Minuten verwendet er auf den Bericht von unserer einige Jahre zurückliegenden Arbeit an einem Dokumentarfilm über den Schamanismus hier im Amazonasgebiet. Das war eine ziemliche Achterbahnfahrt gewesen, aber der Film wurde dann ein richtiger Hit.

Elton und Stella bestätigen das mit einem Nicken und sagen, sie hätten ihn gesehen. »Danke für diesen schönen Film«, sagt Elton. »Ich habe ihn damals gleich nach der Premiere gesehen.« Seine Augen blitzen im Kerzenlicht.

Ich nicke lächelnd und senke für einen Moment den Blick – eine Angewohnheit, die mir seit einigen Jahren schmerzlich bewusst ist. Ich habe für diesen Film annähernd zwei Jahre und mein ganzes Geld (und zusätzlich noch umfangreiche Darlehen) aufgewendet. Über zwei Millionen Menschen haben ihn gesehen und daraus ist eine muntere Online-Community von Suchern und Afficionados der Naturmedizin entstanden. Trotzdem ist es mir immer noch ein bisschen unangenehm, mit Schamanen und deren Lehrlingen und anderen indigenen Heilern zu sprechen, die ja Tag für Tag die echte Arbeit verrichten.

»Was hast du bei diesem Trip vor, Nick?« Anthony, der bis jetzt geschwiegen hat, blickt mir bei dieser Frage direkt in die Augen.

Roman antwortet an meiner Stelle. »Nick ist hier, um ein bisschen an sich zu feilen, das Wesen seiner und unserer Arbeit zu erkennen und ein paar seiner inneren Blockaden aufzulösen, die ihm auf seinem Weg immer noch in die Quere kommen.«

Ich blicke mit meiner dicken Coca-Backe breit grinsend in die Runde. Roman sagt die Wahrheit, und ich finde es ganz wunderbar, dass meine Schwäche in dieser sicheren Umgebung direkt angesprochen werden kann und ich keinerlei Scham empfinde und mich nicht verteidigen muss.

Verhalten und mit dem Blick auf die Kerzenflamme vor mir gerichtet füge ich hinzu: »Ich hoffe, ich kann Großmama bei unserer Ayahuasca-Zeremonie morgen Abend zu ein paar Dingen um Rat fragen. Es gab schon lange keine Gelegenheit mehr und ich hab da wirklich ein paar Fragen für sie.«

»Ich glaube ja nicht, dass du morgen viel Zeit zum Fragen haben wirst«, sagt Roman, während er sorgfältig sein nächstes Kintu steckt. »Großmama hat dich eine ganze Weile nicht gesehen, da wird erst mal einiges loszuwerden sein.«

Der Schamane und seine Lehrlinge schütteln sich vor Lachen und grinsen dann mich an. »Großmama« ist in der schamanischen Community ein zärtlicher und immer respektvoller Name für Ayahuasca – eine der heiligsten und sicher die am stärksten halluzinogen wirkende Medizinpflanze des Amazonas-Regenwalds. Zum erfreulichen Teil des Besuchs bei Großmama kommt man kaum je, ohne erst einmal den gesamten Mageninhalt von sich zu geben. Etwas bemüht stimme ich in das Lachen der anderen ein, während zugleich bereits das nur allzu bekannte Grauen einsetzt.

Wir haben noch vierundzwanzig Stunden vor uns, bis wir die Seelen-Liane trinken, aber die Medizin fängt jetzt schon an, nach mir zu langen. Wer um Himmels willen unterzieht sich freiwillig dieser Tortur, die Großmama Ayahuasca denen zumutet, die sie einnehmen? Solche Gedanken gehen mir durch den Kopf.

Während ich noch dasitze, geht mein Kopf schon zu seiner Lieblingsbeschäftigung vor einer anstehenden Zeremonie über und fragt sich einmal mehr, wie ich überhaupt hierhergekommen bin.

Kapitel 2

Initiation

Dein Schmerz ist das Aufbrechen der Schale,
die dein Verstehen umschließt.

KHALIL GIBRAN

Ich bin nie auf so etwas aus gewesen.

Ich bin als Katholik in einer Kleinstadt in Connecticut aufgewachsen, wo Spiritualität nicht mehr bedeutete, als dass man sonntags in die Kirche ging, abends sein Nachtgebet und bei besonderen Anlässen ein schnelles Tischgebet sprach. Darüber hinaus war nicht viel davon die Rede. Klima und Verhalten haben in New England eine gewisse Kälte, die nur die dort Lebenden wirklich verstehen. Man kümmert sich um seine eigenen Angelegenheiten und erwartet das auch von anderen. Das sorgt für Stille in den Sackgassen, für reizende, aber stickige Schulen und für reichlich sorgsam gehütete Geheimnisse.

Aber auch für linkisches Verhalten in Andachtsstätten. Ich war mir nie ganz sicher, ob sich jemand wirklich wohlfühlte in unserer Kirche. Außer den Priestern, Diakonen und Messdienern sagte eigentlich nie jemand etwas oder führte Gespräche. Ich hatte daran nichts auszusetzen, schließlich konnte ich dann einfach meinen eigenen Gedanken nachhängen, während mein Körper die verinnerlichte Routine abspulte. Wenn wir zum Empfang der Kommunion nach vorn gingen, sah ich in den anderen Sitzreihen Kinder, die ich von der Schule kannte. Doch das gab man nur andeutungs-

29

weise mit einem schnellen Blick zu erkennen, als wolle man sagen: »Ah, dich schleppt deine Familie also auch hierher.« Aufstehen, hören, die vorgeschriebene Antwort rezitieren, hinsetzen und die Gebetbuchseite umschlagen, aufstehen und wieder ein paar Worte wiederholen, dann setzen, dann aufstehen und dem Nachbarn die Hand geben, dann niederknien, dann für die trockene Oblate anstehen, noch mal etwas rezitieren und dann nach Hause gehen. Vielleicht läuft ja Football. Meine Schwester Liz und ich hatten für die Sonntage immer unsere ganz eigene Strategie des passiven Widerstands. Wir ließen uns sehr viel Zeit, um uns fertig zu machen, und sahen dabei immer auf die Uhr in der Hoffnung, Mama und Papa würden dann selbst zu wenig Vorbereitungszeit haben, um es noch rechtzeitig bis zur Kirche zu schaffen. Das hatte eine immerhin fünfzigprozentige Wahrscheinlichkeit. Wenn es für uns gut ausging, jubelten wir so verhalten, dass es nicht auffiel. An anderen Sonntagvormittagen stiegen wir ins Auto, um wie gute Christen frühzeitig da zu sein.

Auch wenn ich die Predigten in der Kirche nicht mochte, für mich allein betete ich in meiner Kindheit eifrig jeden Abend. Manche Leute sagen ja, sie hielten beim Beten Zwiesprache mit Gott, aber für mich waren es Einweg-Gespräche.

Ich lag dann da in der Dunkelheit und flehte Gott an, meine Familie und mich zu behüten und mir die Fehltritte des vergangenen Tages zu vergeben, und mit einem Ave-Maria und Vaterunser war die Sache dann abgerundet. Die Existenz eines allmächtigen Schöpfergottes war nichts, was mich von Herzen begeisterte. Ich unterschrieb eigentlich nur jeden Abend eine Versicherungspolice für den Eventualfall, dass ich eines Tages sterben würde und dann Petrus alle meine Sünden gestehen müsste, und das waren einige. Dieses Motiv spürte ich auch bei den anderen Kirchgängern, die ringsum auf diesen ergonomisch bedenklichen Bänken hockten. Sie schienen alle nur dort zu sein, weil sie Angst vor dem hatten, was passieren würde, wenn sie wegblieben. Fegefeuerdrohungen über allzu viele Generationen hatte dieses unbeholfene Kollektiv von Mittelklasse-Amerikanern hervorgebracht, die es als ihre Pflicht ansahen, sich zu versammeln und Worte aus einer schlecht gehefteten Broschüre nachzubeten.

Für meinen jugendlichen Kopf gab es an der Religion, in die ich hineingeboren worden war, zwei Dinge, die überhaupt nicht akzeptabel waren. Zunächst einmal fand ich die Vorstellung völlig abwegig, dass man sich die Woche über wie die Axt im Walde verhalten konnte und dann trotzdem ungeschoren davonkam, wenn man in die Kirche ging und die Beichte ablegte. Ich war überzeugt, dass diese Art von Straferlass nur von Menschen ersonnen sein konnte, nicht vom Himmel.

Schon beim Gang zum Parkplatz an der Kirche zeigte sich, dass die Leute etwas ganz anderes lebten, als ihr heiliges Buch vertrat, um dann am Sonntag zum Freiwischen der Tafel vorstellig zu werden. »Es ist leichter, dass ein Kamel durch ein Nadelöhr gehe, denn dass ein Reicher ins Reich Gottes komme«, hatte der in seinem nagelneuen BMW vorgefahrene Ehrenlektor vorgelesen. Eben noch hatte man ganz unauffällig um die besten Parkplätze gerangelt und leise über den Blödmann geflucht, der einem den angesteuerten Platz weggeschnappt hatte, aber schon im nächsten Moment würde man im Brustton der Überzeugung zum Besten geben, man solle andere immer so behandeln, wie man selbst gern behandelt werden möchte.

Der zweite und wichtigere Punkt bestand darin, dass ich einfach nicht akzeptieren konnte, wie wenig das alles mit tatsächlicher Erfahrung zu tun hatte. Glaube ist der zentrale Tragpfeiler der römisch-katholischen Kirche und ich fand es einfach unglaubwürdig, dass jedes Wort in diesem langen Buch Gottes für mich gelten sollte. Ich brauchte konkrete Beweise dafür, dass ich eine Seele war, die vorübergehend in dieser Kapsel aus Fleisch und Blut namens Nick lebte.

Gemeinschaft gab es einfach nicht. Nichts von einem Kumbaya-Kreis der gegenseitigen Bejahung, der Liebe, des Mitfühlens. Die Bibelfilme, nach denen meine Großeltern ihr Leben ausrichteten, zeigten die schönsten frühchristlichen Kollektive mit ihrem einigenden Glauben und der gemeinsamen Mission, in alle Welt zu gehen und Gottes Liebe auszustrahlen. Was ich an einem ganz durchschnittlichen Sonntag in Connecticut in der Saint Joseph´s Church tat, hatte davon so gar nichts.

Als ich vierzehn war, sah ich im Zimmer meiner Schwester Liz einen sonderbaren Altar mit Kerzen, einigen nicht identifizierbaren Statuen, einem handgewebten kleinen Läufer und einem großformatigen Buch, auf dem mit großen Lettern *Wicca* stand. Das fand ich ganz entschieden interessant, zumal es mich in dem Verdacht bestärkte, dass meine Schwester ein komischer Vogel war.

Ich blätterte in dem Buch herum, sah mir die Zeichnungen von nackten Frauen, Pentagrammen und Huftieren an. Bei den Zaubersprüchen, Ritualen und halluzinogenen Pflanzen der Erdgöttin hatte ich den Eindruck, dass das Ganze wunderbar exotisch war und viel mit Erfahrung zu tun hatte, aber lief man da nicht eigentlich zur Gegenseite über, waren das nicht die Bösen?

Es fühlte sich an wie ein missglückter Film der späten Achtziger und alles in allem war es das wohl auch.

Spiritualität ging mir ganz verloren, als ich Anfang zwanzig und auf dem College mit alldem beschäftigt war, was einen in dem Alter umtreibt. Studienfreundschaften, Trinken und Drogen und gerade so viel studieren, dass es für einigermaßen präsentable Noten reicht, Liebschaften, noch mehr Alkohol und dann ab in die Tretmühle.

Aber Ende 2002 passierte etwas, was meinen Aufstieg ins Mittelklassen-Nirgendwo unterbrach. Ich saß am Computer, als plötzlich mein gesamtes Gesichtsfeld grell und verschwommen aussah. Stellen Sie sich den Zustand der Blendung vor, wenn Sie aus irgendeinem Grund etwas zu lange in die Sonne geschaut haben. So war es jetzt bei mir auch, nur dass sich die blendende Helle auf das gesamte Blickfeld ausdehnte. Ich geriet in Panik und tappte herum, um irgendwie ins Bad zu finden und mir kaltes Wasser ins Gesicht zu spritzen. Und dann war diese Blendung urplötzlich vorbei und ich sah wieder so gut wie zuvor.

Ich hatte keine Ahnung, was das sein mochte, tat aber das Erste, das ich bei solchen für mich unerklärlichen medizinischen Vorkommnissen für gewöhnlich tue: Ich rief meine Mutter an. Ich hatte die Nummer noch nicht ganz gewählt, als in meinem Gehirn explosionsartig ein furchtbarer Schmerz losbrach. Ich krümmte mich unwillkürlich auf dem Boden zusammen, wo mich immer weitere Wellen von Schmerz schüttelten.

Ich lag acht Stunden in vollkommener Dunkelheit und Lautlosigkeit, bevor der Schmerz endlich nachzulassen begann.

In dieser Woche war ich zum allerersten Mal bei einem Neurologen und erfuhr dort, dass es sich um einen von den Augen ausgehenden Migräneanfall gehandelt hat. Sollten Sie nicht wissen, was das ist, kann ich Ihnen Folgendes dazu sagen: Es handelt sich nicht um normale Schmerzen, sondern der Schmerz macht Sie so fertig, dass Sie kein normales Leben mehr führen können – und so war es auch für mich in den ersten beiden Jahren dieser Tortur.

Stellen Sie sich das so vor, als würde ein gebrochener Knochen oder gerissener Muskel belastet, nur eben in Ihrem Gehirn und das sechs bis acht Stunden lang. Die Anfälle kamen ohne Vorwarnung, und die Schmerzen konnten so heftig werden, dass ich keine Worte mehr formen oder in irgendeiner anderen Weise kommunizieren konnte. Meine damalige Freundin musste mein höchst beunruhigendes Verhalten während dieser Anfälle mit ansehen.

Einmal hatte ich mich, als sie nach Hause kam, im Schlafzimmer unter einer Decke verkrochen und war nicht imstande, ihr irgendeine Antwort zu geben. Ich versuchte, einen Satz zusammenzuschustern, aber es kam nur völlig wirres Zeug heraus, das keinen Sinn ergab. Nicht dass ich genuschelt hätte, aber die Worte, die ich hervorbrachte, passten nicht zusammen. Als ich ihr zu sagen versuchte, sie solle mir ein Glas Wasser besorgen, kam etwas ganz anderes heraus, nämlich »Baseball. Hund. Gib her«.

Mein damaliger Arzt, einer der angesehensten Neurologen des Landes, verschrieb mir alle möglichen Medikamente. Bei jedem erfuhr ich vorübergehend ein wenig Erleichterung, aber die meisten büßten nach wenigen weiteren Anfällen ihre Wirksamkeit ein. Als ich wieder einmal bei diesem Arzt war, eröffnete er mir, er sähe für mich nur noch die Möglichkeit, ein vorbeugend wirkendes Medikament zu nehmen, das nur in fünfzig Prozent der Fälle wirkte, aber ganz sicher meine Stimmung und meine Wirklichkeitswahrnehmung verändern würde. Das war der Punkt, an dem ich mit der modernen Medizin abschloss.

Wenn das Leben einem persönliche Grenzen aufzeigt, von denen man bis dahin nichts wusste, wird es interessant. Ich war zu der Zeit überhaupt nicht naturheilkundlich eingestellt, aber es war für mich undenkbar, ein Medikament einzunehmen, das meine Wahrnehmung der Welt verändern würde. Selbst wenn ich dann schutzlos diesen Schmerzen ausgesetzt sein würde.

Erstaunlicherweise erwiesen sich dann gerade diese Kopfschmerzen als der größte Segen, der mir je zuteilgeworden war. Durch eine Verkettung unvorhersehbarer Ereignisse brachten sie mich auf den schamanischen Heilungsweg, den ich jetzt gehe.

Ungefähr eine Woche nach meinem Abschied von der Schulmedizin war ich gerade wieder mitten in einem Migräneanfall, als das Telefon klingelte. In solchen Fällen nehme ich normalerweise nicht ab, erkannte aber an der Nummer, dass es mein bester Freund war, der ebenfalls Nick heißt. Er kannte meine Geschichte und verstand es immer, mich ein wenig aufzurichten, sodass es mir dann gleich etwas besser ging.

Ich meldete mich nuschelnd und erzählte ihm, was bei mir gerade los war, und dass ich gleich wieder auflegen müsse, weil es vom Reden noch schlimmer würde. Er sagte: »Ich weiß, dass es wehtut, aber bleib trotzdem noch dran, um etwas mit mir auszuprobieren. Ich glaube, ich hab da was, was dir helfen wird.« Dann erzählte er mir von einer natürlichen Schmerztherapie namens EFT, die er gerade gelernt hatte und mit der man bei Migräne angeblich etwas ausrichten kann. Er könne mir am Telefon beibringen, was man da macht. Ich ließ mich zu einem fünfminütigen Experiment überreden, und gleich fing er an, mich alle möglichen Punkte im Gesicht und am Oberkörper klopfen zu lassen und dabei musste ich auch noch Affirmationen sprechen. Ich musste jedes letzte bisschen Kraft aufbieten, um aufrecht sitzen zu bleiben und seiner skurrilen Akupressuranleitung zu folgen, aber nach ungefähr drei Minuten stellte er mir eine Frage, die mich bis ins Mark durchrüttelte und Gefühle weckte, die ich noch nie erlebt hatte: »Wenn dieser Schmerz ein Mensch wäre, wer wäre er dann?«

Das Bild eines nahen Angehörigen blitzte auf und dazu gleich auch noch eine konkrete Szene in einem Wagen, der mir sehr bekannt vorkam. Es ergab sich ein heftiger und schmerzhafter Wortwechsel über etwas für mich Verstörendes, was diese Person vor Jahren einmal getan hatte. Als ich diese Szene durch die Turbulenzen der allen Raum einnehmenden Migräne taumeln sah, kam es unerwartet zu einer seelischen Lösung. Tränen traten mir in die Augen und dabei hatte ich das Gefühl, als würde sich der Affenzirkus in meinem Kopf beruhigen. Der Schmerz lief ab, als wäre ein Stöpsel gezogen worden. Zehn Minuten später war er größtenteils verschwunden. Nick staunte Bauklötze, ich auch. »Echt, oder?«, fragte er ungläubig. »Na, ich hab doch gesagt, dass das funktioniert!« Ich war in gleicher Weise erstaunt wie erschöpft. Wir redeten noch ein paar Minuten, dann musste ich auflegen und fiel in einen tiefen Schlaf.

Anscheinend hatten mich die Erinnerungen an diese schmerzliche Szene die ganz Zeit belastet, aber von diesem Tag an wurden die Migräneanfälle deutlich seltener, und wenn sie auftraten, waren der Schmerz und die Begleitsymptome weniger heftig als bei normalen Kopfschmerzen.

Mich einem blinden Fleck in der Schattenzone meiner Psyche zuzuwenden und mir einzugestehen, was da los war, erwies sich für mich als eine Art Jungfernfahrt. Bis dahin hatte ich einfach nicht gewusst, dass man sich den Ursachen persönlicher Leiden annähern konnte und es sogar möglich war, sie zu lindern. Aber nach diesem einen kurzen Einblick war ich Feuer und Flamme. Da musste ich weiterforschen.

Dieses Erlebnis war eine entscheidende Wende, die eine neue Form der Intuition in mir weckte. Es war beinah so, als stünde mir jetzt ein neuer Sinn zur Verfügung. Jedenfalls sah ich von da an weitere subtile Einzelheiten meiner Wirklichkeit, bei denen etwas nicht stimmte. Ich fing an, mir alle meine scheinbar so unschuldigen Gewohnheiten, Verhaltensweisen und Muster genauer anzusehen, die Bauchgefühle von »nicht gut« auslösten.

Nach ein paar Monaten dieses Forschens war mir klar, dass die verbliebene kleine Migräneneigung mit Kaffee und scharfen Käsesorten zu tun hatten. Als ich beides wegließ, blieb auch die Migräne weg.

Diese alte chinesische Klopfmassage zusammen mit Änderungen meiner Ernährungsweise bewirkte deutlich mehr als die Medikamente, die ich ausprobiert hatte. Außerdem hatte dieser Ansatz etwas in mir aus der Versenkung geholt, eine schon lange bestehende alte Verletzung.

Eigenartigerweise hat mich der Schlingerkurs dieses Migräne-Romans auch noch zum Film gebracht. Ohne diese Schmerzen wäre ich jetzt anderswo und würde etwas tun, was nicht halb so befriedigend ist wie das Schreiben dieses Buchs.

Bis zu meinem Sieg über den chronischen Kopfschmerz im Alter von sechsundzwanzig Jahren hatte ich keine richtige Berufung im Leben gehabt. Ziemlich früh bekam ich von meiner Familie zu hören, ich sei gut im Zeichnen. Diese Fertigkeit hatte ich mir auf den Seiten von Lehrbüchern und den Rändern von Testbögen erarbeitet und das lief am Ende auf ein Designstudium hinaus. Das war aber alles noch oberflächliches Zeug. Es steckte keine echte Richtung dahinter, keine Identifikation mit etwas Größerem.

Auch Naturheilkunde und die Erforschung des menschlichen Bewusstseins waren bei mir keine Berufung im Sinne einer natürlichen Neigung. Sie waren ein Weg. Mein Herz schubste mich sacht zu etwas hin, was viel größer war als ich, und führte mir mit kleinen Einblicken ein Leben vor Augen, in dem ich anderen dazu verhelfen konnte, die unglaubliche Kraft alter Heilmethoden zu erkennen.

Es kann sein, dass man sein Leben lang den buddhistischen Tempel um die Ecke und den ayurvedischen Kräuterladen ein paar Ortschaften weiter nicht bemerkt. Sie gehören einer anderen Kultur an – bis Sie vielleicht eines Tages dem Glauben entfliehen müssen, dessen Sie sich bis dahin bedient haben, oder bis zu dem Tag, an dem Sie angesichts einer Krankheit oder Krise, für die das von der Familie oder Glaubensgemeinschaft oder Gesellschaft mitgelieferte Bedienungshandbuch nichts hergibt, nach Heilungsmöglichkeiten suchen.

Der Naturkostladen in der Nähe meines Park-Slope-Apartments in Brooklyn wurde mein Mekka. Die Kräuterabteilung, die Bücher über östliche Philosophie und das ganze Auftreten der Leute, die den Laden führten, waren in sich selbst eine Art Therapie für mich. Nachdem ich alles auf die moderne Medizin gesetzt und verloren hatte, rief mich die überlieferte Heilkunde und zeigte mir, wie man im Krankheitsfall mit alten Hausmitteln für sich selbst und für andere sorgen kann. Die Wege dieser Schöpfung können schon wirklich verschlungen sein. Sobald man sich berufen fühlt, beginnt sich hinter den Kulissen, das kosmische Räderwerk zu drehen und spielt einem die unwahrscheinlichsten Chancen zu, seine Begabungen einzubringen und sich dem zu widmen, was einem bestimmt ist. Eines Tages riefen mich zwei Freunde an, Kevin Gianni und Nick Ortner (der Nick, der mich bei der Überwindung meiner Migräne unterstützt hatte), und sagten, sie seien gerade dabei, einen Dokumentarfilm über die Klopftechnik zu drehen, die mich geheilt hatte: EFT oder Emotional Freedom Techniques. Im Moment wüssten sie nicht weiter und brauchten Rat.

»Äh … von mir? Was verstehe ich denn vom Film?« Sicher zogen sie mich einfach nur auf.

»Du hast doch Design studiert. Gab es da nicht auch Fotografiekurse?« Ich konnte Nicks Tonfall entnehmen, dass die Anfrage ernst gemeint war. Ich lachte auf. »Da müsst ihr aber echt in der Patsche sitzen, wenn euer Film von meinem einen Semester College-Fotografie abhängig ist.«

»Pass auf, wir haben hier eine ziemlich umfangreiche Fotoausrüstung, wissen aber nicht so richtig, wie man damit umgeht. Kannst du mal vorbeikommen und dir die Sachen angucken?«

Am folgenden Tag standen wir in einem Keller und sahen uns Video- und Audiogerätschaften an, die alle noch in ihren Schachteln waren. Ich machte mein coolstes Gesicht und fing an, die Sachen auszupacken und zusammenzustecken. »Ja, damit komme ich schon zurecht.«

Einen Monat später war ich bereits Produktionsleiter des Films und fuhr im ganzen Land herum, um eine Reihe hochinteressanter und führender Köpfe auf dem Gebiet der Gesundheit und des Wellness zu interviewen. Wir standen also hinter diesen Kameras und entlockten unseren Opfern ermutigende Informationen über die Fähigkeit des menschlichen Organismus, sich selbst zu heilen. Es war alles so spannend, dass wir fast immer mit einem begeisterten Grinsen im Gesicht zurückblieben, wenn die Leute wieder gingen.

Als wir dann jedoch im Schnittraum anfingen, unser Material zusammenzufügen, fiel mir auf, dass etwas ganz Entscheidendes fehlte: echte Patienten, die durch die Anwendung von EFT Besserung erfuhren.

Naturheilkunde ist Volksmedizin. In sehr weiten Teilen der Welt greift man im Krankheitsfall erst einmal auf traditionelle Mittel zurück, bevor man schulmedizinische Verfahren auch nur in Betracht zieht. Wir mussten also echte Menschen bei der realen Anwendung dieses Verfahrens zeigen und sie mussten offen über ihre Erfahrungen berichten.

So kamen wir auf die Idee, in unserer ländlichen Kleinstadt in Connecticut ein viertägiges Heil-Retreat zu veranstalten, zu dem wir zehn Patienten mit ganz unterschiedlichen Beschwerden und Diagnosen einluden, von posttraumatischer Belastungsstörung (PTBS) und Depression bis hin zu chronischen Schmerzen und Brustkrebs. Sie sollten Gelegenheit bekommen mit weltweit führenden EFT-Therapeuten zu arbeiten. An jedem dieser Tage filmten wir die Heilungsbemühungen so unauffällig wie möglich und wurden so nicht nur Zeugen von erstaunlichen Durchbrüchen auf der körperlichen Ebene, sondern erlebten auch tiefe mentale und seelische Verwandlungen.

Da hatten wir nun überzeugende Beweise dafür, dass die Methode funktionierte und dazu auch noch lebendige Zeugnisse für den Mut, den man aufbringen muss, sich blinden Flecken zu stellen, die im Leben der Betroffenen Dissonanzen erzeugen.

Es war mein erster Film und das merkt man auch, aber immerhin hatten wir unsere Kamera auf etwas gerichtet, von dem man den Blick nicht ohne Weiteres abwenden kann: auf reale Menschen, die alles aufs Spiel setzten, um sich ihr Leben zurückzuerobern.

So wurde ich zum Dokumentarfilmer in Sachen Gesundheit, Wellness und Spiritualität.

Wenn ich mich einem Projekt widme, konzentriere ich mich auf die Geschichten echter Patienten, die von der modernen Medizin im

Stich gelassen oder aufgegeben wurden und jetzt alternative Ansätze verfolgen. Dieser Wunsch, die Wirksamkeit volkstümlicher Heilmethoden unter Beweis zu stellen, hat vermutlich denselben Hintergrund wie die seit meiner Kindheit bestehende tiefe Abneigung gegen die religiöse Indoktrination, die ich in St. Joseph erfahren habe: keine Bereitschaft für blinden Glauben und das Beharren auf konkrete, durch Erfahrung gedeckte Beweise.

Vielleicht war es auch einfach der sehnliche Wunsch, als Filmzuschauer reale Menschen zu sehen, die sich offen als die zeigen, die sie sind, um so zuletzt alle Hindernisse zu überwinden.

Jedenfalls geht es in Dokumentarfilmen mit dieser Intention längst nicht so ordentlich zu wie in Filmen, in denen Sprecher Archivmaterial kommentieren. Es sind echte Patienten, die darauf vertrauen, dass sie Hilfe bekommen, und das kann man nicht auf die leichte Schulter nehmen. Es handelt sich um ein Miteinander von gefilmter Realität einerseits und einem quasiwissenschaftlichen Experimentieren mit naturheilkundlichen Ansätzen andererseits, aber stets unter nachvollziehbaren Bedingungen.

Was ich als unser nächstes Filmprojekt vorschlagen wollte, war so gut wie überhaupt nicht kontrollierbar und daher äußerst riskant.

Ich hatte die Vision, acht kranke Menschen in den Amazonas-Regenwald zu bringen, 2000 Kilometer von jedem modernen Krankenhaus entfernt, um dort mit den noch nicht wissenschaftlich beschriebenen Pflanzenarzneien der indigenen Schamanen zu arbeiten. Meine Freunde hielten mich für total verrückt und in der Rückschau muss ich sagen, dass dies wohl zutraf.

Kapitel 3

Krise und

Zeremonie

17. November 2009
Brooklyn, New York

Ich sitze in einem an meine Wohnung im dritten Stock anschließenden improvisierten und vollgestopften Büro und mache mir Notizen zu einem wissenschaftlichen Text des Ethnobotanikers Richard Evans Schultes. Das Fenster ist offen, der Ventilator läuft und das dumpfe Brausen der Verkehrsgeräusche von der Flatbush Avenue liegt in der Luft, gelegentlich unterbrochen von einer Hupe oder Sirene.

Seit Monaten studiere ich klassische und zeitgenössische Texte über Medizinmänner, Chiropraktiker, weise Frauen und Schamanen Nord- und Südamerikas und anderer Kulturen auf der ganzen Welt. Ich informiere mich über die Heilmittel, die sie anwenden, die Zeremonien, die sie abhalten, die Einweihungsriten, denen sie sich unterziehen müssen. Abend für Abend vertiefe ich mich in alles, was ich über indigene Medizin und spirituelle Riten finden kann. Ich versuche, weltweit alle Stämme zu ermitteln, in denen es noch ganz oder teilweise intakte Linien des überlieferten Wissens gibt.

Mich juckt es in den Fingern, ein sicherlich den meisten Journalisten und Dokumentarfilmern bekanntes Gefühl. In unserem nächsten

Film soll es um Schamanismus gehen, aber ich habe immer noch keinen Einstieg gefunden.

Ginge es lediglich darum, die ehrwürdigen Praktiken der Schamanen zu dokumentieren, würde ich einfach ein Filmteam zusammentrommeln und in die Wildnis irgendeines nicht unter einem Eispanzer liegenden Kontinents aufbrechen und die Story würde sich dann im Zuge unserer Erkundigungen von selbst ergeben. Aber das ist nicht das Projekt, das mir vorschwebt.

In unserem kleinen Team, das bisher aus meiner Freundin Michelle, Art-Direktorin des Fernsehprogrammanbieters HBO, meinem Cousin Dan, Producer bei CNN, und meiner Wenigkeit besteht, herrscht Einmütigkeit darüber, welche Thematik eine besonders fesselnde, wenn auch leicht schräge Dokumentation hergeben würde: Wir haben vor, acht ernsthaft kranke Menschen in eine ganz abgelegene Gegend zu bringen, wo indigene Heiler versuchen werden, sie mit ihren traditionellen Methoden wieder gesund zu machen. Da wird alles auf dem Spiel stehen und es kann durchaus auch sein, dass es furchtbar schiefgeht, aber es gibt einfach noch keine Dokumentation über die tatsächlich angewandten Heilungspraktiken indigener Völker. Diese Stämme gelten ja sogar heute noch als primitiv und ungebildet, obwohl viele unserer heutigen Arzneimittel aus von ihnen entdeckten Pflanzen gewonnen werden und das Wissen von diesen Menschen an Wissenschaftler führender Universitäten weitergegeben wurde.

Aus unserer Sicht kann der Film nur dann etwas werden, wenn er reale Menschen, echte Krankheiten und wirkliche Heilungen zeigt. Wir haben uns auf den Amazonas-Regenwald als unsere Zielregion geeinigt. In dieser riesigen Wildnis gibt es nicht nur alle möglichen schamanischen Traditionen, die in ihrer ursprünglichen Form erhalten geblieben sind, sondern die Erde selbst bringt über 65 000 Spezies weitgehend unerforschter Pflanzen hervor, von denen viele zu Heilzwecken verwendet werden. Wir rechnen uns aus, dass die schamanische Arbeit zusammen mit dem gigantischen Arzneischatz des Amazonasgebiets unsere Aussicht auf reale Heilungen verbessern. Außerdem schrecken uns die Dschungeltemperaturen etwas weniger als die übrigen Optionen, nämlich die eisigen Steppen des sibirischen und mongolischen Outbacks.

Eines unserer zentralen Probleme besteht darin, die richtige Besetzung zu finden. Unsere Erkundungstrips nach Südamerika haben uns ganz deutlich vor Augen geführt, dass die Leute, die als Heiler gelten, nicht unbedingt die wahren Heiler sind. Die echten Heiler in dieser Gegend, die es wirklich draufhaben, werden abgeschirmt und sind oft nur nach Feierabend Heiler, während sie tagsüber einer normalen Arbeit nachgehen.

Diese unorthodoxen magisch-religiösen Kulturen sind äußerst zurückhaltend und haben nach langer Zeit der Unterdrückung und Verfolgung durch mächtige Institutionen wie die römisch-katholische Kirche ihr Wissen und deren Bewahrer zu schützen gelernt. Heiler haben in der Gemeinschaft, in die sie eingebettet sind, so etwas wie eine organische Firewall und man findet sie nur über die richtigen Kanäle.

Man kommt nur an sie heran, wenn sie selbst es zulassen; oder durch einen hinterhältigen Missbrauch ihres Vertrauens.

Bis jetzt umfasst unsere nicht sehr vielversprechende Kandidatenliste ein paar Leute, denen ich bei vorbereitenden Exkursionen in den Dschungel begegnet bin, die aber unserem Vorhaben nicht so recht entsprechen. Dann gibt es noch eine Liste mit Namen älterer Leute, über die ich in Büchern etwas gelesen habe, die aber sehr wahrscheinlich nicht mehr leben.

Darüber hinaus habe ich nur noch eine einzige weitere Spur, die mit eher zufälligen Anrufen zweier Freunde aus verschiedenen Richtungen zu tun hat. Der erste kam von meinem Kindheitskumpel Mark, der von unserem Projekt erfahren hatte. Er sagte, er kenne einen Schamanen, der gelegentlich in die Vereinigten Staaten komme und angeblich über wirklich große Kräfte verfüge. Sein Name fiele ihm nicht mehr ein, aber er wisse, dass er mit R beginne.

Der zweite Anruf kam von meinem Freund Pete, der mit einer Frau liiert war die Schülerin eines peruanischen Medizinmannes namens Roman geworden war. »Sie sagt, dass sie dich mit ihm bekannt machen kann, wenn du möchtest«, erzählte Pete. »Der Typ scheint es echt draufzuhaben.«

Ich gehe an meinen Computer, um Mark und Pete kurze E-Mail-Antworten zu schicken, und sehe eine Website, die von den Recherchen des Vorabends noch geöffnet ist. Es ist eine ganz schlichte Homepage, die in ein Retreat-Zentrum am oberen Amazonas einlädt, und sie zeigt das Foto eines jungen Mannes, der direkt in die Kamera blickt. Etwas in diesem Gesicht, vor allem die Augen, hatte mich am Abend zuvor innehalten lassen und ich weiß bis heute nicht, was das war. Jedenfalls steht unter dem Foto der Name Roman Hanis.

Augenblicklich wähle ich Marks Nummer in Colorado. Als er abnimmt, frage ich, ob ihm der Name Roman Hanis etwas sage. »Ja, das ist der Schamane von dem ich dir erzählt habe. Ich wusste nur noch, dass er mit R anfängt. Wie hast du ihn gefunden?«

Ein schneller Anruf bei Petes Freundin Cynthia bestätigt, dass der Mann, von dem sie erzählt, eben dieser Roman Hanis ist und wie es der Zufall will, wird er in ein paar Wochen einen privaten Gesprächsabend in Brooklyn abhalten.

Zwei Wochen später: In einem mit Kerzen beleuchteten Souterrain in einem russischen Viertel unweit von Coney Island sitze ich auf einem der rings um diesen Mann angeordneten Kissen, der mir offenbar durch Synchronizität zugespielt worden ist. Er ist hochgewachsen und schlank, sein langes Haar ist zurückgekämmt und am Hinterkopf locker gebunden. Hoch auf seinem Nasenrücken sitzt eine dünnrandige Brille und umrahmt dunkle Augen, die weit geöffnet sind, aber keine Gefühlsregung zeigen, während er die versammelten Menschen anblickt. Seine Haut ist zu hell, seine Züge sind zu scharf, als dass er aus dem Amazonasgebiet stammen könnte.

»Da ihr hier seid«, beginnt er mit einem Blick in die Runde, »kennt ihr wahrscheinlich jemanden, der oder die bereits zu unserer Geist-Familie gehört und schon einmal in diesem Kreis gesessen hat. Wir haben euch für diesen Abend eingeladen, weil ihr euch interessiert gezeigt habt, etwas über die Zeremonien in der Heiltradition des Amazonasbeckens und der Anden zu erfahren. Bevor wir jedoch Neulinge an Zeremonien teilnehmen lassen, halten wir es für gut, sich erst einmal zu treffen und euch ein »Dschungel-Download« zu geben. Ihr sollt wissen, was es mit dieser Medizin auf sich hat und wie sie überhaupt entstanden ist. Setzt euch bitte bequem hin, das hier wird nämlich einige Zeit in Anspruch nehmen.«

Die nächsten drei Stunden berichtet Roman hauptsächlich von den Ursprüngen des Amazonas-Schamanismus und der Verbindung dieser kraftvollen Traditionen mit den Inka-Traditionslinien in den angrenzenden Anden.

Er erzählt auch von seinem eigenen Heilungsweg, der mit der Diagnose einer schweren Morbus-Crohn-Erkrankung begann. Dabei handelt es sich um eine schlimme Darmerkrankung, die in seinen späten Teenagerjahren in seiner Heimat Moldau (Moldawien) festgestellt wurde. Nach der weitgehend erfolglosen Anwendung etlicher schulmedizinscher Verfahren eröffneten ihm die Ärzte, man werde als Ultima Ratio große Teile seines Darms entfernen müssen. Da er mit diesem rabiaten Vorgehen nicht einverstanden war, forschte er nach alternativen Behandlungsformen und letztlich führten ihn seine Recherchen mit Anfang zwanzig nach Südamerika.

In einem abgelegenen peruanischen Dschungeldorf begegnete er dem Huitoto-Schamanen Don Sinchi, der bei den Leuten der Gegend hohes Ansehen genoss und sich darauf einließ, Roman zu helfen. Er ließ ihn aber auch wissen, dass ihm eine sehr schwierige und anstrengende Zeit bevorstünde.

Der alte Heiler brachte ihn tief in den Regenwald und zu einer kleinen Hütte an einem Fluss. Er öffnete die Tür und sagte: »Hier wirst du jetzt wohnen.« Drinnen gab es nur ein hartes Holzbett und der Raum hatte ein Fenster. Roman war zu allem bereit, um wieder gesund zu werden, und nickte. Dann fragte er: »Und was machen wir jetzt?«

Der Schamane deutete in die Hütte und erwiderte: »Das hier machst du jetzt. Morgen komme ich wieder.«

Don Sinchi wandte sich ab, drehte sich aber noch einmal um und sagte: »Ach ja, fast hätte ich es vergessen, die Sachen dort brauche ich.« Er deutete auf Romans Rucksack und Habseligkeiten. Roman war unsicher und ganz bestimmt wollte er nicht ausgeraubt werden, aber er war auch wirklich in der Klemme und wollte den alten Mann nicht kränken, also tat er, was man von ihm verlangte und händigte alles aus.

Der Nachmittag verging und dann der Abend und tatsächlich tauchte der Heiler am nächsten Tag mit Kräutern für Roman auf, die er zusammen mit gekochten grünen Bananen und Quinoa zu sich nehmen sollte.

Als Don Sinchi sich dann abwandte, um wieder zu gehen, fragte Roman: »Und was habe ich jetzt weiterhin zu tun?«

»Du tust es bereits«, lautete die Antwort.

Ein paar Wochen vergingen, in denen Roman die Hütte fast nur verließ, um sich zu erleichtern. Dann besuchte ihn der Schamane eines Morgens und sagte, es werde am Abend eine Zeremonie mit einer heiligen Medizin namens Ayahuasca geben.

Er setzte sich auf die Stufen vor Romans Hütte und erzählte ihm die Geschichte von einem großen König, der einst über ein Dschungelimperium geherrscht hatte, so groß wie der gesamte heutige Regenwald. Dieser König war so mit dem Himmel verbunden, dass er die Kranken nur ansehen musste, und schon waren sie geheilt.

Er wurde mehrere Hundert Jahre alt und eines Tages wusste er schließlich, dass es an der Zeit war, diese Daseinsebene zu verlassen und so verabschiedete er sich von seinem Volk und sagte den Menschen noch, sie sollten nicht verzagen, er werde ihnen für die Zeit nach seinem Tod ein Geschenk hinterlassen, das ihnen seine besonderen Heilkräfte weiterhin zuführen und sie so mit den Göttern verbinden würde, wie er es vermochte.

Er wies sie an, seine sterblichen Überreste auf einer bestimmten Lichtung tief im Wald zu begraben, und das taten sie, als er seinen Körper verlassen hatte. Zwei Tage später sprossen zwei Pflanzen auf seiner Grabstätte, eine Liane und eine Pflanze mit grünem Blattwerk. Die Kräuterkundigen der Gegend wussten sogleich, dass es sich um das angekündigte Geschenk handelte, und als die Pflanzen ausgewachsen waren, schnitten sie von beiden Stecklinge und begannen, sie zu erproben.

So also entstand dieses kultische Gebräu namens Ayahuasca, ein Heilmittel, das als die wirksamste aller Dschungelarzneien angesehen wird.

Roman und Don Sinchi tranken an diesem Abend Ayahuasca und Roman lag die ganze Zeremonie hindurch zusammengekrümmt da mit Durchfall und Erbrechen und heftigen Bauchkrämpfen, während sich die Pflanzenmixturen ihren Weg durch seinen Körper bahnten. Das Ganze hatte für ihn überhaupt nichts Göttliches, wenn man einmal von seiner Erleichterung absieht, als alles vorbei war.

In seiner Hütte verspürte er am nächsten Morgen einen starken Drang, das Weite zu suchen, doch eine innere Stimme sagte, dass hier sei vielleicht seine einzige Chance, gesund zu werden. Er blieb.

Drei Monate vergingen, in denen er die Tage, einen nach dem anderen, in seiner winzigen Wildnisbehausung verbrachte und ihm nur die Tiere und Pflanzen ringsum Gesellschaft leisteten. Er war innerlich und äußerlich isoliert. Der Schamane kam ein- oder zweimal am Tag, um ihm etwas zu essen zu bringen und ihn mit Kräuterarzneien zu versorgen, das war alles. Einmal oder zweimal die Woche gab es eine Ayahuasca-Zeremonie, die für Romans empfindlichen Verdauungstrakt ganz allmählich etwas weniger schmerzhaft wurde. Visionen und Anzeichen einer Verbindung zu höheren Regionen blieben jedoch weiterhin aus.

Ganz allmählich ging er selbst in diesem Wald auf und vergaß manchmal sogar, wer er war. Seine Morbus-Crohn-Symptome, die sein Leben so lange bestimmt hatten, klangen nach und nach ab und machten sich nicht mehr als ständige stechende Schmerzen bemerkbar.

Das ging ein halbes Jahr so, als Roman bei einer Ayahuasca-Zeremonie mit Don Sinchi auf einmal das Gefühl hatte, dass sich alles, was er zu sein glaubte, in der umgebenden Dunkelheit auflöste. Er geriet in Panik und versuchte, sich an die letzten Fäden seiner Identität zu klammern, bis auch die ihm entglitten. Roman war selbst der Dschungel geworden, jedes Blatt, jedes Insekt und auch die Vierbeiner strahlten ein eigentümliches Leuchten und grenzenloses schöpferisches Potenzial aus. Er war das alles und er war nichts. Seine äußere Gestalt war zusammen mit allem darin enthaltenen Schmerz und Unbehagen in der Nacht aufgegangen.

Es war das erste Mal, dass Roman bei einer Zeremonie etwas Visionäres oder Spirituelles erlebte. Bislang war das ganze Ausleiten durch Erbrechen und Durchfall einfach eine sehr unangenehme Quälerei gewesen, doch in diesem Augenblick änderte sich alles. Er war in Licht gebadet und wurde von einer weiblichen Stimme angesprochen, die ihm sagte, er sei geheilt. Er wusste, dass es wirklich so war. Einige Monate danach kehrte er in seine Heimat zurück, um seiner Familie von diesen Erlebnissen zu erzählen. Sie schickten ihn mit sanftem Nachdruck zu einem Arzt, damit er sich dort untersuchen ließ. Die Laborergebnisse besagten, dass nichts mehr auf Morbus Crohn hindeutete. Romans Verdauungstrakt war vollkommen gesund und von den Läsionen und Blutungen im Darm, von denen er über zehn Jahre heimgesucht worden war, vollständig befreit.

Am Abend unserer Zusammenkunft in Brooklyn erzählt Roman weiter davon, wie Don Sinchi ihm angeboten hatte, sein Lehrling zu werden, nachdem er die erste Schwelle der schamanischen Einweihung überschritten hatte und selbst gesund geworden war. Die letzten zehn Jahre, erzählt er, habe er im peruanischen Hinterland verbracht und weiter mit diesen Überlieferungen gearbeitet, um ein tieferes Verständnis dafür zu gewinnen, wie man sie anwendet, um die eigene spirituelle Arbeit weiterzuführen und anderen zu helfen. Die letzte Stunde seiner Einführung hat eher einen mahnenden Charakter: was alles zu einer Ayahuasca-Zeremonie gehört, die Gefühle und Schatten, die aus der Tiefe der Psyche aufsteigen können, die drastischen Ausleitungsmaßnahmen und schließlich die Benommenheit und der Schwindel, die der Einnahme dieser Dschungelmedizin meist folgen. Als er fertig ist, warte ich ab, bis der Raum sich geleert hat, um dann auf Roman zuzugehen. Er erhebt sich gerade von seinem Kissen, klopft sich ab und greift nach seiner Tasche. Als er mich sieht, leuchten seine Augen auf. »Du musst Nick sein«, sagt er. »Linda hat schon erzählt, dass ich heute Abend mit dir rechnen kann.«

»Es freut mich sehr, dich kennenzulernen, Roman«, sage ich und strahle übers ganze Gesicht, obwohl ich eigentlich noch professionelle Distanz wahren wollte. »Ich könnte dir von drei Zufällen erzählen, durch die ich heute Abend hier bin, aber ich glaube, sie würden dich nicht überraschen.«

»Davon hat mir Cynthia auch erzählt. Nehmen wir es also einfach als ein Zeichen dafür, dass diese Begegnung stattfinden sollte.« Er lächelt. »Also machst du mit bei unserer Zeremonie?«

»Einfach so? Ich bin dabei?«

»Ich weiß nicht was ›dabei‹ bedeutet. Ich frage einfach, ob du dich zu uns setzt.«

Da gibt es wohl jetzt keine Ausrede mehr. Ich werde einfach sehen müssen, wohin das führt.

»Na klar«, sage ich.

11. Dezember 2009
Newtown, Connecticut

Zusammen mit zwölf anderen Männern und Frauen sitze ich in einem kleinen Zimmer eines verschneiten Landhauses in New England. Die äußeren Umstände erinnern an eine Sardinendose und der Schamane, der die ganze Sache leitet, wollte es so. Der Kreis sollte so klein sein, dass sich unsere Knie fast berühren. Da ich schnell Platzangst bekomme, ist das hier nicht unbedingt meine Wunschumgebung, aber ich sage mir, dass ich über genügend Erfahrung mit visionenerzeugenden Drogen habe, um auch hier eine relativ gute Figur zu machen.

Wir sind alle ungefähr zur gleichen Zeit angekommen, nämlich etwa eine Stunde vor dem angesetzten Beginn der Zeremonie, und es gehen zwar ein paar kurze Begrüßungen hin und her, aber alles in allem wird wenig geredet. Dem lustigen Geplänkel zwischen ein paar Frauen links von mir kann ich entnehmen, dass diese Gruppe aus Fortgeschrittenen besteht, die bereits an Zeremonien mit Roman teilgenommen haben, und ich der einzige Neuling bin.

Dann sitzen wir in diesem mit Kerzen beleuchteten Raum im Kreis, und Roman spricht einleitende Worte der Weisheit:

»Ihr werdet heute Nacht viele Dinge zu sehen bekommen, manche davon angenehm, andere nicht so. Nehmt am besten eine bequeme Sitzhaltung ein, sammelt euren Atem und versucht, still zu sein. Seid die nächsten acht Stunden aufgeschlossen im Herzen und im Geist wie Kinder, lasst euch von nichts fesseln, sei es gut oder schlecht. Sehr wahrscheinlich werden verstörende Gefühle, Visionen und Gedanken kommen, schiebt sie nicht weg. Lasst sie vorbeiziehen und betrachtet sie nur, ohne ihnen eine Bedeutung beizumessen. Schöne Empfindungen und Bilder können auch sein und für die gilt das Gleiche. Greift nicht danach, gebt ihnen keine Bedeutung. Nehmt einfach nur Notiz. Seht euch selbst als ein kleines Kind, das an einem Flussufer sitzt und die vorbeitreibenden Blätter, Zweige, Blüten und Insekten einfach betrachtet, vielleicht auch ein paar Fische. Das Kind verfolgt das nur und gibt den vorbeitreibenden Dingen keine Einschätzungen mit, keine Ego-Reaktionen.

Bleibt einfach ganz bei dem, was sich da zeigt. In schwierigen Phasen konzentriert ihr euch auf den Atem und seht zu, dass ihr dem, was ihr da seht, weder mit Abwehr begegnet, noch es festzuhalten versucht. Ihr seid alles. Ihr seid nichts. So könnt ihr euch ganz auf Großmama einlassen und mit ihr weiter in die Tiefe gehen.«

Klingt eigentlich ganz einfach.

»Ihr habt jeder einen Kübel vor euch stehen, den ihr heute Nacht mindestens ein Mal benutzen werdet. Haltet ihn in Reichweite und verwechselt ihn nicht mit dem eures Nachbarn.«

Ein paar der Teilnehmer hört man glucksen. Anscheinend kommt das schon mal vor. Ich bemerke ein mulmiges Gefühl im Bauch.

Der Schamane holt eine kleine Flöte aus seinem Beutel. Auf der Kante seines Kissens sitzend, wandert sein Blick im Uhrzeigersinn zu jedem Einzelnen, beginnend mit der Frau, die links neben ihm auf der Ein-Uhr-Position sitzt, und bis zu dem Mann gleich rechts von ihm auf der Elf-Uhr-Position. Seine Ausstrahlung ist freundlich, aber sein Gesicht hat auch etwas sehr Ernstes, was bei mir sofort Überlebensimpulse im Bauch auslöst. Ich sitze auf sieben Uhr, und als sich unsere Blicke quer über den Kreis begegnen, wird mir bewusst, auf was ich mich hier eingelassen habe.

Zur Einleitung der Zeremonie spielt Roman ein kurzes, aber sehr schönes Lied auf seiner Flöte und unterdessen stellt sein Lehrling zwei Flaschen mit einer bräunlich orangen Flüssigkeit auf den Boden vor ihn hin. Als die Melodie verklungen ist, spricht er auf Quechua leise ein Gebet und fängt an, die Teilnehmer aufzurufen, ihr Quantum zu trinken.

Manche von uns sind tief in Meditation versunken und halten denen, die vortreten, um ihre Medizin in Empfang zu nehmen, den

Raum offen. Andere, zu denen gehöre ich, sind ein bisschen unruhig. Obwohl der Kreis so klein ist, kann ich die Worte, die Roman mit jedem wechselt, bevor er oder sie trinkt, nicht verstehen. Es lässt sich aber aus den Anzeichen schließen, dass dieses Gebräu nicht sehr wohlschmeckend ist. Die Reaktionen reichen von einem leicht verzogenen Gesicht bis zu einem mühsam beherrschten Würgen.

Als der Mann rechts neben mir aufsteht, um sich seine Dosis zu holen, nimmt die Spannung in meiner Brust noch einmal zu.

»Du schaffst das schon«, sage ich mir. »Du hast schon Pilze und andere psychotrope Stoffe verspeist. Wird schon gut gehen.«

Die bloße Wortmeldung dieses ach so positiven inneren Coachs wirkt beunruhigend. Sie meldet sich immer dann, wenn Schlimmes bevorsteht.

»Tu, was er sagt, konzentrier dich auf deinen Atem …«

Jetzt bin ich dran. Um mir meine Angst nicht anmerken zu lassen, stehe ich so behände auf, wie ich nur kann, und bewege mich in die Kreismitte vor dem mit überkreuzten Beinen dasitzenden Schamanen.

»Hallo, Nick. Wie fühlst du dich?«

»Starr vor Angst.«

»Es ist manchmal ganz gut, sich zu fürchten. Angst ist nicht unser Feind. Auf dem Weg der Evolution kommt sie sogar häufiger vor. Ich freue mich, dass du heute Abend dabei bist.«

Roman schraubt den Deckel von der Ein-Liter-Plastikflasche neben seinem Knie ab und füllt ein kleines Tongefäß, das ungefähr einen doppelten Shot fasst. Er entzündet ein kleines Räucherholz der Art, die man Palo Santo nennt, und hält es über das Trinkgefäß, während er mit geschlossenen Augen in einer nicht zu identifizierenden Sprache betet. Nach dieser Segnung reicht er mir die Schale.

Ich verneige mich und hebe sie mit beiden Händen an die Lippen. Ich gebe mir Mühe, dieses dicke klebrige Zeug irgendwie an meiner Zunge vorbeilaufen zu lassen, aber der Geschmack breitet sich trotzdem im ganzen Mund aus, eine Mischung aus Galle, Apriko-sensaft und Batterieflüssigkeit. Der Schluck plumpst mir in den Magen und möchte am liebsten gleich wieder raus. Die Augen laufen mir über, aber ich reiße mich zusammen, verneige mich noch einmal zum Schamanen hin und krabbele zurück auf mein Kissen. Nach ein paar Minuten lässt die Übelkeit langsam nach, aber das vage Unbehagen breitet sich wieder aus.

Als alle getrunken haben, gießt Roman das Trinkgefäß noch einmal voll. Mit geschlossenen Augen betet er einige Augenblicke lang still. Die Augen öffnen sich, er prostet uns mit einem »Salud« zu und trinkt.

Anders als wir Übrigen verzieht er keine Miene. Dafür scheint er das Aroma abzuschmecken und tastet offenbar mit seinen Geschmacksknospen nach bestimmten Merkmalen der Mixtur, fast so wie ein Weinkenner den Schluck auf der Zunge hin und her rollen lässt, um die Nuancen behutsam zu erfassen.

Roman stellt das Gefäß ab und blickt wieder in die Runde. »Weil ihr Fortgeschrittene seid und schon so manche Zeremonie mit mir abgehalten habt – die meisten zumindest –, gibt es heute ein besonderes Geschenk von Großmama, das ihr ausprobieren könnt, wenn euch danach ist.«

Die Frau zu seiner Linken, anscheinend eine aus dem Kreis seiner Lehrlinge, zieht eine weitere Plastikflasche heraus, die, wie im schwachen Kerzenlicht zu erkennen ist, etwas Ähnliches enthält.

»Nachdem dieser Aufguss ein Jahr herumgetragen wurde, hat sich am Boden ein Satz gebildet, bei dem es sich um so etwas wie Karamellmasse handelt, konzentriertes Ayahuasca. Im Dschungel nennen wir es Bonbon. Das ist hochwirksame Medizin, deshalb bekommt jeder, der etwas möchte, nur einen Teelöffel davon.«

Alle im Kreis gehen nacheinander zu ihm hin und während sie ihren Teelöffel verabreicht bekommen, wird mir plötzlich einiges klar. Da ich mich erstens in einer Gruppe Fortgeschrittener befinde, ist das hier vermutlich sehr starke Medizin. Und da zweitens niemand sein Bonbon ablehnt, möchte ich auch nicht der Einzige sein, der es tut. Und das bedeutet wohl drittens eine Verdoppelung meiner Ayahuascadosis. Gleich darauf sitze ich vor Roman und ziehe den dicken Dschungel-Karamell mit den Zähnen vom Löffel und habe das Gefühl, dass es polternd in meinem Verdauungssystem landet.

Ich gehe an meinen Platz im Sardinenzirkel zurück, widerstehe dem Drang, das Zeug wieder hochzuwürgen und setze mich im Schneidersitz auf das Kissen. In vollkommener Stille, nur gelegentlich durch ein Flüstern unterbrochen, sitzen wir alle ungefähr eine halbe Stunde da und warten ab, bis das Unbehagen im Bauch wieder abklingt und die Medizin zum Leben erwacht.

Ich kann meinen Blick nicht von der Ein-Uhr-Frau abwenden, die zuerst getrunken hat, weil ich unbedingt mitbekommen möchte, ob ihr irgendetwas anzumerken ist, wenn die Wirkung des Ayahuasca einsetzt. Mir fällt nichts auf, aber vielleicht ist sie einfach vollkommen Herrin der Lage. Die Augen sind nach wie vor entspannt geöffnet, die Atmung erscheint mir normal, der Kotzkübel steht unbenutzt da.

Aber dann kommt es.

Bei Frau Ein-Uhr fängt es an und geht reihum weiter, Kopf und Körper sinken nacheinander langsam weg, und das setzt sich fort wie fallende Dominosteine, genau in der Reihenfolge in der getrunken wurde. Nach ungefähr fünfzehn Sekunden erreicht mich diese Welle des Unglaublichen.

Es beginnt als ein Kribbeln, das sich die Finger hinauf fortsetzt und dann die Arme erfasst, begleitet von einem lauten Summen oder Brummen. Augenblicke später bin ich ganz davon eingeschlossen. Meine Körperkraft und überhaupt das Gefühl des Verkörpertseins verflüchtigt sich beinah augenblicklich – und das ist wirklich kein angenehmes Gefühl. Ich gerate in Panik und ringe nach Luft.

Ich zerfließe, sickere durch den Boden und von unten durch die Dunkelheit schwappen meine tiefsten Ängste herauf und begrüßen mich. Etwas in mir schreit mit schriller Stimme, dass es ein furchtbarer Fehler war, dieses unbekannte Gebräu einzunehmen, und dass ich jetzt sterbe. Ich taumele durch ein Nichts. Vom Kreis der Menschen ist nur noch das ferne Echo einer Schamanenstimme zu hören, die zum Schlag der Trommel zeremonielle Gebete singt, die in dieser Tradition *Ícaros* genannt werden.

Ich falle, ich suche irgendeinen Gedanken, an dem ich Halt finden kann. Aber ich kann mir selbst nicht viele Standplätze oder Halteseile bieten, nur Worte der Angst, Scham und Traurigkeit, die einander immer weiter verstärken.

Mitten in diesem Sturm spüre ich auf einmal deutlich einen Druck, der vom Darm aus gurgelnd zum Magen aufsteigt. Für einen Moment beruhigt es mich, meinen Körper wieder zu spüren, doch der Druck nimmt immer weiter zu und treibt mich wieder in Richtung Panik. Ich kämpfe dagegen an, versuche, ihn mit aller Kraft zurückzudrängen. Niemand hat bisher seinen Eimer benutzt und ich möchte nicht der Erste sein. »Immerhin bist du noch so weit da, dass es dir was ausmacht, Nick«, geht mir durch den Sinn. »Vielleicht bist du doch nicht ganz so verloren, wie du dachtest.«

Und schon geht es los. Mit schier unglaublicher Geräuschentfaltung übergebe ich mich in den Kotzeimer meines Nachbarn. Der Krach schreckt den ganzen Raum auf und ich höre meinen Nachbarn unwillkürlich lachen, während er gleichzeitig wimmert, weil ihn wohl irgendetwas gewaltig gepackt hat. Noch einmal muss ich furchtbar würgen, bin diesmal aber entschlossen, meinen eigenen Kübel zu verwenden. Dann lehne ich mich ächzend zurück. Noch jemand stöhnt auf und der Laut setzt sich wie eine Schlangenbewegung im Kreis herum fort.

Das Erbrechen hat meinen Absturz ins Höllenfeuer anscheinend für den Moment unterbrochen. Ich blicke zur anderen Seite des Kreises und sehe Roman als Schatten, der irgendetwas an seine Brust hebt. Jetzt zupft er dieses Saiteninstrument und singt dazu eine tief bewegende Melodie, die steigt und fällt und mit jedem Ton die Form, die Farbe und die Dimension des Raums verändert.

»Ayahuasca, la-di-di, Ayahuasca la-di-di. Ladidididididididididididi...«

Das ist zu viel für mich, ich spüre, wie es mich wieder verschlingt. Mitten im Purzelbaum durch die Leere passiert etwas ganz Unerwartetes. Mein rechter Fuß, den ich mir vor einiger Zeit beim Joggen vertreten habe und der mich seitdem plagt, tut auf einmal richtig weh. Im gleichen Moment geht mir der erste emotional neutrale Gedanke durch den Kopf: »Der Fuß tut ja richtig weh, jetzt.«

Und damit endet der freie Fall, als hätte ich eine Pausentaste gedrückt. Als ich die Augen öffne, sehe ich vor mir in der Dunkelheit, aber nicht in unmittelbarer Nähe einen Wirbelwind kosmischer Aktivität. Über dem Kreis von Körpern ereignet sich eine Explosion geometrischer Strukturen und Figuren, die weit über meinen Verstand hinausgehen.

Als ich den Blick in die Richtung der jetzt durchaus willkommenen Fußschmerzen senke, sehe ich den Fuß in einem schwachen Blau leuchten. Eine weitere Schmerzwelle erfasst ihn. Unwillkürlich hebe ich die linke Hand vors Gesicht und sehe, wie sie im Dunkeln aufleuchtet. Ich lege die jetzt weiße Hand auf den blauen Fuß und sehe mit stummem Staunen zu. Der Schmerz löst sich in das Dunkel hinein auf, während das weiße Leuchten den Fuß bis hinauf zum Knie einhüllt. Im Moment verbinden sich für mich keine Worte oder Gefühle mit dem Erlebnis, ich verfolge einfach mit leerem Geist, was ich vor mir habe.

Aber diese ungebrochene Bewusstheit hält nicht an und schon im nächsten Augenblick kommen mir diese ganz unschuldigen, aber doch schon wieder ichhaften Worte: »Ich glaube, jetzt weiß ich, wie das hier läuft.«

Als hätte sich unter mir eine Falltür aufgetan, falle ich und erlebe einen furchtbaren Absturz. Die nächsten paar Stunden geht dieses Wechselbad weiter und ich fühle mich mal völlig desorientiert und wie von den Ereignissen überrollt, gefolgt von Verschnaufpausen, zu denen es aber nur dann kommt, wenn ich das ewige Geplapper des inneren Selbstgesprächs einmal anhalten kann.

Mir fällt auf, dass die meisten Wörter »heiß« sind, sie lösen freien Fall aus. Aber bestimmte Wörter lassen sich immer wieder wie ein Mantra sprechen, um über diese Augenblicke des Zweifels hinwegzukommen, in denen sehr häufig das innere Selbstgespräch läuft. Am meisten bewähren sich Wörter wie »Danke«, »Großmama« und »Liebe«.

Wenn man Ayahuasca trinkt, ist das so, als würde man den Wald und alle seine Gesetze in den eigenen Körper aufnehmen. Diese Medizin zeigt einem, was wirklich vorliegt, wer man wirklich ist, was *das hier* wirklich ist. Wenn man sich selbst Storys erzählt oder Risse zugespachtelt hat, fliegt das alles auf, sobald man in den Kreis eintritt.

In mir ergießt sich ein stetiger Strom von Gedanken, die größtenteils aus Wörtern und Bildern bestehen. Manche Wörter tun gut, aber andere sind von so tief negativer Ladung, dass sie jede innere Harmonie sofort zerstören, wenn ich sie verwende. Die Macht der Wörter ist kein neuer Gedanke, sondern etwas, was in den Veranstaltungen von Selbsthilfegurus immer wieder auftaucht. Sie predigen vom positiven Denken und dem Gesetz der Anziehung, und für mich war das in früheren Zeiten durchaus eine Hilfe. Selbst bei heutigen Müsliessern ohne Hippie-Appeal wird dieses Gesetz anerkannt. »Die Feder ist mächtiger als das Schwert«, heißt es. Aber das ist alles nichts gegen die liebevolle kosmische Ohrfeige, die wir von Großmama bekommen. Auf dem Höhepunkt der Zeremonie, kommentiert sie punktgenau jedes meiner gedachten Wörter und seine Bedeutung für meine innere Integrität.

Es schlaucht einen ganz schön, wenn man von den trüben Wassern der eigenen zusammenhanglosen, sich selbst widersprechenden und auch noch so grausam durchsetzungsstarken Gedanken herumgespült wird. Bilder sind auch eingearbeitet, aber bei mir besteht der innere Dialog hauptsächlich aus Wörtern.

Je länger die Zeremonie dauert, desto besser lerne ich, innerlich still zu werden und mich von meinen Gedanken zu lösen. In einem Augenblick totaler Leere fühle ich die Gegenwart einer vertrauten und willkommenen weiblichen Wesenheit, die über mich kommt. Kribbelnde, wohlige Wärme durchflutet mich, und das ist so anders, als dieses tiefe Unbehagen und Entsetzen zuvor, dass ich unwillkürlich erschauere und meine Augen sich mit Tränen füllen.

Alle reden von Großmama Ayahuasca. Ich hatte das bisher immer für eine der vielen Stränge der reichen Mythologie in diesen alten Stammesgebieten gehalten. Wie ich mich geirrt habe. Eben jetzt befinde ich mich in der Gegenwart eines weiblichen Geistes, der ohne Worte mit mir kommuniziert. Ich sehe nicht etwa eine Frau vor mir im Dunkeln, sondern sie tritt durch den Scheitelpunkt meines Kopfes in meinen Körper ein und füllt mich ganz aus. Verrückt, ja. So etwas kann man sich nicht ausdenken.

Sie sagt, sie sei stolz auf mich, weil ich meinen eigenen Ängsten und Leiden standhalte, um die Wahrheit zu finden. »Ich bin jetzt bei dir und werde es die ganze Nacht sein, auch wenn du meinst, das sei nicht so.« Sie redet mir gut zu, weiter aufrecht zu sitzen, auch wenn ich fix und fertig bin. Es gibt noch viel mehr, was sie mir zeigen möchte.

»Immer wenn du dich durch solche Turbulenzen durchbeißt, kann es dir so vorkommen, als wäre ich weg, aber ich kann dir versprechen, dass ich dich nicht zu weit in die Finsternis abtreiben lassen werde. Bist du bereit, noch tiefer zu gehen?«

Offenbar kann ich hier wirklich eine Wahl treffen. Die Leiden lassen sich anscheinend dimmen, wenn ich darum bitte. Eben noch hätte ich alles gegeben, um das hier zu unterbrechen – meine Güte, ich dachte, ich würde sterben. Aber jetzt weiß ich, dass Großmama real und heute Nacht bei mir ist, und das ändert alles. Von ihren Worten angespornt, aber auch über mich selbst erschrocken gebe ich zu erkennen, dass ich mit ihr gehe, wohin sie mich führt.

Anschnallen.

Ich sitze da im wirbelnden Sturm der Erdmutter, Pachamama, und rieche nach Erbrochenem und atme schwer, weil ich irgendwie nicht genug Luft bekomme. Ich fange an, gegen das Biest in mir zurückzuknuffen.

Irgendwie können die ganz schlimmen Wörter wie »böse« und »schlecht« mich nicht mehr in den freien Fall stoßen. Wirklich absturzträchtig sind dagegen die unschuldig normal wirkenden und dadurch umso glitschigeren Gedankengebilde. Etwas so Unspektakuläres wie »ich komme damit nicht mehr zurecht« erweist sich augenblicklich als selbsterfüllende Prophezeiung und steigert die erlebte Realität bis an die Grenze des Unerträglichen. Wenn ich das Gefühl nicht im nächsten Augenblick gleich wieder auflöse, verlassen mich Kraft und Gleichgewicht, und was dann an visuellem und akustischem Chaos um mich herum losbricht, baut sich so weit auf, dass ich abwärts und aus mir heraus in ein Meer der Qual gestoßen werde. Aber ich erhole mich immer schneller wieder. In diesem Purgatorium bin ich jetzt immer nur für ein paar Minuten, bevor mir das Prinzip des angezeigten Vorgehens wieder einfällt: leer werden und annehmen. Wie ich jetzt sehr mühsam lernen muss, kann man seine Balance bei diesen Zeremonien nur wahren, wenn man gedankenfrei bleibt, und das ist leichter gesagt als getan. Mir wird klar, dass Gedankenleere in unserer Gesellschaft mit Intelligenzmangel und Faulheit verwechselt wird, es heißt dann schnell, dass einer »nichts aus sich macht« – noch eins dieser leblos gewordenen Konzepte, die mir in dieser Nacht abhandenkommen. Gedankenlosigkeit wird stark unterschätzt.

Ungefähr alle zwanzig Minuten packt mich Großmama beim Schlafittchen und setzt mich in einem neuen Szenario ab. Dabei kann es sich um reale Örtlichkeiten in Raum und Zeit handeln, aber auch um das plötzliche Einsetzen eines ohrenbetäubenden Brummens wie von tausend Bienen und sogar um eine unbehagliche Körperempfindung, die sich zu einem heftigen Erbrechen in meinen zum Glück bereitstehenden Eimer steigert. Nach etwa vier Stunden dieser Zeremonie gewöhne ich mich allmählich an das Elend und verstehe jetzt auch, wozu es gut ist. Aber ich stoße doch immer mehr an meine Grenzen, und wenn ich merke, dass ich abschmiere, kann ich mich nur dadurch noch abfangen, dass ich das Denken ganz einstelle oder mich an meine jüngst entdeckten Powerworte halte.

Wenn ich vorübergehend ins Körperbewusstsein zurückfinde, stelle ich fest, dass ich mit ganz aufrechtem Rücken auf meinen Sitzhöckern sitze und die Arme mit ausgestreckten Händen über dem Kopf erhoben habe. Ich wiege mich vor und zurück und bin Roman dankbar für die kraftvollen Ícaros, die er da drüben singt.

»Ayahuasca, wa-di-di, Ayahuasca, la-di-di. Ladidididididididididididi...«

Die eindringliche Stimme bildet nicht nur einen Rahmen für unsere Reise mit Großmama. Vielmehr wurden die alten Lieder von den Meistern so gestaltet, dass die Intensität bei allen noch weiter gesteigert wird und die Medizin noch stärker wirkt. Die Musik kann mal etwas schmerzhaft Stechendes für die Psyche und die Nerven haben und ein andermal, wenn alles verloren scheint, hilft sie einem, den Anschluss wiederzufinden.

Eben jetzt, so kommt es mir vor, mache ich eine Geste der Dankbarkeit und Ergebenheit in Romans Richtung, der irgendwo mir gegenüber in dieser schwarzen Hitze sitzt. Empfinde ich wirklich Dankbarkeit oder nehme ich nur eine Pose ein, als Gegengewicht für die verstörenden Gefühle, die seine Worte in mir auslösen? Ich weiß es nicht, aber irgendetwas ernsthaft infrage zu stellen, geht im Moment überhaupt nicht, wenn ich an Deck bleiben will.

Als ich vier Stunden trainiert habe, wie man seetüchtig bleibt beziehungsweise das gekenterte Kanu wieder aufrichtet, zeichnet sich eine ganz klare visuelle Metapher ab. In mir – nicht in meinem Körper, sondern in *mir* – befindet sich ein großes Pendel, das sich eben jetzt kaum bewegt. Zu seiner Rechten leben Freude, Hochgefühl, Begeisterung, Seligkeit, Schönheit, Ekstase. Beim Schwung nach links geht es in Richtung Angst, Traurigkeit, Kummer, Scham und Verzweiflung. Es scheint völlig klar zu sein, dass rechts vom Pendel die bevorzugten Erfahrungen liegen. Nach denen habe ich mich in den ersten Stunden dieser Zeremonie gereckt und nach den vor mir aufblitzenden willkommenen Visionen und Gefühlen gehascht, während ich gleichzeitig bemüht war, mir verstörende Gespenster und Gefühle vom Leib zu halten.

Aber ein Pendel schwingt nun mal. Je inbrünstiger ich mich an meine positiven Empfindungen klammere, desto weiter zieh ich das Pendel gegen die Schwerkraft aus seiner Mitte, als spannte ich im Endeffekt eigentlich den Hahn eines Revolvers: Die kleinste Unsicherheit lässt es mit Wucht lossausen und über die Mitte hinaus auf die Gegenseite schwingen, wo Leid und Orientierungslosigkeit herrschen.

Überlasse ich mich dort jedoch der einsetzenden Panik und Verzweiflung und all den Wörtern und Gedankenfetzen, die mich noch weiter runterziehen (»Oh, Mist! Jetzt geht's dahin!« Oder meine Lieblingsnummer: »Diesmal hast du es überzogen. Da kommst du nicht wieder raus. Dafür bist du nicht stark genug. Alle und du selbst auch wissen jetzt, dass du ein aufgeblasenes Nichts bist«), drücke ich das Pendel noch weiter ins dunkle Unbekannte. Der kleinste Wunsch nach Trost und Hoffnung wird es jetzt mit voller Wucht in die Gegenrichtung schwingen lassen, über die Mitte hinaus und rauschend hinein in die drüben wartende Ekstase.

Das wird dann eine Achterbahnfahrt, auf die viele bei Zeremonien der stärkeren Art geraten, und das gilt nicht nur für Ayahuasca, sondern für alle alten Übergangsriten. Bei solchen spirituellen Interventionen geht es immer um das Gleiche, nämlich darum, die Menschen voll und ganz ihrer Angst und Sterblichkeit, aber damit letztlich auch ihrer eigenen Kraft auszusetzen. Das Mittel dazu ist gezielt eingesetzte Bedrängnis, zum Beispiel in Form der Hitze einer Schwitzhütte oder als körperliche Strapazen oder eben als Einnahme psychoaktiver Substanzen wie Peyote, San-Pedro- Kaktus, Pilzen oder Tiergiften.

Von heute an mache ich das Pendel zum Prinzip meines Verhaltens bei Zeremonien und im Leben allgemein: Sieh zu, dass es still bleibt, immer.

Gegen vier Uhr früh löst sich die Gestalt unseres Kreises zunehmend auf und besteht jetzt aus verstreuten Körpern in diversen Bewusstseinszuständen. Manche sind noch mitten in Großmamas Unterweisung und seufzen oder winseln immer wieder mal. Andere befinden sich im Tiefschlaf, wobei das Fehlen von ordentlichem Bettzeug überhaupt nicht stört. Das Ganze hat etwas von einem Bienenstock, ein waberndes Knäuel von Körpern, alle ohne jede Bedenken gegen die Tuchfühlung mit anderen.

Wir haben etwas gemeinsam durchgestanden. Die geteilten Leiden und der Raum, den wir einander für unsere Schutzlosigkeit geboten haben, schmieden eine Urverbundenheit zwischen uns. Befangenheit oder gar Peinlichkeit liegen uns so fern, wie etwas nur fernliegen kann. Mit dem Ellbogen berühre ich den Fuß einer Frau und meine Decke wird von einem Nachbarn mitbenutzt. Wir sind ein einziger lebendiger, atmender Organismus geworden.

Als ich in diesem modernen Haus nach unten ins Wohnzimmer gehe, summt es immer noch in meinem Kopf. Erst vor ein paar Stunden hat Roman die Zeremonie mit einem Gebet beendet und anschließend noch ein Lied auf einem Instrument gespielt, das wie eine winzige Gitarre aussah. Eben geht die Sonne auf und die kleine Höhle hinter mir ist voller schlafender Körper. Ich selbst bin zu wach, um zu schlafen.

Die Wirklichkeit selbst ist eine andere geworden. Alles was ich zu sein geglaubt habe, alles, wofür ich *das hier* gehalten habe, ist es jetzt so viel einfacher.

Aber in diesem Einfachen gibt es eine Grenzenlosigkeit, die sich wie Heimat anfühlt.

Die Geschichten von Nick sind alle weg. Es hat eine Läuterung stattgefunden, nach der jetzt nur noch die Essenz meiner selbst vorhanden ist. Und diese Essenz hat Durst.

Auf unsicheren Beinen wankend und stolpernd steuere ich quer durchs Wohnzimmer die Stelle an, wo ich die Küche vermute. Von dorther ist zu hören, dass etwas auf einem Brett geschnitten wird und dazu leises munteres Geplänkel. Als ich die Küche betrete, finde ich zwei Frauen vor, die eifrig Knoblauch hacken und Zitronen auspressen. Keine Spur von der Befangenheit, die ich am Abend zuvor in einer solchen Situation empfunden hätte.

»Hi. Ich bin Nick. Glaube ich. Ganz sicher bin ich mir da nicht mehr.« Wir prusten alle zusammen los. Eine der beiden geht auf mich zu und umarmt mich liebevoll.

»Ich heiße Erica«, sagt sie. »Ich habe letzte Nacht neben dir gesessen. Weißt du noch?«

Und noch eine Frau und eine Umarmung. »Ich bin Sara«, sagt sie. Während ich noch dastehe, wird mir plötzlich bewusst, dass diese beiden für mich wie Schwestern sind. Das kenne ich so noch nicht, dass man so innig umarmt wird, ohne dass sexuelle Absichten eine Rolle spielen. Aber so ist es jetzt hier.

Kameradschaft und Klarheit – vielleicht weil wir drei in der Nacht gemeinsam unsere Grenze überschritten haben und unserem tiefsten, schwärzesten Entsetzen begegnet sind, während der Körper zugleich von allem Toxischen gereinigt wurde, sei es körperlicher, geistiger, seelischer oder spiritueller Art. Und das ist noch nicht alles.

»Hier, trink ein bisschen Zitronensaft-Knoblauch-Wasser. Das beruhigt den Magen. Sara schiebt mir das Glas zu. Danach ist mir jetzt eigentlich überhaupt nicht, aber ich tue, was man mir sagt. Und die Wirkung dieses Safts mit seinen Knoblauchstückchen ist wirklich anders, als ich erwartet hätte. Jeder letzte Rest von Übelkeit verfliegt, und meine Füße sind wieder ganz mit dem Boden in Kontakt.

Wir setzen uns hin und tauschen unsere Erfahrungen der Nacht aus. Sie erweisen sich als unerwartet verschieden.

Ich bin einfach davon ausgegangen, dass alle im Kreis ähnlich wie ich die halbe Nacht im freien Fall zugebracht haben, doch tatsächlich war die Begegnung mit dieser Medizin für jeden von uns ganz einzigartig. Immer mehr Leute finden sich nach und nach in der Küche ein und immer wieder spielt sich das Gleiche ab, erst Umarmungen, dann das Elixier aus Zitrone und Knoblauch. Ich kenne diese Leute jetzt seit gut zwölf Stunden, aber sie erleben mich hier so offen und wahrhaftig, wie ich wohl noch nie gewesen bin. Etwas hat uns zusammengeschmiedet, ein Haufen Überlebender. Wir sind eine Geist-Familie.

Ein paar Stunden später sitze ich mit einigen Männern und Frauen, die an der Zeremonie teilgenommen haben, am warmen Kamin, als ich aus einem anderen Zimmer gerufen werde.

»Nick, kommst du mal?« Es ist Romans Stimme.

Ich gehe in die Küche und dort zur Hintertür, wo ich ihn warten sehe.

»Ich möchte dir was zeigen.« Dabei dreht er den Türknauf. Als er die Tür öffnet, zieht sie einen Bogen in den tiefen Schnee. Von draußen kommt ein Schwall eisiger Winterluft ins kuschelig warme Haus. »Zieh dich ganz aus«, sagt er.

»Was?« Das ist nun wirklich das Letzte, worauf ich Lust hätte.

Roman blickt zu mir auf, während er selbst Schuhe und Hose auszieht. »Es wird dir guttun, glaub mir.« Zögernd füge ich mich, und schon sind wir draußen, die Füße verschwinden bei jedem Schritt in hohem Pulverschnee. Sofort springt mein Überlebensinstinkt wieder an. Hier draußen kann man nicht länger als ein paar Minuten überleben. Ich bin ja in diesen Breiten aufgewachsen und weiß, wie schnell man sich hier gefährliche Erfrierungen holt.

Da ich bei diesem Test meiner spirituellen Stärke nicht durchfallen möchte, krümme ich mich unwillkürlich zusammen und schlage die Arme um mich. Roman bleibt stehen und sieht mich an. Sein Gesicht verzieht sich zu einem breiten kindlichen Grinsen.

»Wie zerbrechlich wir uns doch fühlen. Mit so viel Angst großgezogen. Aber es war nicht immer so.« Er steht ganz locker da, als wären wir noch in der behaglich warmen Küche. »Stell den stärksten Mann oder die stärkste Frau für einen Moment in die Kälte und sie

67

werden sich total anzuspannen, als könne das die Kälte fernhalten. Aber wenn du das Undenkbare trotz seiner Undenkbarkeit tust und die Empfindung einlässt und durchlässt, wenn du sie ohne Befürchtungen und große Emotionen vergehen lässt, wirst du eine ganz andere Realität erleben.«

Und noch während er spricht verwandelt sich die Kälte, die von allen Seiten auf mich eindringt, in etwas anderes.

Eine natürliche Selbstabtastung setzt ein und lässt mich erkennen, wo ich blockiert bin und loslassen muss.

»Dein Körper weiß, was er braucht um sein Gleichgewicht wahren zu können. Lass nicht zu, dass dein Denken ihm in die Quere kommt.«

Während er spricht, wandert mein Blick zu den hohen und ebenfalls nackten Bäumen hin, die um uns herum aufragen. Vollkommene Stille ringsum. Und jetzt höre ich auf einmal das Knacken und Knarren der Birken und Kiefern. Bei jedem Ächzen dieser lebendigen Bäume gewinnt mein Körper an Stetigkeit. Die Nadelstiche des Schnees und der Winterluft tauen einfach weg.

»Ah, er verbindet sich mit den Bäumen«, sagt Roman wie zu sich selbst oder wie zu jemandem, der nicht zu sehen ist. »Lass uns ein paar Schritte gehen.«

Ich nicke, als wäre es eine Selbstverständlichkeit, vollkommen nackt durch eine arktische Landschaft zu stapfen. Unser Weg führt uns durch den Wald. Wir lauschen den Bäumen, den Felsen und dem Wind. Eine halbe Stunde später leben wir immer noch, überwinden eine Steinmauer und bahnen uns den Weg auf einen großen zugefrorenen Weiher zu. Stumm, aber wie auf Kommando laufen wir auf das Eis zu, zwei ausgewachsene Männer vollkommen nackt schlittern barfuß bei fünfzehn Grad Kälte übers Eis und lachen dabei außer sich vor Freude wie kleine Kinder. Die Kälte der Luft und des Schnees ist spürbar, aber erfrischend.

»Wie lange kann man wohl hier draußen überleben?«, frage ich.

»Du bist letzte Nacht gestorben, darüber brauchst du dir keine

Gedanken mehr zu machen. Bleib einfach bei deinem Atem. Der Atem ist das Einzige, das wir wirklich brauchen.«

Eine halbe Stunde später bewegen wir uns im letzten Tageslicht ohne Eile auf das Haus zu, als mir dieser Gedanke durch den Kopf geht: »Entweder hat es hier eine große spirituelle Öffnung gegeben oder ich habe den Verstand verloren und kann dafür jetzt mit der Amputation meiner Zehen rechnen.«

Bevor Roman die Tür aufmacht, wendet er sich zu mir um und sagt: »Okay, ich denke, wir können diesen Film zusammen machen.«

Augenblicke später sitze ich in der warmen Küche und stelle staunend fest, dass meine Füße und Unterschenkel, die ja über eine Stunde im Schnee waren, nicht einmal rot sind. Eine Schale Suppe wird mir über die Küchenanrichte zugeschoben, während ich mich wieder anziehe. Dann realisiere ich plötzlich, was Roman gesagt hat. Wir werden diese Doku tatsächlich drehen.

Die Heilkraft von Feuer und Eis

Von den Badeanstalten Europas bis zu den Schwitzhütten der amerikanischen Ureinwohner – immer schon setzen wir Hitze und Kälte zur Läuterung von Körper und Geist ein. Bei den Maya gibt es ein Dampfbad namens *Temazcal*, das man wie die Schwitzhütte aufsucht, um den Körper bei Krankheiten zu entgiften oder sich mit den höheren Bereichen zu verbinden. Das ist auch ein heiliger Ort, an dem Frauen gebären können.

Der wohldosierte Einfluss von Hitze und Kälte hat gesundheitliche Nutzeffekte, die wissenschaftlich bestätigt sind. Die Durchblutung wird verbessert, Schlacken werden ausgeschwemmt, Bakterien und Viren, die oberhalb einer bestimmten Temperaturschwelle nicht überleben können, sterben ab. Interessanterweise sind sich die Hitze- und Kältetechniken, die weltweit in den indigenen Kulturen für Gesundheit und Wohlbefinden angewendet werden, sehr ähnlich. Ist das etwas in uns Menschen von Natur aus Angelegtes?

Ähnlich dem Temazcal der Maya handelt es sich beim russischen *Banya* um ein kleines Badehaus, das meist in der Nähe von eiskalten Gewässern steht. Hier geht es um den gesundheitlichen Nutzen gezielter Hitze- und Kältereize. Banyas findet man überall in Osteuropa und hier werden oft frische oder getrocknete Kräuterwedel eingesetzt, mit denen sich die Badenden schlagen oder abreiben, um den Kreislauf noch weiter anzukurbeln, ganz ähnlich wie Kräuterbündel bei den Maya in Honduras, Guatemala und Mexiko verwendet werden. In einem Banya finden sich die Leute wie im Temazcal oder der traditionellen Schwitzhütte zusammen, um gemeinsam etwas für Gesundheit und Entschlackung zu tun. Es ist üblich, dass man sich zwischen den Gängen im See abkühlt oder einfach im Schnee wälzt. Der Wechsel von heiß und kalt wird mehrmals wiederholt, um die Gesundheit in bestmöglicher Weise zu fördern.

Kälte wurde als Heilmittel bereits bei den alten Ägyptern angewendet, die wussten, dass man damit Schmerzen lindern und Entzündungen reduzieren kann. Im antiken Griechenland wurde regelmäßig im kalten Wasser gebadet, weil die Leute überzeugt waren, dass Spannkraft und Vitalität dadurch zunahmen. Hippokrates, der vielen als der Vater der neuzeitlichen Medizin gilt, empfahl Wechselbäder zur Förderung der

Durchblutung und Verdauung. Hitze entspannt und Kälte regt an und beide lassen sich zum Nutzen der Gesundheit einsetzen.

Über die durch reiche Erfahrung bestätigten gesundheitlichen Vorteile von Wärme- und Kälteanwendungen hinaus wussten die Menschen der Alten Welt auch, dass diese Ritualmedizin für Geist, Seele und Herz sind. Über die Kulturgrenzen hinweg dienen warme und kalte Rituale der Läuterung. Schwitzhütte, Temazcal, Banya und Badehaus sind heilige Rückzugsorte, an denen wir körperliche, seelische und spirituelle Gifte ausscheiden können.

Ich kenne nichts, was die Seele derart wach macht wie der Sprung ins eiskalte Wasser nach dem heißen Dampfbad. Ich kann mir vorstellen, dass Hippokrates das auch so gesehen hat.

Die hier angeführten Beispiele sind zwar typisch für das Verbreitungsgebiet der jeweiligen Methode, aber heiße und kalte Anwendungen sind auch in ihrem Badezimmer möglich. Sie können zum Beispiel die Handbrause auf eine schmerzende oder verspannte Stelle richten und alle dreißig Sekunden zwischen heiß und kalt wechseln. Seien Sie nur einfach vorsichtig bei empfindlichen Partien wie Gesicht, Hals und Kehle.

Wer wachsen und sich entwickeln möchte, darf ruhig ein bisschen abenteuerlustig sein.

Kapitel 4

Die Wand

7. Juli 2010
Denver, Colorado

Wir starren alle zusammen die Wand an.

Vor drei Wochen haben das Team und ich eine E-Mail an die Online-
Communitys zu unseren früheren Dokumentarfilmen verschickt
und angekündigt, dass unser nächster Heilungsfilm im Amazonas-
Regenwald spielen wird. Darin hieß es:

»Wenn ihr jemanden kennt, der oder die an einer ernsten Erkrankung leidet und interessiert wäre, die Heilkräuter und Zeremonien
südamerikanischer Schamanen auszuprobieren, dann füllt bitte den
angehängten Fragebogen aus. Wir können keine Heilung garantie-
ren, sind jedoch überzeugt, dass in dieser Gegend Pflanzen und Verfahren angewendet werden, von denen wir im Westen noch nichts
wissen.«

Wir wollten einfach sicherstellen, dass nur ernsthaft Interessierte darauf antworteten, weshalb wir im weiteren Verlauf dieses Schreibens
eindringlich die Gefahren und Strapazen beschworen, die einen er-

warteten, wenn man sich auf einen Dschungeltrip dieser Art einließ. Der Weg in die Tropen Perus würde zwar innerhalb der westlichen Hemisphäre stattfinden, uns aber ganz gewiss von der Sicherheit und Bequemlichkeit des industrialisierten Westens entfernen. Wir versprachen uns von dieser Operation zwei oder drei Kandidaten. Das wäre ein schöner Anfang.

Zwei Tage später hatten wir vierhundert Bewerbungen von Leuten aus aller Welt vor uns, von Männern und Frauen, bei denen die moderne Medizin versagt hatte und die jetzt auf der Suche nach neuen Heilmethoden für ihre Krankheiten suchten – Brustkrebs, Parkinson, Aids, multiple Sklerose, Diabetes, Depression, Sucht, PTBS. Teilweise sind sie schwer zu lesen – so viel schiere Verzweiflung ist in diese Schreiben eingegangen.

Manche Leute schreiben auch geradezu begeistert, weil sie schon von noch nicht entdeckten, aber vielversprechenden Pflanzenarzneien des Amazonas-Regenwalds gehört haben, aber andere sind einfach nur auf irgendeinen Hoffnungsschimmer aus.

Wir werden nur acht Leute mitnehmen können.

Wissen diese Leute wirklich alle, auf was sie sich da einlassen würden? Um das festzustellen, sende ich den Bewerbern eine weitere E-Mail, in der ich die extremen Umstände schildere, denen sie ausgesetzt sein werden, sollte die Wahl auf sie fallen. Giftschlangen, Giftspinnen, hundert Prozent Luftfeuchtigkeit, vollständige Isolation in ihrer sehr einfachen Dschungelhütte, kein Strom, keine Frischwasserversorgung, keine Kanalisation, Tausende Kilometer von modernen medizinischen Einrichtungen entfernt, unzählige Moskitos … Außerdem werden wir das ganze Unternehmen in allen Einzelheiten filmen, den guten, den schlechten und den hässlichen.

Damit reduziert sich die Zahl der Bewerber gleich um die Hälfte. Jetzt haben wir es mit zweihundert Menschen zu tun, die für eine vage Heilungsaussicht alles auf sich zu nehmen bereit sind. Wir rufen jeden einzelnen an, um uns einen Eindruck von der jeweiligen Persönlichkeit zu verschaffen und um zu erfragen, ob sie mit den psychoaktiven Pflanzen einverstanden sind, die bei manchen Heilzeremonien verwendet werden. Dadurch halbiert sich unsere Liste noch einmal auf jetzt hundert Kandidaten, deren Namen wir an die Wand geheftet haben.

Dan, Michelle und ich stehen fast zwei Tage lang vor dieser Wand und diskutieren darüber, wer am besten geeignet ist. Es gibt aber eine Menge zu bedenken: Möchten wir uns auf outdoorerprobte Leute beschränken, von denen man annehmen kann, dass sie irgendwie zurechtkommen, oder sollen wir lieber Leute nehmen, die mit den Elementen ihre Schwierigkeiten haben werden? Sollen wir Patienten mit Krebs oder Parkinson in fortgeschrittenem Stadium bevorzugen oder wäre es vielleicht klüger, sich für Leute zu entscheiden, die nach menschlichem Ermessen nicht bereits das Endstadium ihrer Krankheit erreicht haben? Von Stunde zu Stunde stellt die Wand uns vor neue Probleme. Sie sieht aus wie die Mörder-Pinnwand bei einem dieser Krimi-Ratespiele im Fernsehen.

Am frühen Abend kommen wir endlich zu dem Entschluss, dass wir erst eine Lösung finden werden, wenn wir Roman nach seiner Sicht der Dinge gefragt haben. In der Hoffnung, dass sich Roman in seiner zeitweiligen Wohnung in Iquitos, dieser Hafenstadt im Landesinneren, aufhält, schicke ich ihm eine E-Mail, in der ich die Problematik kurz darstelle. Er ist jenseits des Äquators mit vorbereitenden Arbeiten beschäftigt, die im Wesentlichen in der Beaufsichtigung der Arbeiten am Bau eines provisorischen Heilungszentrums bestehen, in dem unser Lebend-Experiment stattfinden soll. Er hat mich jede Woche von einem der wenigen Internetcafés der ganzen Provinz aus kontaktiert, die über eine ausreichende Bandbreite für Skype-Verbindungen verfügen – und selbst dann ist die Verbindungsqualität schwankend. Bei unserem letzten Gespräch stand bereits die Hälfte des Baus, den örtliche Arbeiter auf einem abgelegenen Grundstück im Busch errichtet hatten, zu dem man mit dem Auto eine Stunde unterwegs ist.

Es dauert keine Stunde, bis Roman sich bei uns meldet. Wir drei drängen uns um einen Laptop in meiner Küche und sprechen über eine unstete Skype-Verbindung mit ihm.

Zunächst äußert Roman die Ansicht, wir sollten acht Leute auswählen, die nicht gar so furchtbar krank sind, sondern beispielsweise an Diabetes, Depression oder Süchten leiden. Er glaubt, wir könnten am besten mit Leuten arbeiten, die im Dschungel irgendwie zurechtkommen und bei denen nicht die Gefahr besteht, dass sie während dieses einmonatigen Heil-Retreats an ihrer Krankheit sterben. Ich sehe Michelle und Dan an. »Ich verstehe, was du meinst, Roman«, sage ich, »aber vielleicht wäre es trotzdem gut, wenn ich dir noch aus anderen Bewerbungsschreiben vorlese.«

Die nächste Viertelstunde gehen wir ein paar wirklich erschütternde Profile von Leuten in besonders verzweifelter Lage durch. Ich zitiere auch aus meiner persönlichen Korrespondenz mit ihnen und mache mich für ein paar von ihnen stark. Sie wissen, dass es sich um ihren letzten Versuch handelt und lassen sich mit einer klaren Vorstellung von den Implikationen darauf ein. Vielleicht ist die Ayahuasca-Zeremonie als solche bereits ein durchschlagender Impuls, der todkranken Menschen einen Blick hinter den Vorhang erlaubt und sie mit den Ängsten ihrer Sterblichkeit besser zurechtkommen lässt. Selbst wenn sie nicht mehr gesund werden können, vielleicht bekommen sie zumindest ein Gefühl dafür, wohin die Reise nach dem endgültigen Übergang gehen könnte.

Gegen Ende dieser Nacht haben wir uns auf acht Patienten mit den verschiedensten Gesundheitsstörungen geeinigt: drei Leute mit Krebs (Brustkrebs, Stadium 4; neuroendokriner Krebs, Stadium 4 und Prostatakrebs, Stadium 2), eine Parkinson-Patientin, eine Frau mit Morbus Crohn, eine Frau mit Reizdarmsyndrom, einen depressiven und suchtkranken Mann und einen Mann mit Typ-2-Diabetes.

Garry, Melinda, John, Nicola, Jessica, Gretchen, Juan und Joel. Acht Menschen, acht Krankheiten. Sie haben glaubwürdig versichert, dass sie zu allem bereit sind, um gesund zu werden. Ich werde sie alle innerhalb der nächsten vierundzwanzig Stunden anrufen, um ihnen die gute Nachricht zu überbringen. Ich glaube aber nach wie vor nicht, dass sie auch nur die blasseste Vorstellung von dem haben, was da in zwei Monaten auf sie zukommt.

Es gibt jetzt kein Zurück mehr.

Iquitos, Peru
28. Juli 2010

Michelle und ich sitzen hinten in einem Mototaxi, einer Art dreirädrigen motorisierten Rikscha, die sich schaukelnd im Zickzackkurs durch die überfüllten Straßen von Iquitos schlängelt. Wir sind mit Roman verabredet.

Es sind jetzt noch zwei Monate bis zum großen Ereignis und bei dieser letzten Vorbereitungsreise möchten wir zwei Schamanen treffen, von denen wir hoffen, dass sie sich uns für das einmonatige Retreat anschließen werden. Da wären wir dann drei Schamanen, ein Schulmediziner und zwei Krankenschwestern, damit neben den alten Heilweisen auch für die schulmedizinische Seite der Sache gesorgt ist.

Die meisten Dreiradtaxis in dieser Gegend werden aus Südostasien und Indien importiert, weil sie sowohl auf städtischem Asphalt als auch auf ländlichen Kiesstraßen einsetzbar sind. Federungskomfort gibt es allerdings kaum oder gar nicht. Wenn man die Kurve ein wenig zu rasant nimmt oder es aufgrund der Straßenbeschaffenheit einen Stoß gibt, müssen wir die Arme um die Querträger schlingen, um nicht mit den Köpfen aneinanderzustoßen.

Unser Fahrer ist von geschmeidigem Körperbau und besitzt die für den örtlichen Stamm Shipibo Conibo typische dunkle Hautfarbe. Während wir eine gepflasterte Straße entlangtuckern, dreht er sich um, mustert mich mit einem charmanten Lächeln und fragt mich auf Spanisch: »Sind Sie unterwegs in den Dschungel zum Ayahuasca-trinken?«

»Oha, sieht man mir das so deutlich an oder fragen Sie das alle Ausländer?«

Anscheinend beeindruckt es ihn, dass ich Spanisch spreche, jedenfalls wendet er sich länger von der unebenen und verkehrsreichen Straße ab, als mir lieb ist, und schaut mich wieder an. Sein übermütiger Blick wird jetzt betont ernst, als er sagt: »Eine kleine Warnung, mein Freund. Großmutter Ayahuasca ist sehr mächtig, aber der Wald selbst ist noch stärkere Medizin. Viele kommen auf der Suche nach Schamanen in diese Gegend, aber sie merken bald, dass der Dschungel selbst ein wilder Geist ist und mehr vermag als jedes Kräutergebräu.«

Gleich fallen mir die unheimlichen Bäume aus *Der Zauberer von Oz* ein, die Dorothy mit Äpfeln attackieren.

»Er dringt bis ins Blut«, plaudert der Fahrer weiter. »Er ruft einen.«

Es ist nicht das erste Mal, dass ich solche abgefahrenen Legenden über *la selva* (den Dschungel) höre, und ich verhalte mich wie immer, ich höre respektvoll zu und danke dem Mann für seinen Ratschlag. Man kommt in diesen Kulturen mit so viel Altweibergewäsch und Ahnenmythologie in Berührung und manches davon ist praktisch anwendbar, etwa das Verbrennen von Baumharz zur Entkeimung der Luft, aber andere Dinge klingen wie aus dem Märchen.

Wir erreichen unser Ziel und erkennen Roman, der lässig an einen zerbeulten roten Kleinbus gelehnt dasteht. Ich springe aus dem Mototaxi, bedanke mich beim Fahrer und drücke ihm ein paar *so-*

les mehr in die Hand. Was ich noch nicht weiß: Seine Worte werden in den kommenden Monaten den Kernbestandteil meiner persönlichen Überlebensstrategie bilden.

Ich schrecke im Dunkeln hoch und bekomme keine Luft. Ich sehe nichts. In der Schwärze rings um meinen Körper kreischen Tausende kleiner Stimmen, ein ganzer Sturm fremdartiger Laute. Während ich nach Luft ringe, weiß ich nicht, wo ich bin und – noch schlimmer – wer ich bin. In einem Anfall von schierem Entsetzen rappele ich mich auf und verfange mich dabei in einer Art Spinnennetz und stolpere herum, um irgendetwas zu finden, was mir jetzt helfen könnte. Luft strömt in meine Lunge, doch sie bringt keine Erleichterung. Ich muss dieses Schrillen anhalten, bevor mir das Herz zersprengt. Die Hand findet eine Türklinke und zieht daran. Ich gehe nach draußen und hebe den Blick und sehe endlich wieder etwas Vertrautes, den sternenübersäten Nachthimmel. Das Lärmmeer um mich herum tost weiter, aber jetzt fällt mir langsam wieder ein, wer ich bin. Dieser Körper gehört jemandem namens Nick und diese Wand von gurgelndem Schrillen gehört zu Millionen Insekten, Reptilien und baumbewohnenden Säugetieren, die hier im Amazonas-Regenwald leben – und da befinde »ich« mich.

Nick erlebt gerade die den Verstand aufreibende Essenz dieses Orts. Ich lasse ihn nicht los. Wenn der Dschungel dich einmal hat, ist es wie bei einem Marathon: Du kannst nicht aufhören zu laufen. In Nächten wie dieser bin ich nicht mehr in der Lage, zwischen mir und dieser rasenden Geist-Landschaft zu unterscheiden, in der ich untergehe. Ich weiß, dass es sich dabei um eine reale Unterstützung meiner Reinigung und Läuterung handelt, aber diese verbindungslose Desorientierung ist erschreckend. »Der Dschungel selbst ist die Medizin, mein Freund. Du wirst das bald erkennen.«

Der Peruaner im Mototaxi hatte recht.

Als ich mich endlich wieder in meiner menschlichen Kluft zurechtfinde, kehre ich als Nick in das schilfgedeckte Langhaus zurück, in dem ich mit meinem Filmteam einquartiert bin. Auf allen vieren taste ich mich über die rohen Bodendielen zu meinem Moskitonetz zurück (kein Spinnengewebe, Gott sei Dank) und finde dort Michelle, die auf mich wartet.

»Wo bist du gewesen? War es wieder so?« Sie spricht leise, aber ich verstehe sie trotz des tierischen Lärms ringsum.

»Ja. Wieder diese Scheißangst.«

»Komm her.« Sie zieht mich zu sich heran und bettet meinem Kopf auf ihren Bauch. »Atme einfach, ich bin da.«

In den zwei Wochen, die wir jetzt hier sind, hat sich Michelle total verwandelt, von einer umtriebigen kosmopolitischen Endzwanzigerin in eine voll verwirklichte Erd-Mama. Dieser Effekt scheint auf einige der Frauen, die mit uns gekommen sind, abzufärben. Der Ort hat etwas von einem Mutterschoß, weckt in ihnen eine Daseinsweise, die ich nur demütig bestaunen kann.

Ich selbst vollziehe meine eigene Wiedergeburt, aber sie schüttelt mich durch bis ins Mark. An diesem Ort zu sein ist wie ein Bad in natürlichem Wahrheitsserum. Alles, was man über sich selbst geglaubt hat, wird gewogen und gemessen, wird einer eingehenden Prüfung unterzogen und landet schließlich auf dem existenziellen Hauklotz. Der zeremonielle Teil mit pflanzlicher Medizin wie Ayahuasca und dem Meskalin-Kaktus, den sie hier San Pedro nennen, ist hochwirksam, aber der bloße Aufenthalt in dieser so unglaublich dichten Umgebung ist in sich selbst eine Offenbarung. Ich fühle mich Erkenntnis für Erkenntnis nach und nach auf null gestellt. Die Geschichten, die ich mir und anderen über mich und *das hier* erzählt habe, erweisen sich immer mehr als bestürzend kümmerlich. Immerhin, ein Kernstück meiner Identität scheint bei dieser Feuerprobe einigermaßen intakt zu bleiben. Ich habe hier und da ein wenig nachjustiert, aber meine Intention und das, was ich als meinen Lebenssinn erachte, erweisen sich als ganz schön robust, auch wenn sie Nacht für Nacht durch die Mühle gedreht werden.

Meine Aufgabe in dieser Inkarnation besteht darin, in irgendeiner geeigneten und dem Ganzen dienenden Form eine Brücke zwischen dem Alten und dem Neuen zu sein. Ich habe es immer verstanden, das Vertrauen der Menschen zu gewinnen, und es scheint auch, dass ich für subtile Energien empfänglich bin. Offenbar soll ich diese Gaben dafür einsetzen, das alte Stammesheilwissen zu den Leidenden zu bringen und der modernen Welt gleichzeitig bewusst zu machen, wie wichtig es ist, diese im Verschwinden begriffenen Traditionen und damit das Wissen, das sie bergen, zu bewahren.

Die restlichen Geschichten über Nick und sein Leben lösen sich jetzt rapide schnell auf und wahrscheinlich sind die von den gestrichenen Passagen hinterlassenen Lücken für die in solchen Nächten auftretende Dissoziation von Geist und Körper verantwortlich. Es bleibt zu hoffen, dass es sich um Leerstellen handelt, die einfach darauf warten, wieder mit etwas Zusammenhängendem gefüllt zu werden. Das kann sich nur mit der Zeit erweisen.

Roman sagt seinen Patienten immer, nach jedem größeren Abschnitt auf dem Weg der Heilung sei eine dreimonatige Integrationsphase erforderlich. Mir wird jetzt klar, dass ich diese schamanische Empfehlung halb bewusst als symbolische Amazonasfolklore abgetan und nicht als Verordnung verstanden habe.

So ähnlich bin ich auch mit den Worten des Mototaxifahrers über den Dschungel umgegangen.

Was mag ich sonst noch alles nur halb gehört haben?

Am folgenden Abend ruft uns Roman zu einer Ayahuasca-Zeremonie mit einer kleinen Gruppe anderer Leute zusammen, unter denen sich auch zwei weitere Schamanen befinden Edwin und Habin. Roman hat sie gebeten, dabei zu sein, damit ich ein Gefühl für ihre Energie bekomme und mir überlegen kann, ob sie bei unserem Retreat dabei sein sollen. Wir sitzen auf der unteren Ebene des neu errichteten Langhauses auf der Bodenplatte aus Beton, dreizehn Patienten und Sucher und dazu die drei Schamanen.

Die beiden neuen Schamanen sind äußerlich sehr gegensätzlich. Der dunkelhäutige Edwin besitzt den stämmigen Körperbau der Menschen dieser Gegend, während Habins helle Haut und seine Schlaksigkeit für eine europäische Herkunft sprechen. Die drei Maestros sind ganz gezielt so in der Runde verteilt, dass sie als Eckpunkte eines gleichschenkligen Dreiecks fungieren. Jeder hat eine Mesa-Decke vor sich ausgebreitet, eine handgewebte Gebetsmatte aus dieser Gegend, auf die sie ihre persönlichen Kraftobjekte und Heilutensilien gelegt haben, Kristalle, Statuetten, Palo Santo, Flaschen mit Blütenessenzen, getrocknete Kräuterbüschel. Ich weiß nicht, ob ich diese überproportionale Besetzung mit Schamanen – sonst ist meist nur ein Schamane dabei – als beruhigend oder bedrohlich empfinden soll.

Stell deine Gedanken ab, Nick.

Als wir getrunken haben und die Kerzen gelöscht sind, bittet Roman Habin, das Eröffnungs-Ícaro zu singen – ein Gebet, das zur Ayahuasca-Zeremonie angestimmt wird. Die Stimme des hellhäutigen Schamanen brummt in der Dunkelheit los und wogt als melodische Mischung aus Spanisch und Quechua durch den Raum. Dieser Mann, wer er auch sein mag, lebt offenbar schon sehr lange hier.

Ein paar Stunden später ist die Zeremonie voll im Gang und der Kreis pulsiert nur so. Jeder ist auf seiner ganz eigenen kosmischen Reise.

Plötzlich breitet sich ein schriller Laut im Raum aus und Roman verstummt mitten in einem Ícaro. Stille. Alle wirken ernüchtert, während wir abwarten, ob dieser Laut erneut zu hören sein wird. Jetzt ist er wieder da und unsere Aufmerksamkeit richtet sich auf eine Frau im Kreis, die zusammengekrümmt daliegt. Sie faselt irgendetwas mit tiefer, leiser Stimme und kichert zwischendurch oder kreischt als Antwort auf irgendetwas, was nur sie allein sieht.

Romans Stimme dröhnt in der Dunkelheit: »Habin, sieh doch bitte nach Diana.«

Habin erhebt sich, geht hinüber zu ihr, legt ihr die Hand auf den Arm und sagt etwas zu ihr, was wir Übrigen nicht hören können. Sofort setzt sie sich aufrecht hin und atmet auch wieder normal.

Roman fragt sie, ob alles in Ordnung sei, und Diana, eben noch in ihrer ganz eigenen Welt voller Schrecken gefangen, antwortet ganz ruhig: »Ja, Roman. Danke für deine Hilfe, Habin. Ich bin jetzt wieder voll da.«

So etwas habe ich noch nie während einer Zeremonie erlebt. Habin hat sie mit irgendetwas aus ihrer Finsternis heraus und zurück in unseren Kreis gezogen.

Bei unserem üblichen Austausch über die Zeremonie am nächsten Morgen spricht Diana ganz offen über die seelischen Turbulenzen, mit denen sie zu kämpfen hatte.

»Ich rede nicht oft davon, aber ich hatte in der Zeit der Schwangerschaft meiner Mutter eine Zwillingsschwester. Nur ich bin lebend zur Welt gekommen. Und meine ganze Kindheit hindurch, immer wenn die Rede auf meine gestorbene Schwester kam, erwähnte meine Mutter ganz beiläufig, dass sie noch leben könnte, wenn ich ihr nicht immer alles weggegessen hätte. ›Du hast immer so viel Hunger gehabt, Diana, da blieb einfach nicht genug für sie.‹

Diese Schuld – ich habe das mein Leben lang immer für mich behalten. Ich rede mit niemandem darüber. Aber letzte Nacht, nachdem ich Großmama getrunken hatte, wurde ich in die Gebärmutter zurückversetzt und da wartete meine Schwester auf mich. Es war mehr, als ich ertragen konnte, aber dann hat sie mich wissen lassen, sie sei gar nicht gestorben, sondern in diesem Körper und Bewusstsein mit mir verschmolzen. Wir sind eins geworden.«

Mit Tränen in den Augen schaut sie Habin noch einmal an. Der Schamane erwidert mit einem leichten Nicken, während sein Gesicht ansonsten unverändert bleibt. Mit starkem Akzent erwidert er: »Welcome.«

In dem Moment wird mir klar, dass Habin einen Platz in unserem Dokumentarfilm haben muss. Er hat seine Fähigkeiten nicht nur während der Zeremonie unter Beweis gestellt, sondern ist auch in der ganzen Gegend dafür bekannt, dass er bei bestimmten neurologischen Erkrankungen wahre Wunder wirken kann. Es ist nicht ungewöhnlich, dass sich Schamanen oder Heiler auf bestimmte Krankheiten spezialisieren, für die sie ein besonderes Gespür haben. Vielleicht ist Habin genau der Richtige für Nicolas Parkinson.

Zwei Tage nach der Ayahuasca-Zeremonie mit den Schamanen werde ich zur Feier des siebzigsten Geburtstags von Edwins Mutter eingeladen. Gefeiert wird in ihrem Haus in einer Vorortgegend von Iquitos. Roman meint, ich solle unbedingt hingehen.

Edwin entstammt einer Familie von Heilern, die für ihr umfangreiches Wissen über die Heilpflanzen des Dschungels bekannt sind. Wir sprechen von über 65 000 Pflanzenarten des Amazonasgebiets, von denen nur drei Prozent bisher wissenschaftlich erfasst sind. Die Spezialkenntnisse in Edwins Familie haben zu einem hohen Bekanntheitsgrad in Iquitos und Umgebung geführt.

Am späteren Nachmittag umarme ich Michelle zum Abschied und schließe mich Edwin an. Wir verlassen das Zentrum über einen Pfad, der zur weit und breit einzigen Straße führt. Hier rumpelt immer mal wieder ein Lastwagen oder Mototaxi vorbei, die den Leuten der Gegend eine Mitfahrgelegenheit in Richtung Stadt bieten. Wir warten ungefähr fünfzehn Minuten am Straßenrand, bis wir schließlich einen alten Pick-up kommen sehen, der in unsere Richtung fährt. Der Schamane winkt und der Fahrer hält an und bedeutet uns einzusteigen. Wir klettern auf die Ladefläche und stellen uns den übrigen Mitfahrern vor, die mit dem Rücken ans Fahrerhaus gelehnt dasitzen – und los geht's.

Uber nach Amazonasart.

Eine Stunde später erreichen wir die äußeren Vororte von Iquitos, Ein-Raum-Häuser dicht an dicht, deren bröckelnde Mauern mit Graffiti und handgemalten Werbesprüchen bedeckt sind. Edwin schlägt ein paarmal auf das Dach des Fahrerhauses, um anzuzeigen, dass wir aussteigen möchten. Wir lassen uns auf den Boden hinunter und winken einem Mototaxi. Edwin gibt dem Fahrer die Adresse an und schon geht es weiter, immer tiefer in das Labyrinth der notdürftigen Behausungen hinein, die Kiesstraße voller Pfützen und Schlaglöcher. Es ist schon fast dunkel, als unser Gefährt anhält und Edwin mich an den Arm stupst zum Zeichen, dass wir da sind.

»*Su lugar está allí*«, sagt er. Da drüben sei ihre Wohnung. Edwin kann so gut wie überhaupt kein Englisch, nur Spanisch und Quechua. Ich kann nur hoffen, dass sich die Gespräche der nächsten Stunden nicht um allzu anspruchsvolle Themen drehen werden. Und wenn ich ehrlich bin, ist das eine Gegend, in die ich mich allein nicht trauen würde. Die Leute in den Türen wirken ausgesprochen nett, aber es ist eben doch eine ganz andere Kultur. Ich wäre dumm, die Augen davor zu verschließen.

Wir gehen durch einen schummrigen schmalen Durchgang und hier ist bereits Festmusik zu hören. Gleich darauf stehen wir an einer offenen Tür und blicken in einen sehr großen Innenraum, der vor Farben und Menschen förmlich kocht. Das Ganze hat eine einfahrbare Wand an der Vorderseite wie eine große Doppelgarage. An der linken Wand steht ein reich geschmückter Altar mit Lichtbändern und flackernden Kerzen und der Jungfrau Maria auf dem Ehren-platz. Vor der Wand gegenüber spielt eine sechsköpfige Band fetzige Salsa-Tunes, und der Sänger schmettert vom Dschungel, von Gott, vom rechten Weg. Der Raum dazwischen ist mit lächelnden und lachenden Tänzern aller Altersstufen gefüllt.

Als Edwin und ich auftauchen, schwärmt etwa die Hälfte der Leute uns – oder besser gesagt Edwin – entgegen, um Hallo zu sagen und ihn zu umarmen. Eine Frau, die wohl seine Mutter sein muss, nähert sich und schließt ihren Sohn in die Arme und sieht dabei mich an.

»Das ist Nick, der Filmemacher, von dem ich dir erzählt habe«, sagt Edwin.

Edwins Mutter sieht mich ein wenig skeptisch an. »Dann hol ich euch doch jetzt mal was zu trinken, während Edwin Sie der übrigen Familie und den Freunden vorstellt.« Ohne eine Antwort abzuwar-ten, dreht sie sich um und verschwindet in der Menge.

Eine von Edwins Schwestern tritt von hinten an uns heran und stellt sich mir mit einem freundlichen Lächeln vor. »Edwin«, sagt sie, »kann ich einen Augenblick mit dir sprechen?« Edwin sagt, er sei gleich wieder da, und geht mit ihr nach draußen.

Meine Blicke tasten den Raum ab, und ich überlege, wie ich mich in dieser vollkommen fremden Umgebung jetzt verhalten soll. Zwei junge Leute vor mir tanzen wie wild zu diesem Dschungel-Jam und winken mich her. Ich bin eben dabei in ihre Richtung zu gehen, als ich eine Hand am Ellbogen spüre.

»Señor, Sie sind Edwins Freund?« Als ich mich umdrehe sehe ich einen untersetzten älteren Herrn, der zu mir aufblickt.

»Ja, der bin ich. Ich heiße Nick. Edwin und ich arbeiten zusammen mit Pflanzenmedizin.«

»Ah, das ist etwas ganz Wunderbares«, sagt der Mann. »Mein Name ist Ernesto. Ich kenne Edwin gut. Er ist ein Meister-Vegeta-lista.«

»Wirklich?«, sage ich in der Hoffnung, noch mehr von Ernesto zu erfahren. Als Vegetalista bezeichnet man hier im Dschungel einen Heiler, der seine Kräfte aus den Pflanzen der Region zieht – und wie Ihnen jeder Ethnobotaniker sagen wird, der ein bisschen Ahnung hat, wissen nur die Einheimischen, welche Pflanzen welche Kräfte haben. Roman und Habin kennen sich wirklich gut in der Amazonasflora aus, aber beide sehen sich nicht als Experten auf diesem Gebiet.

»Die Hälfte der Leute hier sind durch seine Kräuter gesund geworden, ich auch!« Ernesto klopft sich stolz an die Brust und lächelt. »Vor drei Jahren hatte ich schlimme Magengeschwüre. In der Klinik in Iquitos haben sie mir Medikamente verschrieben, aber die haben alle nicht geholfen. Irgendwann meinte meine Frau, ich solle Rosas Sohn fragen, er hätte nämlich die Begabung seines Vaters geerbt. Ich bin zu Edwin gegangen und der hat mich in seinem Haus empfangen. Die Untersuchung dauerte eine Stunde und am Schluss sagte er, ich solle am nächsten Tag wiederkommen, er würde inzwischen im Dschungel die Pflanzen suchen, die ich brauchte, und mir einen Tee daraus kochen.

»Ich wusste, dass er es wirklich gut meinte«, vertraut Ernesto mir an, »aber um ehrlich zu sein, habe ich nicht geglaubt, dass er mich kurieren kann. Da hatte ich mich getäuscht. Als ich am nächsten Tag wiederkam, hatte er meine Teemischung schon fertig. Davon sollte ich morgens vor dem Frühstück und dann noch einmal vor dem Abendessen eine Tasse trinken. Ich machte es genau so, wie er gesagt hatte, und eine Woche später war der Schmerz einfach weg! Viele Leute hier könnten Ihnen ähnliche Geschichten erzählen.«

Es kribbelt mir den Rücken hinauf, während ich Ernesto zuhöre. Dann fasst er mich am Ellbogen und führt mich durch die Menge zu einer Stuhlreihe an der Rückwand, auf der Freunde und Angehörige sitzen. Eine mittelalte Frau mit einer leuchtenden Blüte im Kraushaar lächelt zu uns auf, als wir uns nähern.

»Nick«, sagt Ernesto, »das hier ist Maria. Maria, das hier ist Nick, Edwins Kräuterfreund.« Ich kann Maria nicht einmal sagen, dass ich eigentlich kein Pflanzenheilkundiger bin, weil sie mir gleich ihre Hände entgegenstreckt.

»Die verdanke ich ihm.« Sie strahlt überglücklich. »Er hat meine Arthritis mit einer seiner Blätterumschläge geheilt. Ich dachte schon, ich würde meiner Enkelin nie wieder die Zöpfe flechten können.«

»Wow, toll! Was für Blätter waren das denn?«

Sie sieht Ernesto fragend an. Es gibt Übersetzungsprobleme und ich weiß nicht, ob es an meinem Spanisch oder an ihrem liegt. Ernesto wiederholt für sie die Frage auf Quechua und jetzt nickt sie.

»Diese Pflanze heißt Santa Maria, ich hatte noch nie davon gehört, bis Edwin damit kam. Es gibt so viele Kräuter in diesen Wäldern.«

Wie zuvor bugsiert mich Ernesto am Ellbogen einige Stühle weiter zu jemandem, der vermutlich auch zu Edwins Patienten gehört.

Aber Edwins Mutter tritt uns mit zwei Flaschen Inca Kola entgegen, dem landestypischen Softdrink. »Ich bin gerade dabei, dich zu suchen, Rosa«, ruft Ernesto. »Erzähl doch mal, wie Edwin deinen Krebs geheilt hat.«

Die siebzigjährige Matrone wirft dem alten Mann einen finsteren Blick zu und reicht mir ein Inca Kola. »Bist du dabei, unseren Gast in alle Krankengeschichten einzuweihen?« Ihr missbilligender Gesichtsausdruck weicht einem Anflug von Lächeln, als sie mich kurz anschaut. Schließlich sagt sie mit leiser Stimme und ernstem Gesicht: »Ohne meinen Sohn wäre ich nicht hier. Ich hatte Dickdarmkrebs und war schon so gut wie tot, als er noch ein junger Mann war. Er war noch nicht der hoch angesehene Vegetalista, der er heute ist, aber ich wusste, dass er die Anlagen seines Vaters hatte. Als die Ärzte uns wissen ließen, dass sie nichts mehr für mich tun konnten, holte er mir Kräuterarzneien aus dem Wald. Ein paar Monate später war der Krebs weg.«

Die Fragen, die ich Señora Huani jetzt stellen möchte, gehen im Getöse des Verstärkers unter. Der Geräuschpegel war vorher schon trommelfellgefährdend gewesen. Schließlich verzichten wir auf die Fortsetzung unseres Gesprächs und lächeln einander für ein paar Augenblicke höflich zu. Den beiden bleibt nichts anderes übrig, als sich schließlich diesem Tanz anzuschließen, den hier jeder außer mir kennt.

Ich verdrücke mich unauffällig nach draußen. Ich muss mir ein bisschen Klarheit verschaffen. Entweder stecken diese Leute alle unter einer Decke oder Edwin ist einer, der es wirklich draufhat.

Damit haben wir jetzt also drei. Drei beglaubigte Schamanen dreier verschiedener Disziplinen, die bereit sind, bei unserem einmonatigen Retreat mitzuwirken – und Edwin wird Vegetalista in Residence sein, der Meister der Heilkräuter.

Schamane oder Scharlatan?

Im sogenannten Westen werden schamanische Riten zunehmend wahrgenommen und das hat als unbeabsichtigte Nebenwirkung eine ganze Welle von indigenen und anderen Möchtegernheilern zur Folge, die sich Schamanen nennen. Der Kapitalismus macht vor nichts halt und der spirituelle Massentourismus in die Entwicklungsländer macht die Vortäuschung höherer Fähigkeiten zu einer Versuchung, der mittellose Einheimische und einfallsreiche Expats kaum widerstehen können.

Viele der von Schamanen angewandten Maßnahmen verlangen den Kranken eine Menge ab – seien es pflanzliche Zubereitungen, die kochend heiße Schwitzhütte oder lange Fastenperioden. Man muss sich von der Echtheit des Heilers überzeugen, bevor man sein Leben in seine Hände legt.

Daraus ergibt sich eine interessante Frage:

Woran erkennt man einen echten Schamanen?

Es gibt dafür keine vorgegebene Prozedur, wohl aber eine kleine Liste von Kriterien, an die ich mich bei meinen Reisen halte, um mich nicht zu gefährden und um keine Zeit zu vergeuden.

Bei meinem ersten Aufenthalt in Peru hatte ich damit gerechnet, die Schamanen in stammestypischer Aufmachung oder irgendwie spiritueller Tracht zu erleben. Da täuschte ich mich. Eher kann man mit einer Baseballmütze, einem T-Shirt mit Markenlogo und Cargo-Shorts rechnen. Sicher, es gibt Ausnahmen, aber Heiler kleiden sich überall auf der Welt am liebsten wie alle anderen. Halten Sie sich fern von Heilern, die darum bemüht sind, irgendwie aufzufallen. Flamboyance verträgt sich nicht mit dem geistigen Weg, dem sie sich verschrieben haben.

Die meisten Heiler unternehmen nichts, um bekannt zu werden. Man muss sich schon ein bisschen reinhängen, um sie zu finden. Die Mehrheit der Heiler in dieser Welt sind in erster Linie für ihre Familie und die engere Lebensgemeinschaft da. Oft haben sie noch einen Fulltimejob und verdienen ihr Geld mit etwas ganz anderem. Ihr Können wird nicht an die große Glocke gehängt und zufriedene Patienten äußern sich dazu oft viel ausführlicher als die Schamanen selbst.

Ein bisschen haben Sie davon im vorigen Kapitel bei Edwins Familie erfahren. Ich hoffe Sie haben da einen guten Eindruck bekommen, wie man Schamanen am besten einschätzen kann, nämlich indem man ihnen und ihren Patienten ein paar Fragen stellt.

Wie sieht es mit der Einstellung zum Geld aus?

Der Beruf des Schamanen ist einer der ältesten überhaupt und es ist durchaus üblich, für die Dienste eines indigenen Heilers mit Geld zu bezahlen, aber mit welcher Haltung und mit welcher Energie er sein spirituelles Business betreibt – da kann es sehr große Unterschiede geben. Wenn beispielsweise ein Schamane oder eine Gruppe von Schamanen im Voraus bezahlt werden möchten ist das sofort ein erstes Warnsignal. Die meisten redlichen Heiler, mit denen wir zusammenarbeiten, denken weniger an das Geld als daran, dass Patient und Schamane zusammenpassen müssen. Vielfach gibt es hier flexible Vereinbarungen, bei denen die Honorare der Zahlungskraft des Patienten angepasst werden.

Halten sie sich an Ihr Bauchgefühl.

Es spielt keine Rolle, wie viele Empfehlungen für einen bestimmten Schamanen sprechen. Wenn Sie ein flaues Gefühl bei der ersten Begegnung mit ihr oder ihm haben, machen Sie am besten gleich kehrt. Das gilt für volkstümliche Heilkunde überall auf der Welt. Ahnenmedizin ist tief spirituell. Sie sollten hier bei jedem Schritt ihre Intuition befragen, ganz gleich, ob es darum geht, die tieferen Ursachen Ihrer Krankheit zu erkennen oder den richtigen Maestro ausfindig zu machen. Ein echter Schamane respektiert Ihr Gefühl, dass die Energie nicht stimmt und Sie weitersuchen müssen, bis Sie den passenden Heiler finden.

Kapitel 5

Ankunft

Von einem gewissen Punkt an gibt es keine Rückkehr mehr.
Dieser Punkt ist zu erreichen.

FRANZ KAFKA

15. Oktober 2010
Provinz Loreto, Peru

Regen. Matsch. Wind.

Hier ist Regenzeit und der Regenwald macht seinem Namen alle Ehre. Jeden Morgen wachen wir im Getöse des sintflutartigen Regens auf. Dann gibt es Augenblicke, in denen sich Sonne und Wolken abwechseln, aber schon gießt es wieder. Alles ist klamm, das Bettzeug, die Kleidung und wir selbst.

Die Crew und ich sind vor ein paar Tagen angekommen, um im Heilzentrum zusammen mit den Schamanen und der übrigen Belegschaft letzte Vorbereitungen zu treffen, bevor die Patienten ankommen. Wir haben unser Produktionsteam um einige Spezialisten erweitert.

Alberto ist ein aus Paraguay stammender Tontechniker und mit Brock ist ein begabter Kameramann aus New York City zu uns gestoßen, den Michelle und ich schon länger kennen. Wir sind jetzt insgesamt zu fünft – Dan, Michelle, Brock, Alberto und ich. Es muss sich erst noch herausstellen, ob wir der vor uns liegenden Aufgabe gewachsen sind.

Wir haben nur noch vierundzwanzig Stunden bis zum Beginn unseres Amazonas-Heilexperiments, und den ganzen Nachmittag herrscht hektische Betriebsamkeit: den Helferstab mit allem vertraut machen, was sie brauchen, um die Patienten in ihren individuellen Lebensumständen und Schwierigkeiten zu unterstützen; Speisepläne mit Rücksicht auf die Bedürfnisse der Einzelnen aufstellen; die schmalen Dschungelpfade zu jeder Hütte auslichten, damit auch die Leute mit stärkeren Behinderungen den Weg zu den Duschgelegenheiten bewältigen können; überprüfen, ob unsere Satellitenhandys, Walkie-Talkies, die kleinen Sonnenkollektoren und andere moderne Gerätschaften richtig funktionieren.

Ich habe noch nie eine Kamera gesehen, die Wasser verträgt, und das Trockenhalten unserer vier Ausrüstungseinheiten und des Produktionsequipments wird uns im kommenden Monat einiges an Erfindungsgeist abverlangen. Das ganze Gewicht und Risiko unseres Vorhabens wird von Augenblick zu Augenblick immer offenkundiger. Als die Sonne am Abend vor der Ankunft der Patienten untergeht, findet für das Filmteam und die Belegschaft eine von Roman und mir geleitete Abschlussbesprechung statt. Bei dieser Ratsversammlung gehen wir Eventualitäten durch – und die gibt es in großer Zahl. Die vier Frauen (zwei Krankenschwestern und zwei Begleiterinnen), die für die Versorgung der Patienten zuständig sind, stellen etliche Fragen zu möglichen Notsituationen, zum Beispiel: »Was tun bei Schlangen- oder Spinnenbissen?« Oder ganz praktisch: »Was, wenn jemand etwas zu essen haben möchte, was in seiner oder ihrer verordneten Dschungeldiät nicht vorgesehen ist. Sollen wir strikt darauf beharren?«

»Sie sind hier, weil sie gesund werden wollen«, erwidert Roman. »Sie wissen alle, was sie hier erwartet. Das hier ist nicht der Club Med, und die Diät ist nicht bloß eine Empfehlung.«

Er sieht alle nacheinander an, um sich zu vergewissern, dass seine Worte verstanden wurden. Ich habe hier nichts zu diskutieren und würde es auch nicht tun, wenn ich etwas einzuwenden hätte. Wie Roman letztes Jahr in Brooklyn vor der Zeremonie erzählt hat, gelang es Don Sinchi, ihn von seiner schweren Morbus-Crohn-Erkrankung zu heilen. Da ging es sehr streng zu: Separierung in einer Dschungelhütte, einfachste Ernährung zur reinen Bedarfsdeckung, Kräuterarzneien und wöchentliche Zeremonien.

Was Roman da bei Don Sinchi lernte, entspricht der über Jahrhunderte von Generation zu Generation weitergegebenen Heiltradition der Amazonas-Schamanen. Hier kommt es darauf an, sich in der Zeit der Genesung von allem zu lösen, von Freunden, Angehörigen und allen Ablenkungen, sogar von den eigenen Denkmustern, denn die können Spannungen auslösen und ganz in der Tiefe des Bewusstseins die Krankheit des Betreffenden schüren. So also werden die nächsten fünf Wochen aussehen, nicht nur für unsere acht Gäste, sondern mit Abwandlungen auch für mich und meine Crew.

In der Abenddämmerung des nächsten Tages piepst mein Sprechfunkgerät, zu hören ist Arbildo, der angestellte Wächter des Instituts, mit seinem knorrigen Spanisch. Die Gegend hier gilt als sicher, aber manchmal hört man von vereinzelten Raubüberfällen. Deshalb wurde Arbildo eingestellt, um ein Auge auf die Randbereiche unseres gut vierhundert Hektar großen Grundstücks zu haben.

»Die Patienten sind da«, lässt er mich wissen.

Alle im Zentrum können ihn hören. Seine Worte lassen uns alle aktiv werden. Als wir den langen matschigen Weg bis zur Straße bewältigt haben, stehen die Neuankömmlinge bereits neben dem Kleinbus, der sie vom Flugzeug hierhergebracht hat, und schauen mit gespannten und etwas furchtsamen Blicken in den dunklen Wald hinter uns.

Gretchen, unsere Patientin mit dem Reizdarmsyndrom, kommt als Erste auf uns zu. »Hi, Nick!«, sagt sie mit breitem Grinsen. »Meine Güte, ist das cool, ich kann kaum glauben, dass wir tatsächlich da sind.« Wir wissen durch ihre Selbstdarstellung, dass sie ein ganz unerschrockener Outdoortyp ist und sich überall auf der Welt irgendwie durchschlagen kann. Für sie, glauben wir, dürfte die Herausforderung eher im zeremoniellen Teil liegen.

»Regnet das hier immer so?«, fragt Jessica. »Ich habe keine Boots dabei.« Keine Frage, sie ist längst nicht so begeistert wie Gretchen, schon gar nicht nach vierundzwanzig Stunden Flug von Oklahoma, wo sie zu Hause ist, und mitten in einem bösen Aufflackern ihres Morbus Crohn. Sie hat uns in der Zeit bis zum Abflug immer wieder mal über ihren gesundheitlichen Stand unterrichtet. Dadurch wissen wir, dass die Läsionen in ihrem Darm während der letzten beiden Monate zugenommen haben, sodass sie sich manchmal fragte, ob dieses Unternehmen in ihrem Fall wirklich eine gute Idee war. Sie musste allen Mut zusammennehmen, um in dieses Flugzeug zu steigen.

»Wie schön, euch alle hier zu sehen«, sage ich ganz munter, um mir nichts von meiner eigenen Aufregung anmerken zu lassen. »Ihr habt eine lange Reise hinter euch und seid sicher müde und habt Hunger. Bis zu eurer Behausung habt ihr einen längeren Fußweg vor euch, deshalb gehen wir jetzt erst mal zum Gemeinschaftshaus, wo wir für euch ein Abendessen vorbereitet haben.«

Zwanzig Minuten später sitzen wir alle an einem langen Tisch im Gemeinschaftshaus, das wie alle anderen Gebäude im Dschungel aus von Hand bearbeiteten Brettern, zurechtgestutzten und geschliffenen Ästen und einem Dach aus getrocknetem Gras besteht. Das Tageslicht ist jetzt gänzlich vergangen und es regnet wieder. Das ständige Prasseln des Wassers auf dem Dach, auf dem Blätterdach der umgebenden Bäume und auf dem Boden um das Langhaus veranlasst einige der Neuankömmlinge zu Blicken über die Schulter, während sie sich zugleich ganz munter zu geben versuchen. Die dünnen »Wände« aus Moskitonetz halten zwar die Insekten ganz gut fern, aber die Dschungelgeräusche sind hier trotzdem jederzeit sehr nah.

Juanita, unsere Köchin, trägt einen gewaltigen Topf mit Dschungel-gemüse-Eintopf und Quinoa herein und füllt damit acht Schalen, die vor unsere Patienten hingestellt werden. Als sie im flackernden Kerzenlicht zu essen beginnen, tritt Roman durch eine Seitentür herein, um jeden einzelnen unserer Gäste zu begrüßen und mit einem herzlichen Lächeln willkommen zu heißen. Den Gesichtern einiger besonders geplagten Patienten ist die Erleichterung anzuse-hen, die sie beim Anblick des Schamanen empfinden. Seinetwegen sind sie hier und natürlich hoffen sie, dass er und die beiden ande-ren Medizinmänner die Lösung sind, nach der sie so lange gesucht haben.

»Wir wissen es zu schätzen, dass ihr uns euer Vertrauen schenkt«, sagt er. »Jetzt esst bitte in aller Ruhe, während ich erkläre, was wir hier machen und wie die nächsten dreißig Tage aussehen werden.« Frieden senkt sich über die Gemeinschaft der Speisenden.

»Ich möchte gleich zur Sache kommen«, sagt Roman nach einer Weile. »Um nach der Amazonastradition gesund zu werden, muss jeder erst lernen, mit allen Seiten seiner selbst Frieden zu schließen. Ihr sitzt jetzt im größten zusammenhängenden Waldgebiet der Erde. Die Natur wird hier als göttliche Lehrerin und Heilerin ge-sehen.

Krankheit ist nicht der Feind, sondern ein natürlicher Hinweis, der uns leichter erkennen lässt, wo wir noch mehr über uns selbst erken-nen können, um weiter zu wachsen und uns zu entwickeln. Wenn ein Kranker zu einem Schamanen im Dschungel geht, bekämpft er die Krankheit oder die Beschwerden nicht, sondern geht auf sie ein, um herauszufinden, was sie mitteilen möchten. Im Dschungel wird alles als Ausdruck der göttlichen Intelligenz betrachtet.

Nichts ist hier gut oder schlecht: Es gibt nur Information. Warum ist das Eintauchen in die Natur in der Abgeschiedenheit eurer *Dieta*-Hütte so wichtig? Weil ihr da besser zur Ruhe kommt und ein Gespräch mit euch selbst anfangen könnt. Durch die tagtägliche stille Kontemplation und die Beobachtung der nahtlosen Energieströme von Pflanze zu Pflanze sowie der Wechselbeziehungen aller Lebewesen groß und klein innerhalb eines harmonischen Systems sehen wir auch immer mehr innerliche Verbindungen. Das Ego wird bescheidener. Im Westen neigen wir dazu, das Ego zu päppeln und aufzublähen, bis es sich als Nabel der Welt sieht. Es agiert in seinem Sinne ohne Rücksicht auf den Gesamtorganismus. Es entstellt auf diese Weise unsere Realität.

Die erste Woche dürfte eine große Umstellung für euch werden, aber wenn ihr euch erst einmal eingewöhnt habt, werdet ihr die Natur zunehmend als Spiegel wahrnehmen. Und in diesem Spiegel könnt ihr dann die Antworten finden, die euch die Richtung für den Weg eurer Heilung vorgeben.«

Die Gäste hören dem Schamanen sehr aufmerksam zu, aber einige scheinen Bedenken zu haben, ob sie zu dem, was da auf sie zukommt, wirklich bereit sind. Joel, unser Diabetiker, schaut ein paarmal über die Schulter, als ein Insektenschrillen den Regen übertönt. Und Nicola mit ihrem Parkinson lächelt zwar, ist aber sichtlich erschöpft, nachdem sie alle Schwierigkeiten überwunden und die zweiundzwanzigstündige Reise von Southington in Connecticut bis hierher überstanden hat.

Diese Patienten benötigen eindeutig schnellstens Ruhe und Behandlung. Doch bevor sie dazu kommen, brauchen sie erst einmal gute Grundlagen, um zu wissen, wo sie eigentlich sind und was hier passieren wird.

Roman spricht weiter: »Bei den Stämmen dieser Gegend gilt dieser Medizinpfad als extreme Maßnahme, zu der man nur bei ernsthaft kranken Menschen greift. Und eben wegen dieser hohen Anforderung sind die nicht so schwer Kranken meistens nicht geneigt, all diese Unbilden auf sich zu nehmen. Ihr wisst, dass es nicht leicht wird, und tretet trotzdem an – alle Achtung!«

Im Weiteren geht er jetzt die verschiedenen Diätanweisungen durch, die er zusammen mit den anderen Schamanen für jeden einzelnen Gast und seine oder ihre spezifischen Beschwerden ausgearbeitet hat. »Es gibt hier köstliche Speisen«, sagt er, »aber mit diesen Genüssen werdet ihr noch warten müssen.« Jeder Patient bekommt eine schamanische Ernährungsform verordnet, eine *Dieta*, die sowohl für eine ausreichende Versorgung gedacht ist als auch der Kontaktaufnahme mit den Pflanzen und der Heilung dienen soll.

Jetzt meldet sich John zu Wort, unser Patient mit Prostatakrebs: »Entschuldige, Roman«, sagt er, »ich bin Veganer und mein Körper braucht viel Obst, damit es ihm gut geht. Können Ausnahmen gemacht werden, wenn jemand besondere Ernährungsbedürfnisse hat?«

»Gute Frage«, sagt Roman und bedankt sich bei John. »Für jeden von euch sind andere Kräuter und Ernährungspläne vorgesehen, je nachdem, was ihr habt. Darüber entscheiden die Medizinmänner aufgrund ihrer Kenntnis von den Dingen, die für euch mit den besten Heilungsaussichten verbunden sind.«

Die Amazonasmedizin, erklärt er weiter, folgt einem bestimmten Grundmuster. Alles Ablenkende oder nur der Beschwichtigung Dienende wird weggelassen, damit die Patienten die Seite ihrer selbst zu sehen bekommen, die sie normalerweise mit Trostfutter oder äußeren Ablenkungen ruhigstellen würden.

»Nick hat ja mit jedem Einzelnen von euch ausführlich telefoniert und durchgesprochen, was genau euch hier erwartet«, sagt er. »Aber die Wirklichkeit ist dann doch immer ein bisschen anders und vielleicht auch beängstigender, als wir es uns vorgestellt haben.« Er schaut in die Runde. In seinem Blick mischen sich Mitgefühl, ein scharfer Intellekt und große Bestimmtheit, die ich inzwischen als sein Markenzeichen sehe. »Heute Abend könnt ihr euch alle Ängste und Befürchtungen gestatten. Sie sind total natürlich. Schließlich liegt dieser Ort hier Tausende Kilometer von dem entfernt, was ihr vielleicht als die moderne Welt empfindet. Da ist es völlig okay, ein bisschen Bammel zu haben.« Seine Worte sollen beruhigend wirken, aber es ist auch klar, dass es keine Abweichungen vom verordneten Heilungsweg geben wird – keine Ausnahmen.

Nach einer kurzen Pause äußert sich Roman noch zu zwei Haushaltsfragen. Zunächst schärft er unseren Gästen ein, die Moskitonetze oder *mosquiteros* in der Nacht unbedingt rings um das Bett festzustopfen. »Die Moskitos hier kennen keine Gnade«, sagt er. »Und man spürt nichts, solange sie einen beißen. Ich habe hier schon erlebt, dass jemand mit einem von Stichen übersäten Arm aufwacht, der nachlässig aus dem Bett hing. Ihr habt sicher keine Lust auf so etwas. Außerdem gibt es hier auch noch Giftspinnen und die wollt ihr bestimmt nicht im Bett haben.«

Ohne Diskussion schließt er gleich eine weitere schlechte Nachricht an. »Wie ihr von Nick schon wisst, sind hier in Paititi keine ablenkenden Gerätschaften erlaubt, also keine Handys und Computer, kein iPod, kein Radio und ähnliche elektronische Spielzeuge. Das bedeutet auch: keine Bücher, keine Zeitschriften, keine Kreuzworträtsel, keine Spiele und sonstige Dinge zum Zeitvertreib. Ich weiß, dass die meisten von euch zumindest ein Handy dabeihaben, um sich hier zurechtzufinden, aber das wird jetzt nicht mehr nötig sein. Bevor ihr zu euren Unterkünften aufbrecht, achtet bitte darauf, dass ihr solche Dinge alle hier auf dem Tisch zurücklasst. Wir werden sie für die Dauer eures Aufenthalts sicher und trocken verwahren.«

Zum ersten Punkt über die Mücken macht der ein oder andere große Augen, aber die Beunruhigung ist hier nicht annähernd so groß wie beim zweiten. Ich hatte das schon geahnt, obwohl ich jedem Einzelnen bereits bei der Bewerbung eingeschärft hatte, dass Bücher und Elektronik nicht erlaubt sein würden. Jetzt erkundigen sich die Leute ob auch spirituelle Ausmalbücher, Malpapier, Buntstifte, Gebetbücher, Tagebücher und Notizbücher verboten seien.

Wie sich zeigt, muss das alles bis auf ein schlichtes Tagebuch mit Stift entbehrt werden, bevor man zu seinem Dschungeldomizil aufbricht. Einige der ernster Erkrankten, verziehen keine Miene, aber unter den jüngeren blicken manche ziemlich entgeistert drein. Ich kann mir lebhaft vorstellen, wie jetzt die Gefühle mit der Unausweichlichkeit der Situation kollidieren, auf die man sich eingelassen hat. Mit den Gastgebern zu streiten empfiehlt sich nicht, wenn sie mitten in einem der größten Wildnisgebiete der Erde die einzigen Menschen sind, die man kennt.

»Ihr habt heute weite Wege zurückgelegt«, sagt Roman schließlich, »bestimmt seid ihr müde. Wir schauen morgen früh bei jedem von euch vorbei. Wenn ihr noch Fragen habt, könnt ihr sie dann stellen. Jetzt essen wir einfach fertig und sehen zu, dass wir euch alle in euren Quartieren unterbringen.«

Die Patienten essen schweigend weiter ihre Suppe. Das Unbehagen und die Dringlichkeit, die manche von ihnen empfinden, treten jetzt immer deutlicher hervor. In wenigen Minuten beginnt für jeden einzelnen die kleine Wanderung zu ihrem Ein-Zimmer-Domizil mit Grasdach, die zum Teil in wirklich abgelegenen Ecken des Dschungels stehen, manche so weit weg, dass von dort aus kein Ruf oder Schrei ein menschliches Ohr erreichen würde.

Das wird für uns alle einer der anspruchsvollsten Monate, die wir je erlebt haben.

Der Pfad ohne Ablenkung

Ein Heilplan nach Art der Amazonasschamanen berücksichtigt alle relevanten Lebensumstände des oder der Kranken. Wenn man hier zu einer Heilbehandlung antritt, muss man so gut wie alles, was man hat, an der Tür abliefern.

Handys, Laptops, Armbanduhren, Schmuck, Bücher aller Art (ja, auch die über schamanische Heilpflanzen), all das bleibt zurück. Dann wird man tief im Wald zu seiner eigenen Dieta-Hütte geführt, einem grasgedeckten und ringsum mit Moskitonetz abgeschirmten Ein-Zimmer-Bau mit Doppelbett, Hängematte, einem kleinen roh zusammengezimmerten Tisch und Stuhl – das war's auch schon. Hier verbringt man seinen Aufenthalt, der zwischen einem Monat und einem halben Jahr dauert.

Man darf die Hütte verlassen, wenn man möchte. Dann und wann wird man einsame Dschungelspaziergänge machen oder vielleicht auch mal in den Fluss springen. Die meisten Stunden des Tages verbringt man jedoch in dieser Klausur mit ihren denkbar dünnen Wänden, fernab von allem und allen. Außer den Helfern und Lehrlingen, die einen mit Essen sowie mit Gebrauchsartikeln wie Toilettenpapier und Kerzen versorgen, wird man nur von den Schamanen besucht. Sie schauen ein- oder zweimal am Tag vorbei, um Kräuter zu verabreichen, zu beten und sonstige heilende Handlungen vorzunehmen – oder einen durch den Wald zur heiligen *Maloka* zu geleiten, dem Dschungeltempel, in dem dann und wann am Abend die Ayahuasca-Zeremonie stattfindet. Wer Spanisch spricht findet vielleicht Partner für kurze Gespräche im Plauderton, aber Medizinmänner und Medizinfrauen haben meist nur Sinn für ihre Arbeit.

Es geht darum, alle äußeren Reize möglichst wegfallen zu lassen, die einen vom inneren Teil des Heilungswerks ablenken würden. Wie ein Yogi in vollkommener Stille Vipassana-Meditation üben würde, um stabilen inneren Frieden zu finden, wird am Amazonas das Alleinsein in der Natur gesucht, um das Ego der Kranken auszuschalten und dadurch Schatteninhalte auf den Plan zu rufen, denen man sich stellen muss, damit sie geläutert werden können.

Das ist durchaus nicht immer lustig.

Nur zu gern lassen wir uns auf jedes äußere Geschehen ein, das wir als angenehm empfinden und das uns einen Vorwand liefert, um eben nicht still mit uns allein dazusitzen und den Dingen zu lauschen, die das Herz uns erzählen möchte.

Dabei kann es sich um ins Auge springende Dinge wie Substanzmissbrauch oder auch um eine mehr untergründige Geschäftigkeit handeln, die einem nicht die Zeit lassen, einmal innezuhalten und wahrzunehmen, was gerade wirklich los ist.

Jeder hat da seinen Schnuller, und wenn man den wegnimmt, rücken einem die Dinge wirklich auf den Pelz.

Kapitel 6

Heilkräuter und wie die Schamanen sie finden

Im Westen nehmen wir Heilpflanzen ziemlich genauso ein wie andere Medikamente. Man füllt sie in Kapseln oder presst sie zu Tabletten und dann werden sie mit etwas Wasser hinuntergespült. Diese Anwendung ist noch einigermaßen vertretbar, wenn es nur um die stoffliche Zusammensetzung der Pflanzen geht. Weitgehend unberücksichtigt bleiben dabei jedoch die feinstofflichen Energien einer Heilpflanze, ihr Geist, wie er in vielen indigenen Kulturen bekannt ist.

Da haben wir wieder eine dieser Vorstellungen, die von Menschen anderer Kulturen als köstlich fantasievoll empfunden werden und Stoff für anthropologische Lehrveranstaltungen über die sagenhaften Gottheiten und magischen Riten »primitiverer« Gesellschaften liefern. Das waren auch meine Gefühle, als mir zum ersten Mal von Pflanzengeistern erzählt wurde. Ich sah darin einfach märchenhaft bunte Erklärungen für wissenschaftlich beschriebene chemische Wirkungen bestimmter Wurzeln, Blätter oder Blüten – wie die Indianer die langen Gewehre der Weißen zunächst als «Donnerstock« bezeichneten, bis sie dahinterkamen, was Schießpulver ist und bewirkt, um diese Waffen dann selbst einzusetzen. Das macht es ein wenig schwierig, sich in den magisch-spirituellen Traditionen zurechtzufinden. Man stößt da mitunter auf ziemlich abgehoben wirkende Erklärungen für ganz einfache Prinzipien, die wissenschaftlich seit Jahrhunderten bekannt sind. Aber auch in das Gewebe unseres eigenen überlieferten Wissens sind sehr tiefe und starke und scheinbar verloren gegangene Fäden hineingewirkt, die sich einfach nicht mit der verstandesorientierten Vorstellung vertragen, dass etwas nur existiert, wenn es messbar ist und sich immer wieder gleich verhält.

Feinstoffliche pflanzliche Energien und Pflanzengeister gehören eindeutig dieser Kategorie an. Falls Sie mir nicht glauben, fragen Sie sie. Ja, die Pflanzen.

Pflanzen, so heißt es, lieben es, wenn man beim Gießen mit ihnen spricht. Wissenschaftlich würde man dazu sagen, das liege an dem beim Sprechen ausgeatmeten Kohlendioxid, von dem die Pflanzen dann naschen, aber es könnte doch sein, dass das noch nicht alles ist. Seit Menschengedenken kommunizieren Kräuterheilkundige auf direktem Wege mit den Pflanzen. Das ist eine sehr diffizile Kunst für die man ein offenes Herz und einen klaren und meditativen Geist braucht, der ganz auf das gerichtet ist, worum es gerade geht. Sobald wir uns jedoch unseren sechsten Sinn erschließen, unsere Intuition, werden uns Phänomene wie pflanzliche Energien viel leichter zugänglich.

Im Amazonasgebiet ist die Dieta das Mittel der Wahl, um sich mit einer bestimmten Pflanze zu verbinden und alles in Erfahrung zu bringen, was sie uns lehrt. Man nimmt eine bestimmte Pflanze, meist unter Anleitung eines Schamanen, so lange ein, bis sich der Geist dieser Pflanze durch Träume intuitive Kommunikation, Körperempfindungen und andere Unwägbarkeiten mitzuteilen beginnt, die nur mit diesem Menschen und dieser Pflanze zu tun haben. Diese gänzlich auf Erfahrung beruhende Praxis kann auf alle essbaren Pflanzen und Heilpflanzen angewendet werden, aber es gehört sehr viel Disziplin dazu und eine möglichst einfache Ernährungsweise, die den fragilen Charakter der Pflanze nicht stört.

Unsere Patienten sind alle auf irgendeine Dieta gesetzt worden. Bei Joel und Juan ist es die reinste Form von Dieta, bei der man jeden Tag nur eine einzige Heilpflanze einnimmt – abgesehen von Ayahuasca und San-Pedro-Kaktus zu den Zeremonien. Die anderen nehmen Mischungen von einander ergänzenden Kräutern ein, die alle für besonderen Aspekte ihrer Krankheiten bestimmt sind. Melinda zum Beispiel, unsere Brustkrebspatientin bekommt einerseits Kräuterumschläge auf der Grundlage von Aloe und trinkt außerdem vor dem Frühstück und Abendessen einen Tee aus Graviola und *uña de gato* (Katzenkralle).

Auch den Leuten bei denen etliche Pflanzen angewendet werden, schärfen die Schamanen bei ihren täglichen Besuchen ein, wie wichtig es ist, still zu werden und sich mit den Energien der eingenommenen Pflanzen zu verbinden.

Vor jeder verabreichten Tasse Tee wird über dem gefüllten Gefäß ein langes Gebet gesungen, erst dann wird es dem Patienten ehrfurchtsvoll dargeboten.

Sowohl Edwin als auch Habin verordnen Heilkräuter, aber die Methoden nach denen sie bestimmen, was ein Patient benötigt, könnten unterschiedlicher kaum sein.

Am vierten Tag nach der Ankunft der Patienten lädt Edwin am Vormittag ein paar von uns ein, ihn und seinen Sohn Christian bei einem Ausflug in den Dschungel zu begleiten, wo weitere Medizin für die Kranken gesammelt werden soll. Christian ist ein wenig größer als sein Vater und er lächelt eigentlich immer, wenn ich ihn irgendwo im Wald unterwegs sehe. Christian ist bei Edwin in Ausbildung, um selbst ein Schamane zu werden.

Schnell suchen wir unsere Kameras und Tonausrüstung zusammen, dann noch eine Flasche Wasser – und schon geht es los.

Das ist für uns der Traum eines Filmemachers: nur so zum Spaß einem Medizinmann und seinem Gehilfen durchs Unterholz hinterherzustapfen, auf umgestürzten Bäumen kleine Flussarme zu überqueren, dann wieder unter Lianen und Blättern groß wie Elefantenohren, eifrig Schritt haltend, hindurchzutauchen. Als wir ungefähr eine Stunde so gegangen sind, ändert sich schlagartig der Charakter der Umgebung. Die Bäume werden immer höher, manche Stämme sind von staunenswertem Umfang. Auch die Geräuschkulisse ändert sich. Von oben aus dem Blätterdach hört man die Stimmen großer Vögel und irgendeiner Affenart.

»*Estamos entrando en la antigua selva*«, ruft Edwin uns zu, während er den von Zweigen überwucherten Weg freihackt. Wir betreten gerade den alten Dschungel.

Edwin bewegt sich sehr gewandt durch das Unterholz, die Machete in der Hand, ein Beil am Gürtel, sein Lehrling immer dicht hinter ihm. Was für westliche Augen wie ein dichtes Gewirr von Ranken, Blättern und Blüten aussieht, wird vom Vegetalista ganz anders wahrgenommen. Er kennt die Medizin, nach der er sucht, doch unterwegs ruft er die Namen und Anwendungen vieler Heilpflanzen aus, die an oder in der Umgebung der Bäume wachsen, an denen wir vorbeikommen.

Er bleibt bei Strängen von Ranken stehen, die sich von einem Baum herunter förmlich ergießen. »Das hier heißt *itininga*«, sagt er. »Daraus werden hier in der Gegend schon immer Körbe geflochten.« Kurz darauf machen wir an einem Baum halt, der sich für mein ungeschultes Auge in nichts von anderen Bäumen unterscheidet, die es hier sonst noch gibt. »Diesen Baum nennen wir *chuchuhuasi*«, sagt Edwin. »Ich wende die Rinde bei Rheuma und bei Gelenk- und Rückenschmerzen an. Nicht viele kennen ihn.« Dann trägt er seinem Lehrling auf, ein paar Blätter von einem bestimmten Ast abzuschneiden. Der junge Mann erntet ein paar der breiten Blätter und legt sie in seinen Beutel.

Wir erklimmen eine kleine Anhöhe und steigen dann in eine von dem Bach, dem wir folgen, ausgespülte Rinne ab. Hier ist es sofort um die fünf Grad kühler und in die sonstigen Dschungelgeräusche mischt sich ein hohes Insektenpfeifen. Edwin nimmt davon nicht viel Notiz und bleibt an einem Strauch stehen, an dem ich nichts Ungewöhnliches bemerke. Er unterscheidet sich von den anderen Gewächsen ringsum durch die etwas dunkleren Blätter und die hier und da an den Stängeln sitzenden Stacheln. »Mucura«, verkündet Edwin. »Die Blätter finden bei Brustkrebs Anwendung.« Er nickt Christian zu, der gerade auf einen der Bäume zugeht, um mit der Machete ein wenig Rinde abzulösen.

Edwin verdankt sein Wissen eindeutig einem ganzen Leben unmittelbarer praktischer Erfahrung an der Seite anderer Pflanzen-Maestros – eben der Erfahrung, die Christian jetzt macht, indem er still einfach mitgeht, die Machete in der einen Hand, das scharfe Beil in der anderen. Wo wir einfach einen Laubvorhang sehen, handelt es sich für Edwin um ein lebendiges Medizinschränkchen, in dem alles sauber beschriftet ist.

Ich empfinde Edwin als den unserer drei Schamanen, der sehr wissenschaftlich vorgeht. Bei ihm ist es nicht so, dass er spürt, welche Pflanzen gesammelt werden müssen, sondern er schöpft aus den Jahrzehnten, die er bei anderen gelernt hat.

Wir erklettern die gegenüberliegende Seite des breiten Grabens und folgen einem immer schmaler werdenden Pfad, der schließlich ganz verschwindet. »Noch ein kleines Stück weiter«, sagt Edwin. »Wir sind fast da«.

Ich frage mich, *wo* wir dann sein werden.

Ringsum sieht alles gleich aus und der Rückweg ist keineswegs deutlich vorgezeichnet. Eine unbehagliche Erkenntnis setzt sich durch: Unser Schicksal liegt jetzt gänzlich in den Händen des Schamanen. Ohne ihn wäre es wirklich nicht einfach, den Rückweg zu finden.

»Schau, Christian, da steht er.« Edwin deutet mit seiner Machete nach oben, wo ein hoch aufragender Baum durch das Blätterdach zu erkennen ist, sicher dreißig Meter höher als alle anderen ringsum. Das muss ein Lupuna sein. Ich habe Roman und Habin von diesem Baum reden hören, und ihren Geschichten nach kommt er in der Nähe der Zivilisation nicht vor, jedenfalls nicht mehr. Diese Bäume sind sehr stark gefährdet, weil sie illegal gefällt werden, und man findet sie normalerweise nur nach mehreren Tagen Fußmarsch in der Tiefe des Primärwalds.

Unter den Waldarbeitern der Gegend kursiert eine alte Legende, derzufolge sich diese magischen Bäume an denen rächen, die ihnen Schaden zufügen. Manche der Männer wagen sich gar nicht erst in ihre Nähe aus Angst, dass sie irgendetwas ganz Schreckliches erwartet, wenn sie dort auch nur pinkeln.

»Weiter.« Edwin winkt uns, ihm in die Richtung dieses herrlichen Baumriesen zu folgen. »Er ist weiter weg, als man meint.« Tatsächlich, wir brauchen noch etliche Minuten, bis wir ihn schließlich erreichen. Der Lupuna ist größer als jeder andere Tropenbaum, er kann bis zu zehn Meter dick und über fünfundsiebzig Meter hoch werden, wenn man ihn lange genug in Ruhe lässt. Er gilt bei den Menschen der Gegend als Hüter des Dschungels und als überaus mächtig.

Nicht nur durch seine schier unglaubliche Höhe unterscheidet sich *Chorisia integrifolia* von anderen tropischen Bäumen, sondern auch durch seinen »Bauch«, einen deutlich umfangreicheren Teil seines Stamms, der ein wenig an den Bauch eines Menschen erinnert.

Beim Näherkommen erklärt uns Edwin, weshalb wir den Pfad vor ungefähr einer halben Stunde verlassen haben und uns den Weg durch den Busch gebahnt haben. »Wenn ein Heiler oder Schamane eingeweiht werden soll, wie ich es erlebt habe, muss er zuvor zwölfmal Ayahuasca getrunken haben. Mein ältester Sohn hier, Christian, hat gerade seine zwölfte Zeremonie gehabt und sein Körper ist in einen tiefen Reinigungsprozess eingetreten. Jetzt muss er sich weiter mit einer sehr strengen Dieta des heiligen Lupuna-Baums vorbereiten, um den einleitenden Abschnitt seines Weges zu bewältigen.«

Edwin wendet sich dem Baum zu, legt eine Hand gut einen Meter vom Boden entfernt an die Rinde und zeichnet mit dem Finger unsichtbar ein Viereck an. Dann nähert er sich mit dem Ohr der Rinde und horcht ein paar Augenblicke.

»Christian, das Beil bitte.« Christian lässt das Beil von der Schulter gleiten und hält es seinem Vater mit beiden Händen hin.

Dan und ich sehen einander ratlos und leicht beunruhigt an. »Er wird doch wohl nicht auf diesen heiligen Baum einhacken.« Dieser Gedanke geht mir durch den Sinn. Edwin spürt wohl unsere Sorge und sagt: »Ich nehme nur ein Stück Rinde, deren Saft wir für die Zeremonie verwenden werden. Das muss auf eine ganz bestimmte Weise geschehen, damit der Baum die Wunde heilen kann. Ihr könnt mir glauben, dass ich den Lupuna nicht verletzen werde, das würde uns auch nicht gut bekommen.«

Damit wendet er sich wieder dem Baum zu, fährt mit dem Finger noch einmal das unsichtbare Viereck ab und kerbt die Rinde dann entlang dieser Linie ein. Flüssigkeit tritt aus der frischen Wunde aus. Zehn Minuten später ist ein Rechteck von der Größe einer Cornflakesschachtel freigelegt und etwas von der weißen inneren Holzschicht wird in diesen Einschnitten sichtbar. Es kostet ihn einige Mühe, dieses Rechteck mit der Schneide des Beils vom Baum zu lösen. Christian fängt es mit einem Tuch auf.

Edwin wendet sich seinem Sohn zu und zieht ein kleines hölzernes Trinkgefäß aus seinem Gepäck. Christian legt das Rindenstück ab und nimmt die kleine Holzschale entgegen. Das Stück Baumfleisch zu unseren Füßen ist an der Unterseite seltsam weich und Edwin kann ohne Mühe eine Handvoll Mark abziehen und in das Gefäß hinein auspressen.

Jetzt fördert er aus der Hosentasche eine *Mapacho*-Zigarette zutage, die man aus sehr starkem Dschungeltabak dreht und die zu den Sakramenten dieser Religion gehört. Er zündet sie an und beginnt, auf Spanisch und Quechua über der Flüssigkeit in dem Holzgefäß zu beten. Er dankt dem Baum und Pachamama und bittet, seinem Sohn mögen beim Eintritt in das Reich des Heiligen Stärke und ein klarer Blick beschieden sein.

Er nickt Christian zu und der hebt die Flüssigkeit an die Lippen, schließt die Augen, trinkt den Inhalt der Holzschale in einem Zug. Dann öffnet er die Augen wieder und blickt in Edwins.

»*Ya. Listo.*« Gut. Kann losgehen.

Ich weiß nicht, was ich erwartet habe. Der Lehrling hat sich nach dem Trunk vom heiligen Baum weder in einen Jaguar verwandelt, noch levitiert er, wie es jetzt vielleicht in einem Fantasyroman weitergegangen wäre. Aber gleich nach dem Trinken schien mir etwas sehr Subtiles zwischen den beiden vorzugehen, was für uns geheim blieb. Auf dem Rückweg zum Zentrum begleitet mich das dumpfe Gefühl einer Erkenntnis, die im Moment außerhalb meiner Reichweite ist. Ein paar Stunden nach unserer Rückkehr sitzen Roman und ich in Hängematten, die am Dachvorsprung der Maloka befestigt sind. Er schläft hier jede Nacht, um in der Nähe seiner Patienten zu sein. Ich gebe ihm eine detaillierte Darstellung meiner Eindrücke von der Lupuna-Zeremonie einschließlich des Gefühls, das ich kurz danach hatte.

»Da bist du anscheinend Zeuge der wortlosen Übermittlung von Wissen geworden. Du weißt ja, dass es sich hier um eine Linie der direkten Übertragung handelt. Es hat noch nie eine Lücke oder Unterbrechung gegeben. Seit Jahrtausenden war keine einzige Generation ohne lebendige Lehrer, die dieses Wissen an Schüler weitergaben. Diese Wissensübertragung geschieht in einem bestimmten Seinszustand und hat weniger mit dem Kopf als vielmehr mit dem Herzen zu tun. Es ist ein Zustand, in dem wir in Mutter Natur eingetaucht sind, ein Zustand der Offenheit und Aufrichtigkeit.«

Die Heilkräuter vor der Tür und ihre volksheilkundliche Verwendung kennen

Ich fahre hoch oben in den Klamath Mountains eine Schotter-
piste entlang. Ich bin unterwegs zu Dennis Martinez, einem
hochgeachteten Ältesten der O'odham und Chicano. Ich habe
vor Monaten bei ihm angefragt, ob er bereit sei, etwas von
seinem alten Heilwissen weiterzugeben, aber mit seiner
Gesundheit stand es in letzter Zeit nicht zum Besten, sodass
der Austausch nicht recht in Gang kam. Dann erhielt ich
schließlich die Erlaubnis, ihn zu besuchen.

Vage geplant habe ich für den heutigen Tag einen Medizin-
Spaziergang, bei dem er mir vielleicht einige der heimischen
Kräuterarzneien der Northern California Highlands zeigen
kann. Das ist eigentlich ein ganz unproblematisches Anliegen,
doch als ich mich dem Haus nähere, befällt mich eine Nervosi-
tät, die ich nur zu gut kenne.

Immer wenn ich zu Begegnungen mit Stammesältesten
unterwegs bin, habe ich diesen Bammel. Ich weiß zwar recht
gut, dass ich dabei die mir bestimmte Arbeit tue – das hat sich
auch unzählige Male bestätigt –, aber ich tue mich schwer mit
der Tatsache, dass ich knapp einen Meter neunzig groß bin,
braunes Haar und blaue Augen habe und wie der sprichwört-
liche Siedler des achtzehnten Jahrhunderts aussehe.

Bei dieser Arbeit muss man sich immer vor Augen halten, wie
sehr diesen Kulturen von sogenannten Weisheitssuchern
geschadet worden ist. Viele Forschungsreisende haben sich

mit Medizinmännern und Medizinfrauen angefreundet, ihr Vertrauen gewonnen und als lernbegierige Schüler bei ihnen gearbeitet, um dann später in ihre eigene Welt zurückzukehren und sich mit diesem streng gehüteten Wissen einen eigenen Namen zu machen. Manche haben sich mit wirkmächtigen und »noch nicht entdeckten« Heilpflanzen pharmazeutischen Unternehmen angedient, die dann neue psychospirituelle Massenprodukte daraus gemacht haben, oder sie haben Bücher geschrieben, in denen sie geheim gehaltene heilige Praktiken ausplauderten und sich selbst als unerschrockene Abenteurer darstellten, die Leib und Leben riskierten, um diese Perlen der Heilkunst für alle zu bergen.

Es gibt immer noch indigene Gruppen, bei denen diese Art von Ausbeutung verfängt, aber in Nordamerika fällt niemand mehr darauf herein. Für die Ureinwohner dort waren die letzten vierhundert Jahre eine lange Geschichte von Tricksereien und Betrug durch den weißen Mann. Mittlerweile sind sie über diese Hintergedanken, die viele von uns bewegen, im Bilde.

Dennis und ich hocken am Fuß einer alten Eiche, wo er mir und meinem Team einen bestimmten Bereich der Rinde zeigt, die er erntet und mit dem er dann Krankheiten der Atemwege behandelt. Von dieser Heilanwendung habe ich noch nie gehört und fühle plötzlich den Impuls, ihn zu warnen: »Dennis, bist du sicher, dass du dieses Wissen mit allen da draußen teilen möchtest?«

Er schaut mir in die Augen und es ist so, als würde mich sein Blick ganz und gar durchdringen.

»Es gibt Kenntnisse, die wir an niemanden außerhalb des Stammes weitergeben, starke Medizin und universale Geheimnisse, die wir seit Generationen hüten. Früher war unser Wissen wie ein offenes Buch, aber wir haben dann nur unreifen und habgierigen Missbrauch mit diesen Arzneien und Riten erlebt. Dies gehört nicht dazu. Du kannst mir glauben, dass wir nicht über diese Eichenmedizin sprechen würden, wenn sie nicht an die Öffentlichkeit gelangen dürfte.« Das habe ich mehr als einmal von Alten der First Nations zu hören bekommen, vor allem wenn sie mich ein wenig kennengelernt hatten und besser einschätzen konnten. Bevor sie auch nur einem Treffen zustimmen, erkundigen sie sich nach meinen Absichten und fragen, wer mich schickt. In der Regel möchten sie einen vertrauenswürdigen gemeinsamen Bekannten genannt bekommen, der für meine Redlichkeit bürgt.

Es gibt Überlieferungen, über die nicht in Büchern geschrieben wird und über die es keine Dokumentarfilme gibt, weil das schlichtweg nicht mehr zugelassen wird.

Wo auch immer Sie leben, Sie sind ganz sicher nicht der erste Mensch, der seinen Fuß auf diesen Boden setzt. Wir Menschen halten uns hier schon sehr lange auf und wahrscheinlich sind Flora und Fauna Ihrer Gegend genau erforscht, geprüft und intuitiv erfasst worden. Daraus haben sich unterschiedlichste körperliche, psychologische und spirituelle Verwendungsformen ergeben.

Die Vorstellung, wir müssten erst in unbekannte Gegenden dieser Welt aufbrechen, um unser wahres Wesen zu finden, zeugt nicht gerade von Achtung gegenüber dem Land, in dem wir aufgewachsen sind. Pflanzen waren schon lange vor uns da und sie sind von prägendem Einfluss auf unsere Entwicklung gewesen.

Wer ein tieferes Verständnis für die in unserer Umgebung vorkommenden Heilmittel anstrebt, muss mit einer gewissen Bescheidenheit in den Lernprozess einsteigen. Fangen Sie ruhig mit sorgsam recherchierten Büchern an. Bücher über die Flora in ihrer Gegend können ein guter Einstieg sein.

Sehen Sie sich nach Heilkräuter-Wanderungen und Heilkräuter-Workshops um, bei denen Sie auch die Herstellung Ihrer eigenen Kräuterarzneien erlernen. Das erfreut sich derzeit wieder zunehmender Beliebtheit.

Falls Sie noch tiefer einsteigen und sich an indigene beziehungsweise einheimische Weisheitshüter und Kräuterkundige wenden möchten, tun Sie es bitte mit Geduld und dem gebührenden Respekt und immer nur mit der Zustimmung der Betreffenden.

Kapitel 7

Die Dschungel-Heildiät

Lass die Arzneien im Tiegel, wenn du den Kranken
mit der Ernährung heilen kannst.

HIPPOKRATES

2. Mai 2016
Tulum, Mexiko

Ich sitze an einer langen Dinnertafel auf der Terrasse einer spanischen Villa mit Ausblick auf den Golf von Mexiko. Links und rechts von mir sitzen prominente Gestalten aus der Welt der Naturheilkunde und Ernährung. Wir sind in dieses herrliche Haus in der Nähe der antiken Mayastadt Tecal zum Gedankenaustausch eingeladen worden. Thema wird auch sein, wie man diese so wichtigen Informationen weiterverbreiten kann. Michelle und ich sitzen nebeneinander und hören unserem dreijährigen Sohn River zu, der unter einer Palme spielt, während vor uns geradezu verschwenderisch aufgetischt wird. Bei all diesen führenden Gestalten der Naturheilkunde am Tisch kann man sich vorstellen, wie viele Sonderwünsche die unermüdlichen Köche zu berücksichtigen haben.

Beim Essen fällt mir eine kleine Tüte Kochbananenchips auf, die neben einer Terrine glutenfreier Wurzelgemüsesuppe auf der Basis von Knochenbrühe liegt. Ich denke mir, dass sie sicher von einem der Leute liegen gelassen wurde, die den Tisch gedeckt haben, jeden-

119

falls greife ich danach und zeige Michelle die Beute. Sie antwortet mit einem breiten Grinsen. Wir reißen die Tüte auf und schieben uns verstohlen Chips in den Mund.

Mein linker Nachbar stupst mich leicht gegen den Arm, ein cooler und sehr begabter Mann namens Rick, den ich am Vorabend kennengelernt habe.

»Seid ihr lebensmüde? Wenn die Leute hier sehen würden, was ihr da esst, würden viele wie ein Wolfsrudel über euch herfallen.« Der Übermut blitzt ihm aus den Augen, als er uns flüsternd zurechtweist. Michelle lacht wie eine ertappte Diebin und ich beuge mich zu Rick hin und flüstere: »Ich weiß, aber das Risiko nehmen wir in Kauf. Diese Chips haben uns im Dschungel mal gerettet. Möchten Sie die Geschichte hören?«

23. Oktober 2010
Provinz Loreto, Peru

Es ist der neunte Tag unseres Heil-Retreats. Die erste Woche war für alle Patienten eine große Umstellung und mit Höhen und Tiefen verbunden. Einmal erscheint der Dschungel wie ein Paradies, ein andermal als der schlimmste Fehler, den man je gemacht hat. Tagsüber kann man nichts weiter tun, als einfach dazusitzen und die durch den Körper ziehenden Gefühle zu verfolgen.

Schlangen scheinen die Dschungelfreunde zu sein, mit denen man in dieser Gegend rechnen kann. Patienten und Filmcrew finden das schnell heraus. Schon die schwarzen Taranteln sind ziemlich groß und, nun ja, überall, aber die sind nicht sehr robust gebaut und eigentlich relativ harmlos. Die Schlangen dagegen können einen im Nu um die Ecke bringen.

Gestern Abend ging Dan im schwächer werdenden Licht seiner Stirnlampe von Hütte Nummer fünf zurück und blieb stehen, um die Batterie zu wechseln. Beim Öffnen des Batteriefachs glitt eine drei Meter lange Schlange, ein südamerikanischer Buschmeister, der hier Shushupe genannt wird, zwischen seinen Füßen hindurch, um dann auf der anderen Seite des Pfads wieder zu verschwinden. Diese Schlange, der man nachsagt, sie bringe einen langsamen Tod, ist wegen ihres tödlichen Gifts verschrien, wird aber selten gesichtet, weil sie nachtaktiv ist.

Dummerweise sind Verrückte wie wir das auch.

Heute bekommen wir zum ersten Mal eröffnet, wie sich unsere Patienten machen. Doktor Oswald Pretel, ein angesehener Arzt aus Iquitos, hat sich bereit erklärt, unserem medizinischen Dschungelstab für die Dauer des Retreats anzugehören. Jetzt wird er die ersten Untersuchungen vornehmen, um zu sehen, wie die Kranken körperlich auf die Behandlung, die Diät und das ganze Drumherum ansprechen. Viele hoffen, dass sich die Härten der Eingewöhnungszeit jetzt in guten Befunden niederschlagen.

Das Filmteam wird in zwei kleine Gruppen aufgeteilt, eine zur Begleitung von Dr. Pretel und mir bei den Patientenbesuchen, die zweite wird weiterhin das normale Geschehen im Camp filmen.

In den ersten Tagen sind uns ein paar Missgeschicke widerfahren, durch die wir ein, zwei sagenhafte Szenen verpassten. In der Folge haben wir uns darauf geeinigt, dass immer zwei separate Teams an verschiedenen Stellen filmen sollen. Wenn wir dann später wieder daheim in den Staaten und im Schneideraum sind, wird der Film vermutlich auf neunzig Minuten oder weniger zusammengeschnitten, aber bei unserem derzeitigen Filmtempo bekommen wir bis zum Ende des Drehs über zweihundertfünfzig Stunden Rohmaterial zusammen.

Alberto, Dan und ich ziehen los, um Dr. Pretel im Haupthaus zu begrüßen. Wir treffen ihn und Roman am Esstisch an, wo sie eine der

Patientenakten durchsprechen. Nach kurzer Begrüßung geht es direkt zur Sache.

»Nick, Sie wissen bereits, dass wir die grundlegenden Vitalparameter jeden Tag ermitteln und einmal die Woche ein Blutbild anfertigen, aber heute wollen wir versuchen, uns ein Bild vom Fortschritt der einzelnen Patienten zu machen.«

Außer Dr. Pretel befasst sich auch eine Krankenschwester namens Kelly jeden Tag mit den Patienten und erstattet ihm Bericht. Mit ihren weißen Hemden, dem sorgfältig frisierten Haar und der adretten Erscheinung stehen sie in deutlichem Kontrast zu unserem eher verwilderten Äußeren.

Als Erstes besuchen wir Joels Hütte. Unserem Typ-2-Diabetiker aus Tampa, an der gleichnamigen Bay in Florida gelegen, ist die Umstellung auf das Dschungelleben besonders schwergefallen. Im Verlauf einiger angespannter Unterredungen mit ihm in der vergangenen Woche vermittelte er uns, dass er gedacht hatte, das Zentrum sei etwas moderner und etwas näher an der Zivilisation. Spinnen findet er unausstehlich und vor ein paar Nächten hatte er eine unerfreuliche Begegnung mit einer Tarantel.

Wir nähern uns auf dem schmalen Pfad seiner Hütte, wo er uns schon mit seinem breiten Blendaxlächeln erwartet. Viel mehr Kurzweil wird er heute wohl nicht haben.

»Hi, Joel, wie fühlst du dich heute Morgen?«

»Großartig.« Er bittet uns in sein kleines Zimmer und erzählt: »Ich hab mein eigenes Blutzuckertestgerät dabei. Der Wert heute Morgen ist nachgerade ein Schock für mich. Mein Blutzucker liegt jetzt bei 60 und so niedrig war er noch nie. Meine Kinder haben solche Blutzuckerwerte – ich hab nämlich kleine Kinder, die ihr Blut auch getestet haben möchten, wenn ich meins teste, und deshalb kenn ich ihre Werte. Mein Blutzucker war 190, als ich hierherkam, und ist jetzt auf 60 runter. Damit liege ich sogar noch unter meinen Kids«, betont er noch einmal und strahlt uns an und redet und redet.

Roman übersetzt für Dr. Pretel, dessen Englisch nicht so gut ist, ins Spanische. Der Arzt hebt die Brauen, als er die Werte hört.

»Darf ich mal?«, fragt Dr. Pretel und deutet auf Joels nettes kleines Blutzuckermessgerät. »Wir haben Ihnen an Ihrem zweiten Tag hier Blut abgenommen, richtig?«

Roman übersetzt und Joel nickt, während der Arzt in seinen Unterlagen nach dem Testergebnis sucht. »Ah, interessant. Sie lagen bei 190 und der Wert wurde vor dem Frühstück ermittelt. Haben Sie heute schon was gegessen?«

»Nein, mein Frühstück kommt normalerweise in ungefähr einer Stunde, und zwar meist dann, wenn die Sonne gerade den Ast da oben erreicht.« Mit gedämpfter Stimme fügt er hinzu: »Wir dürfen hier nämlich keine Uhren oder irgendwas Elektronisches haben.« Dr. Pretels professionelle Ausstrahlung vermittelt anscheinend den Eindruck, als ob er nicht über alles, was hier läuft, Bescheid wisse, oder als nähme er Joels Entbehrungen betont mitfühlend zur Kenntnis.

»Sie haben also hier das normale Essen bekommen und dazu einfach die Dschungelkräuter, die Ihnen verordnet wurden. Ihre Medikamente haben Sie alle abgesetzt?«

»Genau. Meine Medikamente konnte ich alle an der Tür abliefern. Ich mache einfach das, was sie mir sagen.«

Pretel sieht Roman an. Roman nickt.

»Na, das klingt ja alles sehr gut. Machen Sie einfach so weiter und wir sehen uns das in ein paar Tagen noch mal an.«

Joel schüttelt dem Doktor und Roman begeistert zum Abschied die Hände.

Was für ein erfreulicher Einstieg. Dr. Pretel fragt Roman, welche Heilpflanzen Joel einnimmt. »Eine Pflanze namens *papailla* und außerdem *tahuari*-Rinde. Wenn Sie weitere Fragen dazu haben, können Sie mit Edwin sprechen.«

Wir gehen den Pfad weiter und biegen nach links in eine noch schmälere Abzweigung ab, die zu Jessicas Dieta-Hütte führt. Erst sieht es so aus, als wäre niemand da, aber als sich meine Augen an die Dunkelheit im Inneren gewöhnt haben, erkenne ich eine dunkle Masse in der quer durch den Raum gespannten Hängematte.

»Hallo.« Jessicas Stimme und Verhalten deuten auf Niedergeschlagenheit und Entkräftung hin, lassen aber auch einen Hauch von Belustigung über ihren Zustand spüren.

Sie leidet seit Jahren an Morbus Crohn: In letzter Zeit ist die Krankheit immer schlimmer geworden. Die für diese Krankheit so typischen quälenden inneren Entzündungsherde breiten sich immer weiter aus und haben den Dickdarm erreicht. Außer Hühnerbrühe und verkochtem Quinoa kann sie kaum noch etwas zu sich nehmen. Die lange Reise hierher hat die Sache auch nicht gerade besser gemacht.

Jetzt stehen wir alle neben dieser Frau, die offenbar bemüht ist, ganz regungslos zu verharren.

»Wie fühlen Sie sich?«, fragt Dr. Pretel. »Roman erzählt mir, dass Sie die letzte Woche nicht viel gegessen haben.«

»Ja, aber das ist normal für mich. Ich weiß, es sieht nicht so aus, als würde ich viel essen, aber tatsächlich spüre ich ein leichtes Abklingen der Schmerzen, seit ich hier bin. Ich habe auch seit einigen Tagen nicht mehr erbrochen und das nehme ich als gutes Zeichen.«

»Ich sehe, dass Sie morgens und abends *sangre de grado*, *uña de gato* und *guayusa* nehmen. Fehlt noch was, Roman?«

»Jessica nimmt auch an Ayahuasca-Zeremonien teil, die tiefgreifend auf das Verdauungssystem wirken, wie Sie wissen. Ihr Heilplan ist dem sehr ähnlich, der mir damals für meinen eigenen Morbus Crohn verordnet wurde.«

Dr. Pretel stutzt kurz, bevor ihm wieder einfällt, dass Roman vor zehn Jahren auch diese Krankheit hatte.

»Also, das müssen wir genau im Auge behalten«, sagt Dr. Pretel. »Den Untersuchungen nach hat sie eine Anämie. Wir müssen einfach dafür sorgen, dass sie mehr Eisen und überhaupt mehr Kalorien bekommt. Freut mich, dass der Schmerz nachlässt, Jessica, aber wir haben noch einen langen Weg vor uns.«

»Ich komme in ein paar Stunden noch mal vorbei, okay?« Roman wendet bei Jessica ein paar weitere Behandlungsformen an, bei denen er auf energetische Methoden zurückgreift, die ihm damals bei seiner eigenen Genesung geholfen haben.

Jessica nickt und hat Tränen in den Augen, als wir uns verabschieden.

Jetzt suchen wir Nicolas Hütte auf. Als wir eintreten, liegt unsere Parkinson-Patientin aus Connecticut in ihrem Bett unter dem Moskitonetz. Ein breiter Sonnenstrahl fällt auf ihren eingepackten Körper, und ich frage mich, wie sie an diesem Morgen mit seiner Luftfeuchtigkeit und Temperatur die Hitze erträgt. Der einzige unbedeckte Körperteil ist ihr Gesicht und auf dem ist kein Schweiß zu erkennen.

Krankheitsbedingt fällt ihr das Sprechen sehr schwer, aber sie kann doch mitteilen, dass sie noch ein bisschen geruht hat, nachdem sie in der Nacht so gut geschlafen hat wie schon seit ewigen Zeiten nicht mehr. Dann erzählt sie von einem erstaunlichen Heilungserlebnis gestern bei einer Einzelsitzung mit Roman. Etwas sei in ihr freigesetzt worden, das seit »dem Unfall« unter Verschluss gewesen war.

Im Jahr vor dem Einsetzen ihrer Parkinson-Symptome hatte Nicola einen schweren Autounfall gehabt und böse Verletzungen mit Folgeschäden erlitten. Es gab Knochenbrüche und ein heftiges Schleudertrauma, das einen ihrer Wirbel aus seiner Position drehte. Daraus war jetzt eine bleibende Beeinträchtigung geworden, die ihr nicht erlaubte, den Kopf nach links oder rechts zu drehen.

Als wir sie für das Aufnahmegespräch besuchten, konnten wir das unmittelbar beobachten. Neben dem für die Parkinson-Krankheit typischen Zittern und der Muskelstarre war die Beweglichkeit des Halses bei Nicola komplett eingeschränkt. Es gab also nicht das für jeden anderen selbstverständliche Wenden des Kopfes vor der Kamera. Diese Bewegung war für sie mit großem Aufwand verbunden, weil sie den ganzen Körper drehen musste.

»Seht mal her«, sagt sie und ein Anflug von Lächeln breitet sich über ihr Gesicht aus, dessen Muskeln zunehmend wieder reagieren. Ihr Kopf dreht sich ganz langsam nach links, bis sie über die Schulter nach draußen in den Wald blicken kann. So einfach und doch eine gewaltige Veränderung. Sie dreht den Kopf wieder zurück und blickt in unsere begeistert grinsenden Gesichter.

»Das konnte ich die letzten fünf Jahre nicht mehr. Könnt ihr euch das vorstellen?« Nicolas Stimme kommt mir heute ein wenig fester vor. Ich höre die feine Eleganz eines englischen Akzents heraus, von dem noch gestern nichts zu hören war. Etwas, was der Welt lange verborgen geblieben war, wird wieder frei in dieser Frau.

»Sehr eindrucksvoll«, sagt Dr. Pretel. »Sie nehmen also Ihre Heilkräuter ein. Darüber hinaus macht Roman auch noch etwas mit Ihnen. Können Sie das beschreiben?« Der Doktor weiß über alle Behandlungsansätze, Ernährungspläne und Zeremonien Bescheid, aber was Roman da mit Nicola »macht«, weiß er noch nicht. Roman antwortet an Nicolas Stelle: »Ja, Nicola wurde letzte Nacht von Schmerzen und einer starken Anspannung geplagt, also habe ich ihr am Hals und am oberen Teil der Wirbelsäule Schröpfköpfe gesetzt, um ihr Erleichterung zu verschaffen. Das habe ich vor ein paar Jahren von Spezialisten der Traditionellen Chinesischen Medizin gelernt und wende es auch bei hiesigen Patienten an, die über ähnliche Beschwerden klagen.«

Das Filmteam und ich sind bereits eingeweiht, wir haben das Geschehen nämlich letzte Nacht gefilmt. Zuerst hat der Schamane den Nacken und den oberen Rückenbereich der Patientin mit Rizinusöl eingerieben und dann zwei tulpenförmige Gefäße angesetzt, die am oberen Ende eine Öffnung hatten, durch die man mit einer kleinen Pumpe die Luft absaugen konnte. Dadurch entsteht ein Vakuum, das Haut und Muskeln buchstäblich vom Körper wegzieht. Den ersten Schröpfkopf setzte Roman im Genick an, dann fuhr er mit den Fingern weiter abwärts den Muskel entlang, bis sein Zeigefinger sieben bis acht Zentimeter unterhalb und etwas links von der Wirbelsäule haltmachte. Dort setzte er den zweiten Schröpfkopf an und pumpte wieder die Luft ab. Wenn Sie das je selbst gesehen haben, wissen Sie, welch seltsamer Anblick einen erwartet. Es gibt diese Schröpfgefäße in verschiedenen Größen, je nach Art der Anwendung. Und je nachdem, wie viel Luft man abpumpt, füllt sich das Glas mehr oder weniger stark mit Haut und Körpergewebe, und das Ganze sieht dann aus wie eine dicke Schwellung oder Blase.

Als aus den Schröpfköpfen so viel Luft abgesaugt worden war, dass sie sich ungefähr bis zur Hälfte mit Nicolas Haut- und Muskelgewebe gefüllt hatten, sang Roman ein kurzes Gebet in einem Mischmasch aus Spanisch und Quechua und fing dann an, die Gläser entlang einer unsichtbaren Linie, die nur er sah, vor- und zurückzubewegen.

Es mögen etwa drei Minuten vergangen sein, als Roman sagte: »Nicola, spürst du das? Ich glaube, deine Wirbel bewegen sich.« Ein paar Sekunden danach hörten wir alle ein leises Schnalzen und Nicola entrang sich ein langer Seufzer. »Ja, da sitzt es«, sagte Roman in tiefer Konzentration. »Atme weiter, Nicola. Alles in Ordnung?« »Ich glaube schon«, erwiderte sie mit matter Stimme. »Da war ein kurzer Schmerz, aber jetzt fühlt es sich ganz wunderbar an. Was hast du gemacht?«

»Ich habe mit den Schröpfköpfen nur die Muskeln und das Gewebe um deine Halswirbel ein bisschen gelockert. Den Rest hat deine Wirbelsäule selbst gemacht. Die Knochen wissen, wie sie zusammengefügt sein möchten, und manchmal müssen wir einfach nur die Blockierungen lösen.«

All das berichtet Roman auch Dr. Pretel, während der Nicolas Puls, die Atmung und die Pupillen überprüft. Danach fragt er:

»Und was für Kräuter nimmt sie?« »Wir geben ihr in niedriger Dosierung eine Pflanze namens *chiric sanango*, die auch ›tausend Nadeln‹ genannt wird. Diese Pflanze regt alle Nervenendungen im Körper an und wird hier häufig bei neurologischen Störungen wie Parkinson eingesetzt. Wir denken auch daran, ein paar Toé-Zeremonien abzuhalten, wenn Habin in ein paar Tagen kommt. Aber wie Sie wahrscheinlich wissen, ist *toé, Brugmansia grandiflora*, sehr gefährlich und muss mit äußerster Vorsicht angewendet werden. Ich lasse es Sie wissen, wenn wir uns für dieses Vorgehen entscheiden.«

»Sehr gut. Ich sehe, dass sie beides schon auf dem Krankenblatt notiert haben. Halten Sie mich bitte auf dem Laufenden, wie die Behandlungen mit chiric sanango anschlagen.«

Wir verabschieden uns von Nicola und brechen zu den Hütten vier bis acht auf, die tiefer im Regenwald stehen.

»Bei Nicola läuft ja alles wie geschmiert«, bemerkt Dr. Pretel unterwegs. »Ich kann doch damit rechnen, dass Sie mich bei allen Patienten über Änderungen des Behandlungsplans informieren?«

»Selbstverständlich, Maestro«, sagt der Schamane und wirft mir nach hinten einen Blick zu.

Als wir uns zwei Stunden später der letzten Dieta-Hütte nähern, steht es fünf zu zwei. Fünf unserer Patienten wissen von sehr ermutigenden Anzeichen der Besserung zu berichten, bei den anderen sind noch keine deutlichen Bewegungen zu erkennen, aber sie sind optimistisch. Unser letzter Besuch, berichtet Roman dem Arzt, gilt Garry, der an einem bösartigen neuroendokrinen Tumor in sehr fortgeschrittenem Stadium leidet.

»Wie weit ist er denn weg?«, fragt Dr. Pretel. »Bei einer solchen Krankheit doch hoffentlich nicht zu weit.«

»Noch ungefähr achthundert Meter, schätze ich.«

Dr. Pretel wirft erst dem Schamanen und dann mir Blicke zu, die Besorgnis verraten. Das scheint überhaupt sein gewöhnlicher Gesichtsausdruck zu sein.

Garry hatte bei seiner Ankunft im Zentrum ebenso höflich wie nachdrücklich darum gebeten, die Hütte Nummer acht zu bekommen, die am weitesten vom Rest des Camps entfernt liegt. Seine Krankheit ist weit fortgeschritten und seit unserem Besuch in seiner kleinen Wohnung in Garibaldi, Oregon, vor gut einem Monat wissen wir, wie stark er eingeschränkt ist. Aber er war sein Leben lang ein richtiger Naturbursche und ist einer der wenigen Patienten, denen es nichts ausmacht, so weit von den Hauptgebäuden des Zentrums entfernt zu sein.

Die Schamanen und alle anderen für die Versorgung der Patienten Zuständigen haben nach Garry häufiger geschaut als nach den anderen, und dieser zweiundsechzigjährige Tiefseetaucher hat seinen Außenposten ganz offensichtlich lieben gelernt. Vom Langhaus bis Hütte Nummer acht ist man ungefähr fünfundzwanzig Minuten unterwegs.

Nach etwa zehn Minuten und einigen Bachüberquerungen nähern wir uns Garrys Dschungelresidenz, die oben an einem kleinen Hang steht und von der aus man auf die Feuchtgebiete hinunterblickt, durch die wir gerade stapfen.

Er hört unsere Schritte im Unterholz und ruft zu uns hinunter: »He, Leute. Kommt rein!«

Die Fliegengittertür quietscht, als wir sie aufziehen, und drinnen sehen wir ihn mit dem Tagebuch auf dem Bauch leise schaukelnd in der Hängematte liegen. Er grinst übers ganze graubärtige Gesicht.

»Guten Tag, Garry, wie hast du geschlafen?«, fragt Roman, als wir alle einen Platz gefunden haben, an dem wir stehen können.

Garry sprudelt geradezu: »Ich kann euch gar nicht sagen, wie toll das hier in der Nacht ist. Für mich ist es wirklich Ausdruck reiner

Liebe. Ich habe kein bisschen Angst vor all den Dschungellauten und dem Getier, das hier rumkrabbelt. Ich meine immer zu hören: ›Heda, hier bin ich! Komm mal einer her, um mit mir zu reden. Nein, hier drüben.‹ Es ist einfach nur schön und nicht so laut, dass es stören würde, aber laut genug, um deine Aufmerksamkeit zu fesseln. Ich finde das unglaublich spannend.«

Dr. Pretel tritt vor und legt Garry die Hand an die Stirn, die ein bisschen von Schweiß feucht wirkt. »Und wie geht es Ihnen jetzt gerade?«

»Also, ich bin vorsichtig optimistisch. Die stechenden Bauchschmerzen, die von den kleinen Tumoren in meinem Darm herrühren, sind fast völlig verschwunden. Das ist schon wirklich allerhand. Seit der Diagnose habe ich immer wieder Tage erlebt, an denen ich mich kaum bewegen konnte, weil es so wehtat. Die letzten paar Tage ist der Schmerz mehr wie ein Hintergrundgeräusch, das sich viel leichter ertragen lässt. Ich weiß nicht, ob es an den Kräutern oder den Zeremonien oder an beidem liegt, aber jedenfalls tut sich was.«

Er wirkt ganz munter, aber er atmet schwer und kann sich nur mit Mühe auf die Hitze und die dicke Luft einstellen.

»Schön zu hören«, sagt Dr. Pretel. »Macht es Ihnen etwas aus, wenn ich Sie untersuche?«

»Überhaupt nicht. Nur zu.«

Garry plaudert angeregt über seine Tauchabenteuer mit seinen engsten Kumpeln vor der Küste an seinem Wohnort im westlichen Oregon. Unterdessen checkt der Arzt seine lebenswichtigen Organe durch und horcht seine Brust mit dem Stethoskop ab.

»Wirklich wacker, wie Sie diese lange Reise bewältigt haben, Sir.« Der sonst so ernste Gesichtsausdruck des Doktors schmilzt zu fast liebevoller Bewunderung für diesen Mann, der da vor ihm liegt. »Die Dschungelmedizin kann wirklich eine Menge. In meiner Familie gibt es einige, die ihre Krankheiten auf diesem Weg losgeworden sind, den Sie hier auch gehen. Alles Gute bis zum nächsten Mal und trinken Sie ausreichend.«

Die Sonne steht noch auf halber Höhe am Himmel, als wir uns auf den langen Rückweg zum Versammlungshaus machen. Als Garry uns nicht mehr hören kann, fragt Roman den tief in Gedanken versunkenen Arzt: »Und wie wirkt das alles jetzt auf Sie?«

»Vieles von dem, was wir heute gesehen haben, stimmt mich richtig froh. Die Patienten scheinen alles in allem gute Fortschritte zu machen. Aber ...«, und hier hält er kurz inne und sieht Roman direkt an, »Sie müssen Garry in eine näher gelegene Hütte verlegen. Es ist sehr schön, dass seine Schmerzen nachlassen, aber er hat immer noch Krebs im Endstadium. Eine Verlegung wäre das Vernünftigste.«

Roman ziert sich noch ein bisschen und weist darauf hin, dass es Garrys Wahl war, allein dort draußen zu leben, aber letztlich stimmt er dem Arzt dann doch zu. »Wir werden ihn morgen in Hütte Nummer sechs verlegen. Das ist unser am nächsten gelegenes Patientenhaus. Ich denke, Joel wird es nichts ausmachen umzuziehen.«

Das ist jetzt geklärt, und Dr. Pretel und der Schamane tauschen ihre Eindrücke von den anderen Patienten aus. In ihren Vorstellungen vom weiteren Vorgehen stimmen sie ziemlich gut überein. Auf dem letzten Wegstück durchs Unterholz entwickeln die beiden Heiler aus so gegensätzlichen Lagern einen Schlachtplan für die nächste Woche.

Sie steigen jetzt tiefer ein und das Gespräch wird auch schneller. Nach ein paar Minuten verheddere ich mich in den Begriffen der medizinischen Terminologie im Spanischen und klinke mich aus, um mich für eine Minute einfach mal den Geräuschen des Dschungels und meinen Empfindungen zu überlassen. Unser Pfad führt über eine Böschung ans Ufer eines murmelnden Bachs. Hier steht die Hütte unseres Prostatakrebs-Patienten John. Ich kann gerade noch das Grasdach erkennen und frage mich unwillkürlich, wie es ihm wohl geht. John ist derjenige unter unseren Patienten, der am meisten mit sich selbst und seiner tiefen Verunsicherung zu kämpfen hat. Er selbst sagt, er habe sich immer als *lone wolf* gesehen, als Einzelgänger, der nicht zum Rudel gehört. Hier im Dschungel empfindet er diese selbst getroffene Wahl offenbar noch tiefer. Zugleich macht es ihm zu schaffen, dass er seine gesundheitliche Versorgung, seinen Tagesablauf und dann auch noch seine Ernährung der Entscheidung anderer überlassen muss – auch wenn er ihnen durchaus zutraut, die Chancen der Überwindung seiner Krankheit zu verbessern.

Seine verzweifelten Wutausbrüche haben alle schon zu spüren bekommen, von den Leuten, die ihm das Essen bringen, bis hin zu Roman selbst, gegenüber dem die Ausbrüche besonders häufig und heftig sind. Uns allen ist jedoch klar, dass John einfach mit den Dingen zu kämpfen hat, die auch die anderen Patienten umtreiben, nur dass er vielleicht ein bisschen mehr aus sich herausgeht.

Unsere Gäste sind hier draußen völlig mit sich allein, ihre Haustür öffnet sich nur zum dichten Dschungel mit seiner üppigen Flora und Fauna hin. Es gibt kein fließend Wasser und keine Elektrizität. Die einzige Annehmlichkeit, die sie darüber hinaus noch haben, ist die kleine Außentoilette bei jedem Gebäude, einfach ein kleiner Bretterverschlag mit einer tiefen Grube im Boden und den Lebewesen, die sich hier häuslich eingerichtet haben.

Keine Fluchtmöglichkeiten, man kann sich weder aus dieser Umgebung absetzen, noch vor den eigenen Gedanken, noch vor sich selbst weglaufen.

Aber hier draußen geschieht doch etwas, was wir Filmemacher nur von außen begleiten. Einerseits sind wir mit unserem Dreh beschäftigt und versuchen einzufangen, was die Einzelnen erleben, und nebenher sorgen wir ein bisschen mit für den geordneten Ablauf des Retreats; darüber hinaus beobachten wir aber eine innere Umstellung, ein allmähliches Eintauchen, das von Besuch zu Besuch tiefer wird.

Nach ein paar Tagen der inneren Zerrissenheit bei der Eingewöhnung scheinen alle jetzt in einem ruhigeren Fahrwasser zu sein. Jeder unserer Gäste fügt sich mehr und mehr in die Umgebung ein, als käme der Geist von Pachamama nach und nach über sie und flüstere ihnen Geheimnisse zu, die nur sie selbst hören können.

Das zu verfolgen hat etwas Inspirierendes, ist aber auch ein bisschen unheimlich.

Die Filmcrew und ich haben es nicht ganz so schwer wie die Patienten. Wenn wir nicht drehen, halten wir uns im Langhaus auf, das ganz ähnlich konstruiert ist wie die Dieta-Hütten, aber bis zu zehn komfortable Schlafplätze bietet. Die Isolation prägt hier nicht unseren Alltag.

Aber wir arbeiten eben doch jeden Tag viele Stunden in dieser Hitze und müssen auf den Komfort, den es in der Welt da draußen irgendwo gibt, verzichten. Von der modernen Welt zeugen hier nur unsere Kameras und der Umgang mit diesem schweren Gerät wird oft einfach nur als Last empfunden. Wir filmen die Kranken bei ihren persönlichen und mitunter irrwitzigen Krisen im Kampf gegen ihre Krankheiten. Das sind sehr eindringliche und herausfordernde Umstände, unter denen man ohne gesammelte Aufmerksamkeit schnell die Orientierung verliert. Wir halten uns an die gleiche reduzierte Diät wie die Patienten, arbeiten in der gleichen Bruthitze und nehmen an vieler ihrer Heilzeremonien teil. Das Sirren und Brummen des Regenwalds dringt von Tag zu Tag tiefer und bringt immer mehr von uns ans Licht. Ohne Strom, warmes Wasser und die anderen Selbstverständlichkeiten des heimischen Umfelds, kann man nur auf die Lebensweise der hier lebenden Menschen einschwenken.

Ich habe mir die Leute für dieses Team nicht nur entsprechend ihrer Berufserfahrung ausgesucht, sondern auch anhand ihrer Fähigkeit, unter etwas extremeren Umständen Ruhe zu bewahren. Es sind wirklich ganz besondere Menschen, aber auch der Stärkste kann in einer Umgebung wie dieser ins Schleudern geraten.

Die Geräuschkulisse unserer gefiederten und schuppigen Freunde im Wald flaut langsam ab, als die Sonne am zwölften Tag unseres Aufenthalts aufgeht. Noch etwas schlaftrunken tappe ich durch den blaugrünen Wald in Richtung Brunnen, wo wir unser Wasser holen und unseren morgendlichen und abendlichen Hygienebedürfnissen nachkommen. Der Generator für die Pumpe rattert schon, als ich ankomme. Ich treffe Alberto beim Zähneputzen über einen kleinen Eimer gebeugt auf einem Vorsprung an.

»Du bist aber früh daran«, sage ich. »Hast du nicht schlafen können?« Es ist nicht ungewöhnlich, hier unten jemanden zu dieser Stunde anzutreffen, aber Alberto ist eindeutig kein Frühaufsteher.

»Ich habe ein Angebot, nach Cahuide mitzufahren. Da soll es ein kleines Restaurant geben, in dem man Eier mit Yucca-Fritten bekommt. Willst du mitkommen? Das sind nur zwei, drei Kilometer von hier.«

Ich drücke mir Zahnpasta auf die Bürste und schrubbe kurz die Backenzähne, um mir eine möglichst diplomatische Antwort einfallen zu lassen. Alberto ist ein wirklich toller Tontechniker und unverzichtbar, aber ich musste selbst auf die etwas schmerzhafte Art herausfinden, dass er auf Kritik sehr ungehalten reagiert.

»Alberto, ich brauche dich hier«, sage ich schließlich. »Wir haben uns darauf verständigt, mit den Patienten solidarisch zu sein und auch den Speiseplan so abzuarbeiten, wie sie es tun. Wenn die Belegschaft dahinterkommt, dass wir uns wegschleichen, kann das spaltend wirken. Wir müssen jetzt ein Team sein.«

»Dieses blöde Quinoa und den Manzanita-Tee zum Frühstück tue ich mir heute nicht an«, schnaubt Alberto. »Du möchtest, dass wir zwölf Stunden jeden Tag in Hitze und Regen filmen und uns von allem möglichen Viehzeug beißen lassen. Damit bin ich doch einverstanden. Ich will nur ein paar Eier.«

Hinter uns knirscht das alte Laub auf dem Boden, als Dan sich auf dem Pfad nähert.

»Was gibt's?«, fragt er.

»Ich möchte zum Frühstück nach Cahuide fahren, wenn der Boss mich lässt. Kommst du mit?«

»Warte mal. Ich dachte, wir hätten ausgemacht, dass sich alle an die Dschungeldiät halten.« Dan wirft mir einen Blick zu, der seine List bereits erahnen lässt. Auf seinem Weg hierher hat er wohl unser Gespräch mitbekommen, und stellt sich jetzt dumm, damit ich Alberto zur Räson bringen kann.

»Weißt du«, sage ich, »ich mag das Essen hier auch nicht. Hätte ich mich nicht verpflichtet hierzubleiben, würde ich mittags ein bisschen die Straße runtergehen und zusehen, ob irgendwer Backfisch und ein Bier hat, aber das wäre gegen die Abmachung. Jeder hat beim Anheuern für diesen Film gewusst, was auf ihn zukommt. Ich bitte dich einfach, dich an die Zusage zu halten, die du mir und dem Team gegeben hast.« Dan nickt zur Bekräftigung.

Der überstimmte Alberto grummelt leise etwas über seine Ernährungsbedürfnisse, denen hier nicht so richtig Rechnung getragen wird, dann verabschiedet er sich und trottet tiefer in den Dschungel hinein, weg von Straße und Cahuide.

Wir blicken Alberto nach, wie er im Busch verschwindet. Dan sagt: »Da muss er jetzt erst mal Dampf ablassen. Dieser Platz hier geht einem an die Nieren, wenn du weißt, was ich meine.«

»Sobald er wieder da ist, wenn wir in einer Stunde mit dem Filmen anfangen, kann er tun und lassen, was gut für ihn ist.«

Wir wissen beide, dass er da sein wird. Wo sollte er denn hin?

Mit unserer Mission verbunden, aber durch einen beunruhigenden Filmriss von der Welt getrennt, die wir einmal kannten, müssen wir jeden Tag ganz behutsam vorgehen. Uns allen geht allmählich auf, dass wir genauso wenig eine Atempause von diesem Heilungsabenteuer bekommen wie die Patienten, und die Wahrheit ist nicht immer angenehm.

Die Heildiät

Die Dschungeldiät ist sehr einfach gehalten: Sie soll nur ernähren und ist nicht zum Genuss da. Genuss ist ja auch im Grunde einfach Ablenkung. Die Dschungeldiät besteht aus gekochtem und dann gerösteten grünen Bananen, weich gekochtem Wurzelgemüse wie Yucca und Cassava, einem grätenreichen, nach nichts schmeckenden Fisch namens *bocachico*, den es hier in der Gegend gibt, Quinoa, einfachen Brühen und manchmal Obst wie Papaya und Kokosnuss zum Frühstück. Salz wird kaum oder gar nicht verwendet, und es gibt keine Gewürze und keinerlei tierische Fette.

Nach Ansicht der Schamanen können die zarten Lebensenergien und Inhaltsstoffe der verordneten Heilpflanzen (darunter die Lianenart *Banisteriopsis caapi*, eine der Ayahuascazutaten) leicht verdünnt und zerstört werden, wenn die Patienten zu üppige Speisen zu sich nehmen. Im Unterschied zu den modischen Detox-Diäten aus grünen Smoothies, Zitronen-

Cayenne-Shots und Salzwasser-Leberspülungen sind die hier verordneten Nahrungsmittel eher fade und langweilig und haben dem Gaumen nicht viel zu bieten.

Sogar vegane Rohkost kann die Geschmacksknospen kitzeln, aber hier gibt es nichts dergleichen. Nichts Tröstendes, nichts Ablenkendes in der Cuisine der Paititi-Küchenhütte.

Die Prinzipien dieser Ernährung entspringen der traditionellen Dieta, die hierzulande von Schamanen, Lehrlingen und Patienten angewendet wird. Um die Kräfte einer Heilpflanze zu verstehen und richtig zu nutzen, muss der Patient eine sehr reine Diät einhalten, die den Charakter der Heilpflanze und ihr subtiles Energiegefüge nicht stört.

Zusätzlich zur reinen Versorgungsernährung – und aus damit zusammenhängenden Gründen – wird den Patienten dringend empfohlen, für die Dauer der Kur (32 Tage in diesem Fall) auf Sex und jegliche erotische Stimulation zu verzichten. Für Medizinmänner und Medizinfrauen ist es eine ausgemachte Tatsache, dass die Patienten ihre gesammelte Aufmerksamkeit und Energie ausschließlich dem Heilungsgeschehen zuwenden müssen.

Das gibt einem zu denken. Wir jagen ständig hinter Glitzerdingen her und verausgaben unsere kostbaren und begrenzten Kräfte für alles, was uns so über den Weg läuft. Hier geht es aber nicht um irgendwo da draußen existierende Wunderkuren, auf die wir zufällig stoßen, sondern wir wollen Blockierungen lösen und Lecks stopfen, die verhindern, dass wir klar sehen und uns selbst heilen können. Dieser kraftvollen Dieta-Praxis kann man überall auf der Welt nachgehen – und es geschieht ja auch seit Jahrtausenden. Unterschiede gibt es einzig in der Sprache und bei den Ritualen.

Eine halbe Stunde später taucht Alberto wieder auf, entschuldigt sich missvergnügt für seinen Teamgeist-Aussetzer und sucht seine Audioausrüstung für die Filmvorhaben des Tages zusammen. Damit habe ich zwar gerechnet, bin aber jetzt doch erleichtert.

Ich muss mir irgendeine Verschnaufpause für die Männer überlegen.

Später an diesem Tag, die Sonne senkt sich schon, sind wir dabei, unser Aufnahmematerial des Tages zu erfassen, als wir Schritte näher kommen hören. Arbildo, unser Wachmann, nähert sich pfeifend dem Langhaus, in der Hand ein gut gefüllter Plastiksack. Es handelt sich um eine Riesenportion gebratene Bananenchips.

Beim Anblick des Goldschatzes kommt jedes produktive Tun augenblicklich zum Erliegen.

»Ich war heute in Iquitos und habe auf dem Markt von Belén ein paar Plátanos für euch alle gekauft. Es sind die besten, die ich kenne. Mal probieren?«

Arbildo hängt schon lange nicht mehr der überlieferten Lebensweise an und kennt sich mit unserer strengen Diät nicht aus. Nur zu gern teilt er seine himmlischen Kochbananenchips mit diesen abgehärmten Gringo-Filmleuten.

»O bitte, lass dich beknien, dürfen wir ein paar von diesen Chips essen?«, bettelt Alberto. »Sie sind uns ja praktisch in den Schoß gefallen.« Sein Anliegen beginnt ganz ernsthaft, aber die Mundwinkel biegen sich schon verdächtig nach oben.

Ich werfe Brock, Dan und Michelle einen Blick zu, die ihrerseits das fettige Gold in der Plastikhülle anstarren. Da ist die Entscheidung wohl schon gefallen.

»Kein Wort zu irgendwem, klar?«

Am Abend rotten wir uns um die Wundertüte zusammen und genießen jedes Stückchen von diesem Knusperzeug, die Schamanen und Patienten sind ahnungslos. Wir grinsen uns im Kerzenschein an wie Kinder, die etwas streng Verbotenes ausgeheckt haben.

Das salzige Öl an den Fingern hat etwas Betörendes und zutiefst Besänftigendes. Aber gleichzeitig ruft es uns in Erinnerung, wie weit weg das gewohnte Leben tatsächlich ist.

2. Mai 2016
Tulum, Mexiko

Der Wind in Yucatán frischt ein wenig auf, als Michelle und ich unserem Tischnachbarn Rick den zweiten Teil unserer Geschichte von den Bananenchips im Amazonas-Regenwald erzählen. Gerade werden paleofreundliche, niederglykämische Gerichte aufgetischt, und nach und nach werden auch andere Gäste auf diese Leute am Ende der Tafel aufmerksam, die da ihre Köpfe zusammenstecken. Wie von selbst rücken die Stühle näher zusammen, sodass die Atmosphäre eines konspirativen Treffens entsteht.

»Und wie ging es dann weiter? Wer wurde geheilt? Das müssen wir unbedingt wissen!« Na bitte. Rick hat offenbar keine Bedenken mehr wegen möglicher gesundheitlicher Folgen unserer Bananenchips.

»Mehr will ich dazu jetzt nicht sagen. Sieh dir den Film an, dann weißt du Bescheid.«

Als die gesunde Kost uns erreicht, verschlingen Michelle und ich ganz schnell die letzten Bananenchips aus der so rätselhaft aufgetauchten kleinen Tüte. Die allerletzte Scheibe bieten wir Rick an, der sie wie die Oblate bei der Messe entgegennimmt.

»Köstlich.«

Großvaters Küche:
sich achtungsvoll die Grundlagen erarbeiten

Mein Onkel John erzählt eine wunderbare Geschichte von
seiner ersten Begegnung mit seinem Stiefvater, meinem
inzwischen verstorbenen Großvater väterlicherseits, nach
dem ich benannt bin. Er begegnete meiner Großmutter ein
paar Jahre nach dem Zweiten Weltkrieg. Da war er Anfang
dreißig und es war Liebe auf den ersten Blick.

Meine Großmutter Frances Elrose wurde nicht müde zu
erzählen, er sei der attraktivste Mann gewesen, den sie je
gesehen hatte – und so ein schönes Auto hatte er! Aber ihr
Leben war in der Zeit dieser ersten Begegnung ziemlich
kompliziert gewesen.

Ein Jahr zuvor hatte sie etwas getan, was in jenen Tagen völlig
undenkbar war. Nach zehn Jahren in einer unglücklichen Ehe
hatte sie eine unkonventionelle Entscheidung getroffen und
sich in aller Freundschaft von ihrem Mann getrennt. Danach
musste sie selbst für sich und ihre beiden Söhne John und Joe
sorgen, und das vom mageren Einkommen einer Kosmetikerin.
Mein Onkel John war erst sieben, als man ihn der neuen Liebe
seiner Mutter vorstellte. Wie die meisten Kids in diesem Alter
war er nicht gerade begeistert von diesem Mann, der jetzt den
Platz seines Vaters einnehmen wollte. John war entschlossen,
sich nicht mit diesem Eindringling anzufreunden.

Sie betraten zusammen die Küche der in Brooklyn gelegenen
Wohnung meines Großvaters, wo er mit dem Rücken zu ihnen

stand und gerade ein paar Sachen aus dem Kühlschrank holte, um zu kochen.

Er drehte sich um und sagte: »Du bist sicher John. Hast du Lust auf Rührei zum Frühstück?«

»Eier? Ich mag keine Eier«, sagte mein Onkel trotzig. Lächelnd beugte sich mein Großvater über die Anrichte zu ihm hin. »Oh, meine wirst du mögen, versprochen.«

Damit schlug er zwei Eier in die gebutterte Pfanne und tat das, was wir alle seitdem Hunderte Male beobachten konnten, er kreierte ein absolut köstliches Eiergericht.

An dem Vormittag gelang es ihm, seinen künftigen Stiefsohn auf seine Seite zu ziehen. Nach und nach entwickelte sich Vertrauen zwischen ihnen und daraus wurde letztlich eine tiefe gegenseitige Liebe.

Meinem Großvater beim Kochen zuzusehen gehörte zu den wirklich heilsamen Erlebnissen meiner Kindheit. Er tat alles mit so viel Sorgfalt und so gezielt, ob er Zwiebelringe schnitt noch ein bisschen getrocknetes Basilikum über die Marinara streute oder die Pfanne nach getaner Tat von Hand spülte und abtrocknete. Alle Schritte hatten etwas von Ehrerbietung wenn nicht von Andacht, alles geschah wie nach einem vererbten Kodex kulinarischer Ethik.

Seinen geschickten Händen war nichts zu einfach, nichts zu »basic«. Womit er gerade befasst war, das behandelte er so, als wäre es im Moment die einzige Sache überhaupt.

Das Erste, das er mir beibrachte, war die Zubereitung von Eiern. Das perfekte Ei zählte zu den schwierigsten Dingen in der Küche. Wenn man einmal die Wirkung von erhitztem gebuttertem Edelstahl auf Eiweiß und Eigelb erfasst hatte, konnte man dieses Wissen auf praktisch alle Gerichte anwenden, sowohl auf die einfacheren als auch auf die anspruchsvolleren.

Erst einmal kommt es darauf an, mit welcher Hitze man arbeitet. Viele sind versucht, die Pfanne zu stark zu erhitzen, denn Spiegel- und Rühreier werden bekanntlich gebraten. Es gibt dafür aber genau die richtige Hitze, die nicht bei allen Herdarten einer bestimmten Einstellung entspricht. Man muss sie mit der zehn bis fünfzehn Zentimeter über der Flamme beziehungsweise dem Kochfeld gehaltenen Hand erspüren. Irgendwo zwischen mittlerer und starker Hitze ist der Punkt, wo der Stich Butter schmilzt und brutzelt, aber noch nicht raucht. Das ist die richtige Temperatur für die Zubereitung von Eiern. Nichts anderes in der Natur verhält sich so, wie ein in die heiße Pfanne geschlagenes Ei. Dann wohnt man der Verwandlung von amorphem Glibber in etwas wunderschön Symmetrisches bei. Wer ist wohl als Erster auf dieses Geheimnis gestoßen? Wahrscheinlich geschah das wie bei so vielen kulinarischen Quantensprüngen durch Zufall. Ein Ei fällt aus einem Nest auf von der Sonne aufgeheizte glühend heiße Steine. Eine zweibeinige Passantin bemerkt das beim Waldspaziergang und ruft die anderen Angehörigen der Sippe herbei. Irgendwer bringt dann allen Mut auf und probiert mal. Ergebnis: Evolution. Eier sind weltweit in irgendeiner Form Bestandteil der Esskultur, allen kommen sie gerade recht. Gebackenes, Desserts, Soßen, Suppen, Tiefkühlteig, Mayonnaise und Dressings, vom Frühstück einmal abgesehen. Was wäre das alles ohne diese länglich-runden Grundnahrungsmittel?

Die zweite Regel perfekt zubereiteter Eier handelt davon, worauf man den Blick richtet. Wenn man das Rührei genau beobachtet, gibt es einem durch allerlei Hinweise zu erkennen, wann es an der Zeit ist, mit dem Kochspatel zu schieben und zu ziehen und die ganze Sache schließlich zu wenden: wie sich in der Mitte die Blasen aufwerfen, wie sich die Ränder in den Fettlachen wölben, wie dick der Bauch ist, der mit der

Pfanne Kontakt hat. Alle diese visuellen Indikatoren geben Informationen preis. Alle wollen beachtet werden, wenn ein perfektes Rührei entstehen soll. Sonst hat man am Ende etwas, was zwar essbar sein mag, aber meilenweit von einer echten Gaumenfreude entfernt ist.

Zuletzt und wohl entscheidend: Meister der Kunst wissen, wie und wann das Ei bei seinem kurzen Rendezvous mit der Bratpfanne zu bewegen ist. Dass viele das Ei im wahrsten Sinne des Wortes zu Tode rühren und mit dem Kochspatel derart herumfuhrwerken, dass am Ende nur noch eine gesichtslose Pampe übrig ist, liegt wahrscheinlich an dem Namen des Gerichts. So geht der professionelle Eierrührer nicht vor. Jede kleinste Berührung verändert die Konsistenz, da braucht man einfach Fingerspitzengefühl. Das leckere, lockere, weiche Rührei, das Sie vielleicht in einem Frühstückslokal der Spitzenklasse bekommen, benötigt nur vier oder fünf Berührungen mit einem geeigneten Kochutensil. Opa Nick brachte mir bei, dass die Zubereitung zu neunzig Prozent von der richtigen Pfanne, der genau bemessenen Hitze und dem richtigen Bratfett abhängt.

Mein Großvater war bei allem, was er anfasste, vollkommen präsent. So hatte es ihm sein Vater vermittelt. Er war sich nie zu gut selbst für die einfachsten Handreichungen. Alles war wichtig und alles heilig.

Wenn man von hoher Qualität spricht, klingt doch immer etwas von »altmodisch« mit. Als es galt, die Dinge noch so zu machen, wie es sich gehörte: von Hand, sorgfältig und mit den vor Ort verfügbaren Zutaten.

Aber das Prinzip der Qualität ist viel älter, als das Wort »altmodisch« nahezulegen scheint. Letztlich geht es einfach um ein sehr altes und essenzielles Mantra: Eigne dir zuerst die Grundlagen an und der Rest ergibt sich von selbst.

Kapitel 8

Leben und Tod

26. Oktober 2010
Provinz Loreto, Peru

Heute haben wir den zwölften Abend seit Beginn des Heil-Retreats. Wir machen Schluss für den Tag und stimmen uns auf den Abend in unserem Schlafquartier oben unter dem Grasdach des Langhauses ein. Dan und Alberto lümmeln in Hängematten und sprechen die Highlights des Tages durch, während sich Michelle auf einem großen Bogen Zeichenpapier, das sie auf dem Boden ausgebreitet hat, letzte Notizen zur Entwicklung bei den einzelnen Patienten macht. Brock hat wie immer seinen abendlichen Posten vor dem Laptop in der Ecke bezogen. Er kratzt das Letzte an noch verfügbarer Batteriepower zusammen, um vom Videomaterial des Tages ein Back-up zu machen.

Ich fummle an einem Moskitonetz herum, als das Sprechfunkgerät knackt. »Nick und Roman, bitte kommt sofort zu Hütte Nummer sechs.« Es ist Andrea, eine unsere Helferinnen, die die erste Nachtschicht hat und sich bei allen Patienten versichert, dass sie für die Nacht mit allem versorgt sind. Sie gibt sich einigermaßen gelassen, aber der Stimme ist anzuhören, dass es dringend ist.

»Verstanden. Andrea, ist alles in Ordnung?«

Stille. Dann: »Es ist ein Notfall, ihr müsst sofort kommen.«

Ich sehe mich nach dem Team um und Brock ist bereits dabei, sich die Stiefel anzuziehen. »Ich komme mit.«

Dreißig Sekunden später laufen wir durch den dunklen Dschungel auf Garrys Hütte zu – den gewundenen Weg hinunter, dann auf einer kleinen Brücke über den Bach und am anderen Ufer wieder hoch. Fünf Minuten später taucht schattenhaft die Maloka vor dem Nachthimmel auf.

»Roman!«, schreie ich zum Dachzimmer des Tempels hinauf, wo der Schamane normalerweise schläft, um in solchen Fällen auch nachts in der Nähe seiner Patienten zu sein. Auf Dr. Pretels Anraten haben wir Garry inzwischen dazu überredet, in die Dieta-Hütte umzuziehen, die der Maloka am nächsten liegt.

Keine Antwort. Wahrscheinlich ist er schon dort.

Durch das Geflecht von Büschen und den Zweigen der Bäume hindurch, die uns entgegenpeitschen, stürmen wir vorwärts und erkennen den Schein aufblitzender Stirnlampen zwischen dem Laub. Jetzt können wir auch bereits gedämpfte Stimmen vernehmen. Ein paar Sekunden später sehen wir, was die Lichter da anleuchten: Eine bleiche, halb nackte Gestalt, liegt zusammengekrümmt auf den Stufen der Eingangstreppe, drumherum vier dunkle Silhouetten.

»Garry, sprich weiter. Erzähl uns, wie du dich gerade fühlst.« Roman hat Garry eine Hand auf den Rücken gelegt. Edwin, Habin und die Krankenschwester Kelly blicken uns beiden entgegen.

»Mir ist so heiß«, sagt Garry. »Hi, Nick.« Er spricht stockend, aber seine Stimme hat immer noch dieses Warme und Freundliche, mit dem er sich die Herzen der Umstehenden erobert hat. Edwin wischt Garry mit einem feuchten Tuch über Stirn und Rücken.

»Ich kriege kaum noch Luft.«

»Atme schön langsam durch, mein Freund.« Roman drückt ein paar Punkte an Garrys Arm.

»Kaum Luft …« Mehr bekommt er nicht heraus. Jetzt kneift er die Lider zu und sein Körper sinkt vornüber. Zwei von uns fangen ihn auf, bevor er von den Stufen kippt.

»Garry! Garry?« Roman schlägt ihn mit der flachen Hand ins Gesicht. »Garry!« Das Gesicht ist ausdruckslos, die große Gestalt regt sich nicht mehr.

»Er atmet nicht. Ich fange jetzt mit der Wiederbelebung an«, sagt Roman.

Wir kauern alle neben Garry, während Roman sein Kinn nach oben richtet, ihm den Mund öffnet und dann beide Hände übereinander auf die bloße Brust legt. Dann führt er Pumpbewegungen aus und zählt keuchend mit: »Eins, zwei, drei …« Reanimation, wie man sie im Erste-Hilfe-Kurs lernt. Dann schaut Roman zu mir auf mit einem Blick, den ich nie vergessen werde. Es ist das erste und einzige Mal, dass ich sehe, wie ihm Angst ins Gesicht geschrieben ist.

Nach dreißig Kompressionen öffnet Roman Garrys Mund, vergewissert sich, dass die Atemwege frei sind, drückt ihm die Nase zu und bläst ihm einen tiefen Atemzug ein. Das Brustbein hebt sich leicht, als die Luft die Brust weitet. Nach einem zweiten Beatmungsversuch hält Roman das Ohr über Garrys Nase und Mund, um mögliche Atembewegungen festzustellen.

»Komm schon, Garry, bleib da.« Die Farbe weicht allmählich aus Garrys Gesicht. Jetzt setzt leichter Regen ein. Ohne Roman bei seiner Arbeit zu stören, legt Kelly Zeige- und Mittelfinger an Garrys Hals, um den Puls zu finden. Das Gleiche macht Edwin an Garrys linkem Handgelenk.

»Se ha ido«, sagt Edwin leise. »Se ha ido, hermanos.« Er ist gegangen, Brüder.

Roman führt dreißig weitere Kompressionen aus und beugt sich wieder über Garrys Kopf. »Lass mich mal versuchen«, sage ich und rutsche auf die andere Seite, um Romans Platz einzunehmen. Roman nickt.

Ich lege die linke Hand an Garrys Stirn und nähere mich mit dem Ohr Nase und Mund. Nicht das leiseste Anzeichen von Atem. Ich leuchte ihm mit der Stirnlampe in den Mund, um zu sehen, ob die Zunge im Weg ist, dann umschließe ich mit meinen Lippen seinen kalten, leblosen Mund. Es folgt eine Minute voller gut gemeinter, aber nutzloser Gebärden. Nach achtzehn schweren Pumpbewegungen, die sein Brustbein schier einbrechen lassen, ist klar, dass wir ein Leben zu retten versuchen, das nicht mehr da ist, wie Edwin schon festgestellt hat.

Ich lehne mich zurück. Wir sechs schauen einander mit großen Augen und wortlos an. Wo eben noch fieberhafte Betriebsamkeit herrschte, breitet sich jetzt die nüchterne Erkenntnis von Endgültigkeit aus.

»*Adentro. Necesitamos moverlo adentro.*« Habins tief brummende Stimme bricht das Schweigen. Wir müssen ihn nach drinnen bringen. In stiller Übereinkunft setzen wir uns erneut in Bewegung. Edwin breitet auf dem Boden von Garrys Hütte eine gewebte Decke aus und zündet ein paar Kerzen an, während wir Übrigen Garry hochheben und ihn in den kleinen von Mückennetz umgebenen Innenraum tragen. Keine Traurigkeit, keine Reue oder Angst begleitet uns dabei. Hier geschieht etwas Größeres, neben dem gewohnte Reaktionen, die wir vielleicht erwarten, keinen Platz haben. Wir sind wie ein einziger Organismus, der von Augenblick zu Augenblick das tut, was das Beste ist. Eben noch lebendig und beseelt, liegt Garrys Leib jetzt tot vor uns. Das Kerzenlicht spielt über die Konturen seines Gesichts und narrt das Auge immer wieder. Hat es da nicht gezuckt? Hat sich die Hand nicht bewegt? Wir sitzen in vollkommenem Schweigen da und geben etwas unendlich Größerem Raum. Augenscheinlich rührt sich nichts, und doch herrscht hier eine Dichte, die uns alle in ihren Bann schlägt. Irgendein Download läuft hier gerade, fünf Minuten vergehen, dann zehn.

Irgendetwas tut sich da unmittelbar über Garrys Körper. Meine Augen können sich nicht davon lösen. Es ist nur allzu deutlich, dass unser Bewusstsein hier eine ganz wichtige Rolle spielt. Wir werden Zeugen von etwas, was sich unserer Wahrnehmung entzieht. Die Luft vor uns ist voller Energie, die von dem vor uns liegenden gedrungenen Körper ausgeht. Dann auf einmal erhebt sich dieses Etwas und ist im nächsten Moment verschwunden.

Garry ist nicht mehr da. Das ist keine Theorie und keine Umschreibung, sondern für alle ganz offensichtlich, jetzt, wo die Trance, die uns alle umfangen hatte, plötzlich weicht. Ich sehe Roman an und kann nichts gegen das Lächeln tun, dass sich über mein Gesicht ausbreitet. Wir haben gerade erlebt, wie sich eine Seele vom gestorbenen Körper löst. Viele haben das schon in der Familie erlebt, aber in diesem Umfeld hier tritt das Wunder so klar, so spürbar hervor, dass ein Staunen über unseren vertrauten Kreis kommt und auch Dankbarkeit und … Glück?

Roman stimmt ein Ìcaro an, das Garrys Seele auf den Weg zu den Ahnen geleiten soll. Danach beginnt unter uns der Austausch über das, was wir erlebt haben. Schließlich kommen wir auf die Frage, was jetzt zu tun ist. Die anderen Patienten werden in sechs Stunden aufwachen und etliche von uns, die jetzt noch in Garrys Hütte sind, werden in fünf Stunden bereit sein, ihren Dienst anzutreten. Roman und ich besprechen, dass wir am besten über das Satellitentelefon den Leichenbeschauer in Iquitos verständigen und die Überführung von Garrys Leiche in die Stadt organisieren.

»Ihr legt euch jetzt alle ein bisschen hin und ich bleibe bis zum Sonnenaufgang hier bei Garry. Die Worte kommen mir einfach so aus dem Mund, ohne dass ich eigens einen Entschluss gefasst hätte. In jüngeren Jahren hätte ich mich davor gegraust, allein mit einer Leiche in einer nur von Kerzen erhellten Dschungelhütte zurückzubleiben, doch diesen jüngeren Nick gibt es nicht mehr.

»Meinst du das ernst? Wir können uns doch abwechseln oder immer zu zweit hier sein.« Roman wirkt irgendwie älter, als er mich das fragt, aber er kennt die Antwort schon.

»Es macht mir nichts aus. Wirklich. Also bis morgen früh.«

Alle Bedrängnis birgt auch Medizin: Wie ich jetzt so im Schneidersitz neben Garrys Leiche auf dem Boden sitze und ringsum der Regen zu hören ist, weitet sich das Verständnis meiner eigenen Sterblichkeit.

Wir Westler schirmen uns, koste es, was es wolle, von Sterben und Tod ab. Selbst wenn es um unsere Liebsten geht, überlassen wir es Profis, die Leiche abzuholen und alle »Arrangements« zu treffen. Mord und Totschlag im Film und in den Nachrichten faszinieren uns, aber wenn es darum geht, uns dem Tod in unserem eigenen Leben zu stellen, benehmen wir uns wie verängstigte Kinder.

Die meisten Menschen in der westlichen Welt fühlen sich einer der großen Religionen zugehörig, Christentum, Judentum oder Islam. Sie alle formulieren in ihren Lehren das hohe Ziel eines selbstlosen Lebens der Verbundenheit mit anderen und des Dienstes an unseren Nächsten. Wer so lebt, heißt es, darf auf ein nächstes Leben im Himmel hoffen. Die Regeln sind ganz einfach, die Belohnung zugesichert, dennoch sieht sich ebendiese Kultur außerstande, sich mit Alterung und Tod des physischen Körpers abzufinden.

Ich habe einmal einen buddhistischen Mystiker sagen hören: »Die Grundursache aller Ängste ist der Tod, und alle Religionen zielen darauf ab, den Menschen die Furcht vor dem Tod zu nehmen.«

Stunde für Stunde vergeht, die Kerzen brennen herunter und erlöschen schließlich. Dunkelheit ist jetzt ganz angemessen, so bleibe ich wie Garry an meinem Platz und halte einen letzten irdischen Raum offen für diesen Tiefseetaucher aus Garibaldi.

Früh am nächsten Morgen leiten wir alles für den Abtransport der Leiche nach Iquitos in die Wege. Roman und ein paar Einheimische werden bei der Überführung in die 65 Kilometer entfernte Stadt dabei sein. Es wird Gespräche mit den Behörden geben und die Botschaft der Vereinigten Staaten wird sich sicherlich auch einschalten.

Als der Wagen abgefahren ist, schauen Andrea und ich bei jedem einzelnen der anderen Patienten vorbei und tragen ihnen auf, nach dem Frühstück zu uns ins Obergeschoss der Maloka zu kommen. Die meisten ahnen bereits, dass letzte Nacht irgendetwas Bedeutendes geschehen sein muss.

Eine Stunde später sitzen wir alle im Kreis auf dem Boden unter dem Kuppeldach. Der Dschungel ringsum ist jetzt voller Leben: Er surrt, zirpt und brummt durch die dünnen Wände.

»Viele von euch haben bereits gehört, was hier letzte Nacht passiert ist«, sage ich einleitend, »aber ich wollte euch gern hier versammeln, damit wir über alles sprechen können. Für alle, die es noch nicht wissen ... « Ganz plötzlich verschlägt es mir die Sprache, die Worte wollen sich nicht bilden. Überrascht und irgendwie fasziniert von meinem stockenden Versuch zur Gruppe zu sprechen, setze ich neu an. »Garry ist letzte Nacht von uns gegangen.« Unwillkürlich senke ich den Blick, als könnte ich die Dinge dann besser zusammenhalten. »Wieso war das letzte Nacht nicht so schwer?«, geht mir durch den Sinn.

Und dann klärt es sich plötzlich. Mir ist, als hätte ich sie alle enttäuscht. Ich möchte nicht, dass sie an ihrer Entscheidung hierherzukommen zweifeln. Ich möchte nicht, dass sie ihren Glauben an den Weg der Heilung verlieren.

»Er war so glücklich hier.« Gretchen bricht das Schweigen und strahlt bei diesen Worten. »Nichts hat ihm hier etwas ausgemacht. Er war einfach für das Leben im Wald gemacht.«

»Wir sind uns kürzlich auf dem Dschungelpfad begegnet«, fällt Jessica ein, »und ich kann nur sagen, er hat wirklich gestrahlt, er hatte keine Schmerzen, es ging ihm so gut die letzte Woche. Er hat mir alles über die Lebensweise einer Biene erzählt, die da auf einer Blüte saß, und dann haben wir uns verabschiedet.«

Alle anderen nicken zustimmend und strahlen ebenfalls, als sie einer nach dem anderen von ihrer letzten Begegnung mit Garry erzählen. Mit so etwas habe ich nicht gerechnet. Ich bin wieder sprachlos.

»Ich freue mich für ihn, ich kann mir vorstellen, wie er sich gefühlt hat, als er herkam. Diese Chance tat sich für ihn auf und machte ihm ein bisschen Hoffnung, aber er wusste natürlich, dass es trotzdem eine unsichere Sache war.« In Melindas Worten schwingt etwas von Wehmut mit. Da sie ebenfalls Krebspatientin ist, wirkt die Neuigkeit natürlich ernüchternd auf sie, aber ihre Stimme zeugt von tiefer Hochachtung.

Zuletzt spricht John, der gerade vor ein paar Tagen einen der Schamanen angeschrien hatte, weil er ihm kein Obst zum Frühstück gestatten wollte. »Ihm hat das wirklich gefallen hier draußen und er konnte nur Gutes über alle Menschen und die Umstände sagen. Ich glaube, er hat hier wirklich Gelegenheit gehabt, etwas von dem aufzuarbeiten, was für ihn anstand, um dann in Frieden gehen zu können.«

Als er ausgeredet hat, wird mir klar, dass ich diese Leute, die ihr Vertrauen in uns setzen, unterschätzt habe. Klar, sie kämpfen mit Krankheiten und Beschwerden, aber das macht sie nicht schwach und gebrechlich. Ich habe nicht viele so wackere Menschen erlebt. Die meisten würden sich doch wünschen, dieses Dschungelneuland bei vollkommener Gesundheit zu erleben und zu erkunden. Die Menschen, die da vor mir sitzen, und Garry natürlich auch, waren bereit, in ihrer geschwächten Verfassung den weiten Weg zurückzulegen, wohl wissend, dass ihnen unglaublich schwere Zeiten bevorstanden.

In der Ausrichtung auf ihre Schwächen habe ich ihre Stärken nicht ausreichend zur Kenntnis genommen. Das soll nie wieder vorkommen, schwöre ich mir.

»Machen wir trotzdem heute Abend die Gruppenmeditation und morgen die San-Pedro-Zeremonie?« Die Frage kommt von Gretchen, aber alle sehen mich an, als hätten sie sich das auch schon gefragt. Beim Betreten dieses Raums war ich davon ausgegangen, dass zumindest ein paar der Patienten gleich nach der Nachricht von Garrys Tod nach Hause zurückkehren möchten. Ich hatte mir schon vorgenommen, ihnen den Weg dafür zu ebnen und für diejenigen, die das Angebot wahrnehmen wollten, alles Notwendige zu arrangieren. Jetzt sehe ich, dass ihnen nichts ferner liegt. Ich reiße mich zusammen und blicke ganz nüchtern drein.

»Natürlich. Gruppenmeditation heute Abend und morgen kommt Roman am Vormittag wieder zurück und wird die Maloka für San Pedro vorbereiten.

Ich stehe auf und gehe zu jedem einzelnen hin. Blicke und Umarmungen. Dann vertagen wir uns auf den Abend.

Ermuntert, aber auch aufgewühlt, gehe ich zum Langhaus zurück, um über Satellitenfunk den Anruf zu tätigen, vor dem mir graut, nämlich Garrys Schwester Susan in den Saaten zu verständigen.

Es gibt Augenblicke im Leben, da betritt man vollkommenes Neuland und hat keine andere Wahl, als blind loszustolpern und den inneren Dialog einfach auszusetzen. Es gibt kein vorgegebenes Verfahren, wenn man eine Frau anzurufen hat, um ihr mitzuteilen, dass ihr Bruder tot ist. Man drückt einfach die Zahlen und sieht dann zu, wie es von Sekunde zu Sekunde weitergeht.

Garry hatte mir erzählt, dass seine Schwester es verrückt fand, in seinem Zustand eine so weite Reise in den Dschungel zu unternehmen. Sie hatten sich darüber sogar noch gestritten.

Denk nicht, gib einfach die Zahlen ein. Das Freizeichen, das man nach dem Wählen einer Nummer hört, ist in jedem Land anders. In den Vereinigten Staaten bekommt man eine Serie von Tönen in gleichmäßigen Abständen zu hören, aber in Peru handelt es sich um zwei dunkle Summtöne, gefolgt von längerer Stille. Tuut, tuut – tuut, tuut.

»Hallo, Nick?« Die Frauenstimme hat fast etwas zu Munteres, sodass ich mich frage, ob ich mit der Richtigen verbunden bin.

»Ähm, ja. Ist da Susan?«

»Ja, die bin ich.« Die Stimme bebt jetzt ein wenig. »Ist mein Bruder tot?« Zum ersten Mal, seit Garry weg ist, schießen mir Tränen in die Augen und für einen Moment kann ich nicht antworten. Mit einem Schluchzen in der Kehle versuche ich, einigermaßen verständlich zu antworten. »Ja, er ist tot. Es tut mir so leid, Susan.«

Diesmal lacht sie laut auf und sie weint. »Das kann doch nicht dein Ernst sein. Du warst damals kaum in seinem Haus, da wusste er schon, dass er mit dir da unten sein musste. Er konnte überhaupt nicht mehr aufhören, über dich und die Schamanen zu reden, Nick hier und Roman da. Du solltest das nicht erfahren, aber sein Zustand hat sich zwischen diesem ersten Gespräch mit dir und der Reise in den Dschungel rapide verschlechtert. Zuletzt hatten die Ärzte ihm noch eine Woche zu leben gegeben.«

Ihre Stimme gewinnt jetzt wieder ein wenig an Festigkeit. »Ich hab ihm gesagt, dass er nicht fliegen, sondern zum Sterben bei seiner Familie sein soll. Aber mein Bruder war sein Leben lang ein Outdoortyp. Das sollte jetzt sein letztes Abenteuer werden. Er war noch nie im Amazonasgebiet gewesen und hat wirklich geglaubt, das sei seine letzte Chance der Besserung. Bei unserem Abschied vor seiner Abfahrt haben wir wohl beide gewusst, dass wir uns nicht wiedersehen werden.«

»Warte mal … «, setze ich an. Ich bekomme das alles noch gar nicht auf die Reihe. »Davon hat Garry uns nichts erzählt. Er hatte nur noch eine Woche zu leben?«

»Ja. Er wollte nicht, dass ihr das wisst. Er dachte, vielleicht dürfte er dann nicht mitkommen. Aber er ist kaum in den Flieger gekommen, weil er so viel Hilfe brauchte.«

»Was für Hilfe?«, frage ich nach. »Er ist die ganze Woche problemlos auf den Dschungelpfaden hin und her gegangen. Er sagte, die Tumoren in seinem Bauch wären gar nicht mehr zu spüren, und er hätte das Gefühl gehabt, sie seien weg. Dass er mir nichts erzählt hat!«

Susan schweigt einen Moment und sagt dann versonnen: »Es gibt bei Garry so manches, was keiner weiß. Stille Wasser gründen tief.« Nach kurzer Pause fährt sie fort. »Denk immer daran, dass mein Bruder wirklich dabei sein wollte. Er wusste, dass es vielleicht die letzten Tage seines Lebens sein würden, und er wollte einfach mit dir und Roman da unten sein. Mir scheint, er hat die richtige Entscheidung getroffen.«

Ein paar Stunden später, die Sonne verschwindet bereits hinter dem Blätterdach, sitze ich mit Habin auf der Eingangsstufe von Hütte Nummer sechs. Er fand, es wäre gut, noch einmal zu Garrys Quartier zu gehen und eine Räucherung vorzunehmen.

»Manchmal braucht die Seele ein bisschen Anschub, um den Übergang ganz zu vollziehen. Sehen wir zu, dass bei Garry alles reibungslos läuft«, sagt Habin, als er ein Stück Palo Santo anzündet. »Ich bin in ein paar Minuten wieder draußen.«

Der Coca-Schamane betritt barfuß die Hütte und steht gut zwei Minuten lang schweigend im Dunkel der drei mal drei Quadratmeter, bevor er an Garrys Bett tritt. Er zieht das Moskitonetz hoch, hält das Palo Santo über die Matratze und spricht leise ein Gebet auf Spanisch. Dann fährt er mit dem glimmenden Holz über alle Oberflächen im Raum und beobachtet dabei den sich kräuselnden Rauch. Seine Hände leiten die Rauchlöckchen in die scheinbar leeren Lufträume über dem kleinen Tisch in der Ecke. Dann über der Stelle am Boden, wo Garry letzte Nacht gelegen hat. Nach einer

Viertelstunde öffnet Habin die Insektentür und setzt sich neben mich auf die Stufen. Im schwindenden Licht öffnet er seinen Beutel, zieht drei Cocablätter heraus, bündelt sie zwischen Daumen und Zeigefinger zu einem Kintu und spricht einen kurzen Segen. Dann beißt er die Blätter so ab, dass nur die Stiele zwischen den Fingerspitzen übrig bleiben, blickt zum Himmel auf und sagt: »Was ist Tod? Was ist Leben? Das Leben hat ohne den Tod keinen Sinn. Das Leben gibt es gar nicht ohne den Tod. Wo Leben ist, da ist Tod. Wir können uns nicht vor ihm verstecken. Der Tod bedeutet Wandel und Wandel ist notwendig für das Leben. Die Menschen im Westen verteufeln ihn aus Angst oder Unwissenheit. Sie glauben, es sei nach dem Tod irgendetwas zu fürchten. Aber was soll das sein? Was ist Gott? Gott ist das Leben selbst. Wenn sie also den Tod wegschieben, schieben sie das Leben weg.«

Habin zieht noch einmal drei Cocablätter aus seinem Beutel, fasst sie so zusammen, dass die glänzende Seite oben und die Stiele unten sind. Er mustert sie bestimmt eine Minute lang und atmet schließlich lang durch die Nase aus. »Geschafft. Er ist nicht mehr da.«

Vielleicht finden der Schamanismus und die indigene Medizin deshalb so rasch Verbreitung in unserer Zeit, weil sie immerwährende Grundwahrheiten enthalten, die uns alle ansprechen. Und die tiefste dieser Wahrheiten lautet, dass weder das Leben noch der Tod zu fürchten sind.

Eines ist uns in diesem Leben sicher, nämlich dass unsere Verkörperung irgendwann enden wird. Dem kann man sich nur anvertrauen – und nur so geht es weiter. Einverstanden sein mit der Vergänglichkeit dieses Körpers, der Vergänglichkeit der Gefühle, die wir eben jetzt empfinden, der Vergänglichkeit aller Schwierigkeiten, vor die wir je gestellt sein werden.

Kapitel 9

Relámpago

Donner ist gut, Donner macht etwas her,
aber die Arbeit macht eigentlich der Blitz.

MARK TWAIN

4. November 2010
Provinz Loreto, Peru

Es ist neun Uhr abends, das Team und ich packen für die Nacht zusammen. Die dritte Filmwoche geht zu Ende. Die Patienten haben ihre Zusammenbrüche und Durchbrüche, aber die Moral ist sehr gut. Garrys Tod ist wie ein Ruck durch die Leute gegangen und hat bei den Kranken und den Heilern eine neue Entschlossenheit und Zielstrebigkeit entfacht.

Es regnet seit dem Morgen und jetzt trocknen und säubern wir die Ausrüstung, machen das Back-up des Filmmaterials und planen den nächsten Tag. Das ist unser abendliches Ritual geworden. So bleiben wir wach und erneuern vor der Zubettgehzeit unsere Verbindung. In einer Umgebung wie dieser ist es ganz gut, sich in der Freizeit an bestimmte Abläufe zu halten. Das lässt einen innerlich zur Ruhe kommen und gibt einem unter diesen nicht vorhersehbaren Umständen zumindest die Illusion, die Dinge in der Hand zu haben.

Beim Blick über Brocks Schulter sehe ich einen Videoclip, an dem er gerade arbeitet, als sich das Sprechfunkgerät meldet. »Nick, komm doch bitte zur Maloka rüber. Es ist wichtig.« Das plötzliche Anschlagen des Walkie-Talkies zu dieser späten Stunde hat uns alle hellwach gemacht.

Wir sitzen einen Moment lang stumm da. Das Geräusch der fallenden Tropfen auf dem Grasdach und der feuchte Wind, der durch die Moskitonetze ringsum hereinweht, sagen mir, dass es nass wird. Wir haben Regenzeit und die Maloka liegt ein paar Hundert Meter tiefer im Dschungel. Ich schaue zu Dan hinüber, der sich in einem Moleskine-Büchlein Notizen macht und jetzt mit den Schultern zuckt.

»Wartet nicht auf mich«, sage ich. Ich zieh mir einen Poncho über und steige die knarrende Holztreppe hinunter, bis ich die Fundamentplatte aus Beton erreiche. Jetzt noch die hohen Gummistiefel und schon bin ich draußen in der Nacht.

Diese seltenen Augenblicke ohne das Team und zwischen den einzelnen Arbeitsschritten sind sehr wichtig geworden für mich. Wenn ich im Dunkeln durch Matsch und Unterholz stapfe, kann ich meinen Denkapparat für kurze Zeit ausschalten. Keine Notfälle zu versorgen, keine Entscheidungen zu treffen, nur ich und der Wald. Seit einer Woche ist es hier wirklich nass und ein bisschen Alleinsein ist es wert, noch nasser zu werden.

Eine Viertelstunde später patsche ich im aufgeweichten Boden eine Böschung hinauf und sehe die Lichter der Maloka. Sie ist das höchste Gebäude weit und breit, sagenhafte elf Meter hoch, und wirft lange Lichtkegel zwischen die Bäume, als wäre sie ein Dschungelleuchtturm. Da oben erwartet mich wohl jemand.

Bei der Maloka handelt es sich um einen zweigeschossigen Tempel, wie er bei den Stämmen in diesem Bereich des Dschungels üblich ist. Die untere Ebene ist fensterlos und der Boden besteht aus feinem weißem Sand. Hier finden die Ayahuasca-Zeremonien statt.

Das Obergeschoss, die Dachkammer, hat in diesem Fall Fenster zu allen Seiten hin, die mit dünnen grünen Moskitonetzen verhängt sind, und die gewölbte Decke geht bis hinauf in die Sparren, darüber nur noch das kegelförmige Grasdach.

Wenn in der Nacht oben die Kerzen brennen, verwandelt sich der achteckige Bau in eine turmhohe Laterne. Genau so ist es jetzt, als ich die Maloka erreiche und mich frage, was mich da erwartet.

Ich gehe die Außentreppe aus handbehauenen Bohlen hinauf, die sich rings um das Gebäude schlingt und schaue auf dem Absatz durch die mit Moskitonetz bespannte Tür ins Innere. Ich erkenne die Umrisse dreier um einige Kerzen am Boden hockender Gestalten. Ich ziehe die Stiefel aus und öffne die Tür. »Guten Abend, hermano«, sagt Roman, als ich eintrete. »Tut mir leid, dass du durch den Regen laufen musstest, aber wir drei haben eine Coca-Zeremonie vor und dachten, es wäre gut, wenn du dabei wärst.«

Im Näherkommen erkenne ich, dass die beiden anderen Umrisse zu Edwin und Habin gehören, dem mysteriösen Schamanen, an dem man von Tag zu Tag immer mehr übernatürliche Kräfte zu entdecken meint. Es heißt, Habin sei als junger Mann in den Manu-Nationalpark aufgebrochen, ein riesiges Stück Amazonaswildnis und Heimat einiger der letzten Stämme, die noch keinerlei Außenkontakte hatten. Niemanden habe ihn in den nächsten zehn Jahren zu Gesicht bekommen oder auch nur etwas von ihm gehört. Er sei bei seinem Wiederauftauchen um die Mitte dreißig gewesen und habe unter anderem einiges an tiefem Heilwissen mitgebracht. Er arbeitet jetzt überwiegend mit Coca und *Mapacho*, dem Amazonastabak.

An Habin ist etwas von feierlichem Ernst, als er mich im Kerzenlicht anschaut.

»Warst du schon mal bei einer Coca-Zeremonie dabei?« Er spricht sehr schnell und sein Spanisch hat einen Akzent, der ganz anders ist als alles, was ich kenne, aber seine Frage ist trotzdem verständlich.

»Nein«, sage ich. »Aber tagsüber bei der Arbeit kaue ich eigentlich eine Menge Coca.«

»Eine Coca-Zeremonie ist etwas völlig anderes. Bei einer richtig angelegten Zeremonie zeigt diese Pflanze sich dir von einer ganz anderen Seite. Wir sitzen da, wir kauen, wir rauchen Mapacho und wir tauschen Geschichten aus, in denen es darum geht, wer wir sind und wie es kommt, dass wir da sind. Aber täusch dich nicht, hier wird nicht einfach geplaudert, wir sprechen aus der Mitte unseres Herzens, und ansonsten hören wir zu.«

Jetzt komm ich allmählich nicht mehr mit. Mein Spanisch ist ganz passabel, wenn ich mich direkt mit jemandem unterhalte, der sich bemüht, langsam zu sprechen, um meine mangelnde Sprachbeherrschung auszugleichen. Aber wenn so schnell gesprochen wird wie jetzt hier, muss ich passen.

Als Habin meine unzureichend überspielte Ratlosigkeit bemerkt, schaut er zu Roman und dann wieder zu mir hin. Zwischen den beiden gehen im Slang ein paar schnelle Bemerkungen über den Stand meiner Beherrschung des örtlichen Dialekts hin und her.

Habin macht eine Geste zu einer Stelle am Boden hin, und deutet an, dass ich mich dort niederlassen soll.

»Nur die Ruhe«, sage ich mir. »Sei ganz entspannt und mach es dir bequem, es sieht alles danach aus, dass wir hier eine Weile zusammensitzen werden.«

Der Coca-Schamane kramt in seiner Umhängetasche und zieht eine kleine Mesa-Decke heraus, die ein komplexes farbenfrohes Webmuster hat. Dann folgt ein voluminöser Beutel, dem er eine große Handvoll Cocablätter entnimmt. Er breitet sie auf der Decke aus und spricht dazu ein paar leise Worte. Mit einer Geste der Hand fordert er Roman auf, als Erster etwas zu nehmen, ein deutliches Zeichen der Hochachtung. Dann folgt Edwin, der sich behutsam und mit der Kennermiene eines Briefmarkensammlers ein paar Blätter aussucht. Zuletzt geht an mich die Aufforderung.

Solche Zeremonien können fünf bis sechs Stunden dauern, je nachdem welcher Anlass vorliegt und welcher Schamane die Zeremonie leitet. Den ersten ungefähr zehn Blättern, die wir in unserem Mund unterbringen, werden im Laufe der Nacht noch Hunderte weitere folgen.

»*Hallpay kusinchis*«, sagt Habin zu uns und haucht auf die drei vollendet geformten Blätter, die er zwischen Daumen und Zeigefinger hält. Mit geschlossenen Augen flüstert er noch ein paar Worte und beißt schließlich die Blätter ab, sodass nur die Stiele zwischen den Fingern zurückbleiben.

Kauen, kauen, kauen. Wenn die Zähne die Blätter zermalmt haben, schiebt man sie auf die andere Seite des Mundes in die Backentasche. Da bleiben sie und es werden immer mehr. Die Enzyme im Speichel sorgen dafür, dass die aktiven Bestandteile herausgelöst werden.

»Edwin, erzähl uns doch was von dir.« Habin spricht mit dem Mund voller Cocablätter und wählt gleichzeitig weitere Blätter aus, die er dazustopfen kann.

»Von mir? Hm ... Also, die Geschichte, wie Roman und ich uns begegnet sind ist ganz schön interessant, oder, Roman?« Roman nickt. Jetzt erzählt Edwin von seiner ersten Begegnung mit dem Schamanen. Wie wunderbar es zuging, dass sich ihre Wege überhaupt kreuzten.

Wie immer kann ich dem Gespräch ganz gut folgen, doch dann erzählt Edwin von eher diffizilen Gefühlen über die Zeit, in der er aufwuchs, und über die Behandlung, die er durch seine Mutter erfuhr, und gewisse Konflikte, die er immer noch mit seinem Bruder hat. Dass ich den Faden ganz verloren habe, wird offensichtlich, als Edwin eine Nebenbemerkung macht, in der es wohl um etwas Anstößiges geht, und die von den beiden anderen mit betont gedämpfter Stimme kommentiert wird. Sieht so aus, als hätte Edwins Geschichte hier einen pikanten Höhepunkt erreicht, der mir vollkommen entgeht.

Mist. So was kann ich überhaupt nicht ausstehen. Es ist eines der schlimmsten Gefühle für einen Menschen, insbesondere für einen Dokumentarfilmer, wenn die Sprachbarriere einem nicht erlaubt, an einer wichtigen Unterredung teilzunehmen oder sie auch bloß zu verstehen. Die drei haben mich zu einer Art Sonderratsversammlung eingeladen – und da sitze ich nun und weiß nicht einmal, wovon die Rede ist.

Ich begleite ihre Worte mit gespieltem Nicken und stopfe mir dazu weitere Cocablätter in die Backen, damit es so aussieht, als wäre ich mit Begeisterung bei der Sache. Als ich mich zehn Minuten wie der letzte Blödmann gefühlt habe und stillen Gram über mein Ausgeschlossensein empfinde, sage ich mir, dass ich mich am besten einfach ergebe und so agiere, wie ich mich gerade fühle, statt so zu tun, als würde ich mitspielen. Ich lehne mich auf die Ellbogen zurück, ziehe mir ein unter dem Fenster liegendes Kissen heran, strecke mich aus und blicke zum Dachvorsprung hinauf.

Das Gespräch verstummt für einen Moment, weil die anderen meinen Ausstieg offensichtlich bemerken, doch im nächsten Moment nehmen sie es wieder auf.

Die Säfte aus dem Batzen Cocablätter in meinem Mund laufen mir die Gurgel hinunter und dabei lausche ich dem Prasseln des Regens draußen auf den Blättern, den Ästen und dem Matsch. Der bittere Saft betäubt allmählich die Schleimhäute, der Wind nimmt draußen im Wald zu und weht feuchte Luft durch die Gazewände, die uns vom Dschungel trennen. Irgendeine Veränderung geht in der Luft vor sich. Ich höre ein fernes Rumpeln durch den Regen und das im Wind raschelnde Laub. Dann noch einmal.

Ich liebe Gewitter.

Wieder vergeht eine Viertelstunde. Meine drei Gefährten setzen ihre lebhafte Diskussion fort und ich bleibe der Satellit ganz außen im Kreis, aber auch ganz zufrieden damit. Sind es die Cocablätter oder liegt es an der Gesellschaft dieser Schamanen, jedenfalls erfüllt mich jetzt eine Art elektrische Überdrehtheit und das Gefühl nimmt von Minute zu Minute zu.

Ein Blitz lässt den Wald nördlich von uns für ein paar Sekunden aufleuchten und es folgt ein prasselndes Krachen. Blitze im Dschungel habe ich noch nie gesehen. Sintflutartigen Regen, das schon, aber noch keinen Blitz. Das Gewitter kommt näher.

Habin ist jetzt mitten im Bericht von seiner langen Wanderung den Fluss Manu hinauf, wo er nach tagelangem Herumirren im Dschungel beinahe verhungert wäre. Er senkt die Stimme und kommt auf einen Abend zu sprechen, an dem er sich bereits verloren glaubte und unter einem großen Lupuna-Baum Zuflucht und Wärme suchte. »Ich gab mir alle Mühe einzuschlafen, als ich einen wunderschönen Gesang hörte, den mir der Wind von einer flussaufwärts gelegenen Stelle zutrug. Ich stand auf und stolperte durch den Wald auf diese himmlischen Klänge zu. Der Mond leuchtete mir. Hinter einer Biegung sah ich etwas, was mir heute noch Schauer über den Rücken jagt. Da saß mitten im Fluss auf einem Felsen eine Wassernixe (*una sirena*).«

»Eine Nixe! Jetzt komm. Echt? Eine richtige Nixe oder nur eine Vision? Hat einer von euch schon mal so was gehört?« Ich kann mich nicht bremsen und muss einfach fragen. Die Einheimischen erzählen von Dschungelnixen, aber ich habe noch nie gehört, dass jemand wirklich einer begegnet wäre.

»Nein, das war eine richtige Nixe, mein Freund. Frag die Leute hier. Die Ausländer halten das für Ammenmärchen. Aber die Eingeborenen wissen einfach, dass sie … « Habin unterbricht sich. »Ah, sieh an, wer schaltet sich denn da in unser Gespräch ein?« Roman, Habin und Edwin grinsen mich über die Kerzen zwischen uns hinweg an.

»Was? Ach ja … « Irgendwie versteh ich auf einmal 85 Prozent dieser verworrenen Geheimsprache. »Früher hab ich nicht die Hälfte dieser Wörter verstanden«, räume ich ein.

»Das sind die Kräfte des Cocas. Es öffnet innen und außen neue Kommunikationswege. Du bekommst gerade die volle Wirkung mit.«

Wieder ein scharfes Krachen und dann ein Rumpeln.

Während Habin noch spricht, ist der ganze Wald ringsum in grelles Licht getaucht. Ein Baum, der sicher nicht mehr als hundert Schritte entfernt steht, wird vom Blitz getroffen und stürzt mit dumpfem Dröhnen um.

Unsere Köpfe schnellen unwillkürlich in diese Richtung. »Das war wirklich nah«, merkt Edwin an.

Roman mit weit aufgerissenen Augen: »Keine Angst, die Maloka ist nur halb so hoch wie die Bäume draußen.«

Habin wendet sich mir direkt zu. »Da wir uns wieder verständigen können, würde ich gern von dir hören, wer du bist und was du mit diesem Film vorhast, in den wir anscheinend alle irgendwie eingebunden sind.«

»Ach so«, denke ich. »Diese Coca-Zeremonie ist wieder so ein schamanischer Test. Na, dann mal los.«

»Ich habe vor diesem Film bei zwei anderen mitgewirkt, in denen es um die Begleitung Kranker ging, die mit einer bestimmten naturheilkundlichen Methode gesund werden wollten. Während der Filmarbeiten sprachen einiger unserer Fachleute über Schamanismus. Ich bin dieser Krümelspur nachgegangen und sie hat mich hierhergeführt.«

Für mich klingt das ganz folgerichtig, aber Habin ist noch nicht ganz zufrieden. Ich setze noch einmal an.

»Ich sehe meine Aufgabe darin, den Menschen vor Augen zu führen, dass sie viel mehr können, als sie wissen. So viele sind krank und suchen nach Lösungen, haben aber nichts als die Schulmedizin zur Verfügung, die bei ihnen jämmerlich versagt. Ich selbst bin meine chronische Migräne vor fünf Jahren mit natürlichen Heilmitteln losgeworden, und jetzt bin ich unterwegs, um die alten Heilmethoden zu denen zu bringen, die sie besonders nötig haben.

»Das ist ja alles ganz interessant, aber du würdest nicht hier sitzen, wenn es einfach nur um deine Mission im Namen natürlicher Heilmethoden ginge.« Habin schaut Roman an, dann wieder mich. Sein

Blick senkt sich zu dem Haufen Cocablätter auf der Mesa-Decke vor ihm und macht dort halt. An irgendetwas bleiben seine Augen für eine halbe Minute haften, während wir schweigend dasitzen. Er nickt und atmet tief durch die Nase ein, dann wieder aus.

»*Bueno*. Okay, Nick, kannst du mir von irgendwelchen entscheidenden Ereignissen in deinem Leben berichten, als du sechzehn warst?«

Sechzehn. Das kommt mir jetzt etwas willkürlich herausgegriffen vor. Aber gut, es war tatsächlich ein ziemlich mieses Jahr in Nicks Leben. Die ganzen Autounfälle und was sonst noch alles war.

»Hm, ich weiß ja nicht ob du solche Sachen meinst, aber ich hatte kaum meinen Führerschein, da gab es auch schon fünf Unfälle. Und dazu einen Bootsunfall. Ich hab dabei nicht wirklich was abbekommen, aber bei dem Bootsunfall sind wir mit hohem Tempo auf eine kleine Insel gekracht und drüben wieder runter. Die Polizei meinte, es wäre wirklich ein Wunder, dass wir überlebt hatten.«

Roman kopfschüttelnd und schmunzelnd: »Und nach den ersten beiden Unfällen haben sie dir trotzdem den Führerschein gelassen? Lass mich nicht vergessen, dass ich dich auf keinen Fall ans Steuer lasse, *hermano*.«

»Ich hab seitdem keinen Unfall mehr gehabt, klopf, klopf.«

»Habins Stimme, schneidend: »Du verschweigst uns was. Was ist dir in diesem Jahr sonst noch passiert?«

Meine Güte, was will der Typ von mir? Die Unfälle machen doch schon wirklich was her. »Tja, lass mich nachdenken. Das ist ja wirklich lange her, nicht?«

Man hört, dass es jetzt wirklich gießt. Dazu kommt jetzt auch noch ein lautes Rumpeln von oben.

Ach, das. Aber ob das so wichtig ist …?

»Wie heißt Blitz noch mal auf Spanisch?« frage ich Roman auf Englisch.

»*Relámpago.*«

Als Habin das Wort hört, unterbricht er sein Cocakauen und hebt die Brauen.

»Mit sechzehn hätte mich um ein Haar ein Blitz erschlagen«, beginne ich zögernd. »Ich stand während des Gewitters irgendwo draußen und der Blitz hat den Baum neben mir gespalten.«

»Relámpago? Bist du sicher, dass du weißt, was das Wort bedeutet?« Der Coca-Schamane beugt sich bei dieser Frage zu mir herüber.

»Na klar, Blitz und rums! Elektrizität vom Himmel runter wie eben, als der Baum getroffen wurde. Wirklich blöd von mir, an dem Tag draußen gewesen zu sein. Ich hätte tot sein können.

Habin fragt Roman: »Hast du das gewusst?«

»Nein, mir ist das auch neu.« Seine Augen verraten nichts bei dieser Antwort. Irgendwas ist da los. Aber ich habe keine Ahnung, was es sein könnte.

»In den Anden gehört eine Begegnung mit dem Blitz zu den ganz wichtigen Übergangsriten auf dem schamanischen Weg. Hast du das gewusst?« Anscheinend hat Habin jetzt genau den Knackpunkt meiner Teenagerjahre isoliert, auf den er aus war. Erstaunlich, mit welcher Treffsicherheit er durch den schieren Blick auf einen Blätterhaufen darauf gestoßen ist.

»Nein, hab ich nicht gewusst«, gebe ich zurück und weiß immer noch nicht, um was es eigentlich geht.

Habin erläutert, in den Andenländern sei es so, dass ein *pampamisayoc*, also ein Heilerpriester des Hochlands, nur ein *altomisayoc* werden kann, ein Schamane der höchsten Ordnung, wenn er von Pachamama höchstselbst erwählt wird. Das Quecha-Wort *altomisayoc* bedeutet »vom Strahl erwählt«. Er blickt hinauf ins Dachgebälk, wo über uns der Donner rollt.

»Das ist passiert, als du sechzehn warst und jetzt sitzt du wunderbarerweise hier bei uns. Das ist kein Zufall. Erzähl uns mehr über deine Begegnung mit *relámpago*.«

Blitz [blits]

1. Grelle, meist schnell vorübergehende Lichterscheinung, die bei
   Gewitter durch elektrische Entladung in der Atmosphäre entsteht.
2. Umgangssprachlich: etwas vollkommen Unerwartetes, »wie ein
   Blitz aus heiterem Himmel«.

Haben Sie je etwas getan, was sich in der Rückschau als wirklich
dumm erwies? Da Sie ein Mensch sind, haben Sie das wohl. Ich
jedenfalls habe mit sechzehn etwas wirklich Dummes getan, was den
Lauf meines Lebens dauerhaft änderte. Es war an einem Spätnach-
mittag im Juli 1994, ich hatte gerade mit meiner Highschool-Freun-
din Schluss gemacht und war richtig mitgenommen. Sie war nicht
nur meine erste Freundin, sondern ihre Beliebtheit machte mich,
einen stillen Niemand, innerhalb eines halben Jahres zu einem leid-
lich gesprächigen Jemand – eine durchaus beachtliche Leistung. Aber
nach eineinhalb Jahren zeigte sich, dass die junge Liebe nicht richtig
funktionierte, und wir kamen nach großen Gefühlswallungen überein, dass es besser sei, wenn jeder seiner Wege ging. Am anberaumten
Trennungstag bot uns das Wettergeschehen etwas wirklich Schönes.
Wer je im Nordosten der Vereinigten Staaten gelebt hat, dem sind die
großartigen Gewitter vertraut, die den ganzen Sommer lang immer
wieder mal plötzlich hereinbrechen und den Himmel an Tagen mit
hoher Luftfeuchtigkeit verdunkeln. Hohe Gewitterwolken drängen
sich zusammen und machen den Tag zeitweilig zur Nacht, bis dann
plötzlich die Tropfen fallen und auf glühend heißem Asphalt oder
ausgedörrtem Rasen oder den Köpfen enttäuschter Golfer zerplatzen. So ein Nachmittag war das und er entsprach genau meinem inneren Klima der Liebespein, sodass ich mitten im Wolkenbruch meine
Wohnung verließ und nach draußen ging. In der Garage schnappte
ich mir meinen Ghettoblaster, legte ein Tape ein, das Kim mir zusammengeschnitten hatte und schritt in zutiefst befriedigender Drama-
tik, die bereits unter Wasser stehende Einfahrt hinunter.

Die großen und kalten Regentropfen fielen dicht, aber sie fühlten sich auf Kopf und Schultern gut an, während sie mein Hemd durchnässten. Am Himmel rumpelte es und die Wolken waberten schnell vorbei. Blitze tanzten über der Baumreihe zwischen unserem Block und dem nächsten dahin, dichtauf gefolgt von Donnerschlägen. Als ich klein war, hatte mein Vater mir beigebracht, wie man die Erscheinung eines Blitzes anhand der bis zum Donner verstreichenden Sekunden ungefähr einschätzen konnte. Wir saßen dann manchmal eine ganze Stunde lang da und verfolgten die Unwetter und warteten auf das Himmelsfeuer. Ich stand also in der Einfahrt, nur Schritte von der Tower Road entfernt, die so hieß, weil sie zum höchsten Punkt der Ortschaft führte. Es war eines der längsten Gewitter, die es in diesem Jahr geben sollte. Ich stand etwa fünf Meter von einer sehr hohen Eiche entfernt, als das völlig Unerwartete geschah. (Nun ja, ein denkender Mensch würde wohl damit rechnen, aber ich war eben gerade kein denkender Mensch.)

Zack. Ich erinnere mich an das grellweiße Licht, das alles andere in meinem Gesichtsfeld auslöschte. Ohne Verzögerung folgte ein ohrenbetäubendes Krachen, wie von den Geschützen eines Kriegsschiffs, nur lauter und elektrisierender. Wenn Sie je einen Starkstromtransformator haben explodieren hören – das ist ungefähr das gleiche Geräusch.

Gern würde ich sagen können, ich hätte gleich nach diesem Blitzstrahl eine zutiefst sinnerfüllte spirituelle Erfahrung gemacht oder meine soeben verstorbene Großmutter gesehen oder eine Nahtoderfahrung gehabt. Aber nein, nichts dergleichen. Ein bisschen habe ich mir, glaube ich, in die Hose gemacht, aber sicher weiß ich das nicht, weil ich ohnehin schon pitschnass war.

Ich muss ein paar Minuten da draußen gewesen sein, und als ich wieder zu mir kam, war ich völlig durchnässt und fror und hatte wahnsinnige Kopfschmerzen. Der Regen hatte ein wenig nachgelassen und der Asphalt ringsum war mit Blättern und abgesplittertem Holz übersät. Die alte Eiche, neben der ich eben noch gestanden hatte, war in der Mitte gespalten worden. Die eine Hälfte stand noch, während die andere in tausend Fetzen auf den Garten ringsum herabgeregnet war.

Mein heutiges Ich wäre von so etwas überwältigt und würde in sprachloser Ehrfurcht dastehen, aber der unfallgefährdete vom Pech verfolgte Sechzehnjährige schaltete sofort auf Katastrophenmanagement um. Meine Eltern würden bald von der Arbeit nach Hause kommen, und wenn sie dahinterkamen, dass ich bei Gewitter draußen war und dann auch noch unter einem der höchsten Bäume – richtig gut wäre das nicht. Also schnell alles vertuschen. Die Knie waren weich, aber ich riss mich zusammen, während es im Gehirn noch schwappte und in den Ohren brauste, und verdrückte mich ins Haus. Unter der Dusche drehte sich mir immer noch alles, Hausaufgaben kamen gar nicht erst infrage (das war nichts Ungewöhnliches) und nebenher überlegte ich mir eine glaubwürdige Geschichte für meine Eltern. Das Lügen war eine Kunst, in der ich es schon früh in meinem Leben weit gebracht habe, und an diesem Tag war sie mir wirklich sehr dienlich. Wenn ich jetzt zurückdenke, kommt es mir ziemlich abwegig vor, dass ich bei allen späteren Familiengesprächen über dieses Unwetter und die vom Blitz gespaltene Eiche mich nie zu dem Geständnis habe durchringen können, dass ich mich beim Einschlag direkt neben ihr befunden hatte. Vermutlich habe ich damals niemandem außer der sommersprossigen Sechzehnjährigen, mit der ich gerade Schluss gemacht hatte, über den Weg getraut.

»Dann bist du also auf diesem Weg, seit du sechzehn warst. Hast du über die Arbeit an diesem Film hinaus vor, bei Roman in die Lehre als Schamane zu gehen?« Als Habin sich mir zuwendet, ist über die hochgezogenen Augenbrauen hinaus kaum eine Regung in seinem Gesicht zu erkennen. Man versteht, weshalb sich die Leute von diesem Mann so leicht einschüchtern lassen.

»Nein, das ist nicht mein Weg. Ich bin hier, um das alte Wissen zu dokumentieren und denen zur Verfügung zu stellen, die mehr suchen. Ich bin kein Schamane.«

»Da sitzt er in diesem Dschungel kaut Coca und spricht eine Sprache, die er vor zwei Stunden noch nicht konnte, und jetzt erzählt er auch noch, dass ihn der Blitz um ein Haar getroffen hätte. Sieh es mir nach, *hermano*, wenn ich da so meine Schlüsse ziehe.«

Ich bin kein Schamane und habe auch nicht den Wunsch, einer zu sein, aber irgendwie richtet es mich doch auf zu wissen, dass ich schon länger auf diesem Weg bin, als mir bewusst ist.

Alles ist Medizin

Es gibt ein Prinzip, das ich von den Schamanen gelernt, nachgerüstet und umfrisiert habe, um daraus meine ganz eigene Chiffre für das Beschreiten des heiligen Pfads zu machen – und nicht *gegen* die moderne Welt ringsum, sondern in und mit ihr. Sie beruht auf einer Drei-Worte-Weisheit aus dem Amazonas-Regenwald: Alles ist Medizin.

Auch wenn alles Medizin ist, empfehle ich Ihnen gewiss nicht, Ihre Erkältung mit einem Löffel Alleskleber zu behandeln. Das ist eher im übertragenen Sinn zu verstehen. Indigene Heiler weisen mit diesem Prinzip darauf hin, dass alles, was uns im Leben widerfährt, sei es gut oder schlecht, eine Lehre enthält. Sollten Sie sonst nichts aus diesem Buch mitnehmen, würde ich meine Arbeit trotzdem als erfolgreich betrachten, wenn Sie sich diese eine Sache zu eigen machen. Das wird Ihre Welt von einem Schauplatz des Guten, Schlechten und Mittelprächtigen in einen wahren Inkubator der persönlichen Entwicklung verwandeln.

Alles, was Ihnen je widerfahren ist und sich je in Ihrer Umgebung zutragen wird, lässt sich unter zwei Gesichtspunkten betrachten: als Medizin oder als Gift. Das liegt zwar ganz bei Ihnen, aber es hängt dann doch von Ihrer Prägung ab, wofür Sie sich entscheiden. Das liegt ganz auf der Linie einer Bemerkung des alten griechischen Philosophen Epiktet: »Wichtig ist nicht, was dir widerfährt, sondern was du daraus machst.« Im Dschungel liegt dem Heilen von Krankheiten ein Prinzip zugrunde, das für Sie interessant sein könnte:

Bei vielen Stämmen im oberen Amazonasbecken gelten Krankheiten als »Mütter«. Wenn jemand erkrankt und dann den Weg der Heilung einschlägt, ist es für die Schamanen so, dass der Geist dieser Krankheit, die Mutter, mit diesem Menschen schwanger geht. Während der Reifung lehrt die Mutter vieles durch die Art und Weise, wie sie auf Körper und Geist einwirkt: die körperliche Schwäche, die Schmerzen, die Abhängigkeit von anderen, das Vertrauen zu anderen, die Notwendigkeit, von unseren Erwartungen an das Leben zu lassen und uns unserer Sterblichkeit zu stellen.

Jede ernstere Erkrankung bietet wunderbare Gelegenheiten, sich dem Geschehen demütig zu überlassen, und sie werden als Lektionen für die Seele präsentiert.

Wenn wir Menschen, so die Lehre der Schamanen, offenen Auges mit der Krankheitsmutter gehen und das lernen, was sie uns zu verstehen gibt, gehen wir als gesunde und spirituell ausgeglichene Wiedergeborene aus ihrem Schoß hervor und bringen eine ganze Bootsladung neu gewonnener Weisheit mit.

Wer sich dagegen der Krankheit verweigert und sich gegen diese Erfahrung abschotten möchte, kann ebenfalls wiedergeboren werden, aber auf einer anderen Daseinsebene, nämlich im nächsten Leben. Alle Herausforderungen des Lebens lassen sich so betrachten, als Medizin (Mutter) oder als Gift. Schamanen beschließen nicht einfach irgendwann, dass sie mit dem Heilen ihren Lebensunterhalt verdienen möchten. Die meisten haben in ihrer Jugend unfreiwillige und krisenhafte Umbrüche erlebt, die den Älteren auffielen und von ihnen als Einweihung gedeutet wurden. In vielen Fällen geht es da um die wunderbare Genesung von eigentlich tödlichen Krankheiten oder sie sterben wirklich und kommen dann doch wieder ins Leben zurück. Wenn Medizinmänner und Medizinfrauen ihren Patienten sagen, sie sollten ihre Krankheit annehmen, sich ihr ergeben und alles lernen, was sie zu lehren hat, ist das keine Theorie, die sie irgendeinem Lehrbuch entnommen haben, sondern sie selbst haben es so erlebt und überlebt und wurden dadurch die Heiler, die sie jetzt sind.

Der rumänische Historiker und Schamanismusforscher Mircea Eliade schrieb: »Der primitive Magier, der Medizinmann oder Schamane ist nicht einfach ein Kranker, sondern vor allem ein Kranker, der geheilt wurde, dem es gelang, sich selbst zu heilen.«

Diese schamanische Sicht der Krankheit und ihrer Überwindung lässt sich auf alle Herausforderungen des Lebens anwenden. Schamanische Heilerinnen und Heiler begegnen allem, was ihnen das Leben zuträgt, in vollkommener Aufgeschlossenheit für die darin enthaltene Weisheit. Seele und

Psyche werden wie das körperliche Immunsystem durch äußeren Druck stärker und anpassungsfähiger.

In diesem Sinne üben Schamanen und ihre Schüler ständig ihre inneren Bewusstseinsmuskeln, indem sie, ohne den Blick abzuwenden, alles verfolgen, was es da zu sehen gibt, und so lernen sie und entwickeln sich.

Welche Schwierigkeit, sei es eine Krankheit oder etwas anderes, versucht da, auf sich aufmerksam zu machen, damit Sie noch einmal genauer hinsehen und sie als Katalysator Ihrer spirituellen Entwicklung erkennen?

Kapitel 10

Großvater

11. November 2010
Larapata, Peru

Die Sonne hat ihren höchsten Stand erreicht und im Dschungel um die Maloka ist es heiß. Alle Patienten haben sich oben in einem großen Kreis versammelt und ringsum an den offenen Fenstern Platz genommen.

Gleich wird die San-Pedro-Zeremonie beginnen. Der Anden-Kaktus wird als seiner Natur nach männlich wahrgenommen und hat viele Namen wie *huachuma*, *mescalito* und Großvater. Ayahuasca dagegen gilt als Verkörperung des Göttlich-Weiblichen. Die phallische Gestalt des San-Pedro-Kaktus legt diese Einschätzung auch nah.

Auch die Wirkungen und das Ritual rund um diese beiden Medizinpflanzen entsprechen ganz den beiden Geschlechtsarchetypen. Während Ayahuasca einem alle Kräfte raubt und damit die Aufforderung verbunden ist, sich den unbekannten Reichen des Kosmos zu überlassen, überflutet einen der Kaktus mit Kraft und fordert den Reisenden heraus, die ganze Fülle seiner oder ihrer Körperlichkeit zu spüren. Großmama erlebt man in der Dunkelheit und mit San Pedro wird vor allem tagsüber gearbeitet, was auch zu anderen Überlieferungen passt, etwa der chinesischen Mystik, die das Dunkle mit dem Weiblichen und das Helle mit dem Männlichen assoziiert. Yin und Yang sind das denkbar beste Beispiel.

Nach wissenschaftlicher Darstellung enthält der Anden-Kaktus Phenethylamin-Alkaloide, insbesondere Meskalin, die den Denkprozess, den Zeitsinn und die Selbstwahrnehmung verändern und visuelle Phänomene bei geschlossenen und offenen Augen hervorrufen.

Großmutter Ayahuasca wird von vielen als Pendant zu San Pedro gesehen und hat vielen unserer Gäste Anteile ihrer selbst erschlossen, von denen sie nichts gewusst hatten. Einige, zum Beispiel Gretchen, sind mit extrem traumatischen Ereignissen in ihrer Vergangenheit konfrontiert worden, denen sie selbst über Jahrzehnte ausgewichen sind, sodass sie gar nicht merkten, wie die Narben an der Krankheit beteiligt waren, die sie jetzt gerade aufarbeiten.

San Pedro dagegen wird von den Patienten mal so und mal so erlebt. Bei manchen bewirkt Großvater große spirituelle Durchbrüche, während andere gar keine Wirkung spürten oder extrem desorientiert und danach verwirrt waren und sich irgendwie abgekoppelt fühlten. Wer was erlebte, ist den Gesichtern ringsum deutlich anzusehen.

Roman sitzt mit überkreuzten Beinen an seinem üblichen Platz in der Maloka und lächelt freundlich, während er sein Medizinbündel aufknüpft und Gefäße, Steine und andere Zeremonialgegenstände auf der vor ihm liegenden traditionellen Mesa-Decke auslegt.

»Es war für euch alle ein ziemlich beschwerlicher Weg, den ihr zurückgelegt habt, und wir hatten die Ehre euch dabei zu unterstützen«, sagt er einleitend. »Wir haben in der bisherigen Zeit hauptsächlich mit Amazonas-Traditionen gearbeitet, und es gab bisher nur eine einzige San-Pedro-Zeremonie. Heute wollen wir noch weitaus tiefer in diese uralte Zeremonie der Anden einsteigen. San Pedro ist eine der heiligsten Pflanzen der hohen Anden und wirkt ganz anders als Ayahuasca. Wir können ihn nicht einfach einnehmen und dann abwarten, was passiert. Wir müssen ihm entgegengehen, um ihm auf halbem Wege zu begegnen.«

Die letzten vier Wochen waren für jeden einzelnen unserer Gäste eine Achterbahnfahrt mit viel Auf und Ab. Auf dem Weg in die Tiefe ihrer selbst und zu dem, was die Schamanen ihr »Urwesen« nennen, sind neue emotionale Blockaden in den Vordergrund getreten. Diese Phantome haben auf den ersten Blick so gar nichts Erfreuliches, aber jeder sieht sie jetzt immer mehr als das, was sie sind: Wächter am Tor der Transzendenz.

Es ereignen sich spirituelle und körperliche Durchbrüche und schon am nächsten Tag zeigen sich noch tiefere Verletzungen, die aufgearbeitet werden wollen. Wie bei einer Zwiebel arbeitet man sich in Richtung Zentrum vor. Es kommt einem so vor, als wäre da immer *noch* etwas zu tun.

Roman erklärt: »Der Umgang mit den Heilpflanzen läuft darauf hinaus, dass unsere Gedanken und Gefühle dichter und stärker hervortreten, sodass wir sie bearbeiten und auflösen können. Wenn wir uns San Pedros Geist erschlossen haben, werden wir ganz bestimmte Praktiken anwenden, mit deren Hilfe wir die Fassade durchschauen und unser wahres Wesen erkennen können.«

Die Trommel setzt ein und wir empfangen einer nach dem anderen unseren Löffel sonnengetrocknetes Huachuma, das wir ganz schnell mit Wasser hinunterspülen. Dem Geschmack entgeht man trotzdem nicht: eine Mischung aus Kernseife, dem Gefühl beim Lecken an einer Batterie und im Hintergrund eine leichte Note von Tafelkreide. Beim letzten Mal habe ich es als Flüssigkeit zu mir genommen und diese Darreichungsform jetzt ist ganz entschieden besser. Das geht dreimal im Kreis herum, und jedes Mal langt man kräftig zu.

Die Wirkung des Kaktus setzt in der Regel ungefähr eine halbe Stunde nach der Einnahme ein. Bis dahin kann man mit gewissen Körperempfindungen rechnen: trockener Mund, Übelkeit, Stuhldrang und manchmal Schwindel. Um diese anfänglichen Wirkungen abzufedern, führt uns Roman durch eine Abfolge von meditativen Bewegungen, damit die Energie im Fluss bleibt und mögliche Missempfindungen uns nicht die Bodenhaftung verlieren lassen. Es handelt sich grundsätzlich um eine Mischung aus Qigong und überlieferten Atemübungen des Amazonasgebiets.

Mitten in der Übung des weißen Kranichs fällt mein Blick auf Nicola, die in einer über ihrem üblichen Platz aufgespannten Hängematte liegt.

Ihr Gesichtsausdruck, der immer so schwer zu deuten war, hat sich vollkommen verändert, als sie jetzt mit einem friedlichen Lächeln im Gesicht in der warmen Brise schaukelt. Das zarte Spiel der Muskeln um ihren Mund normalisiert sich zusehends. Für die meisten von uns ist der Gebrauch dieser Muskeln, mit denen wir komplexe Gefühlsabläufe ausdrücken können, eine Selbstverständlichkeit. Für Nicola war es einer der großen Funktionsverluste, die mit ihrer Erkrankung einhergingen.

Sie hat sehr intensiv mit Habin zusammengearbeitet, den jetzt alle den »Motorrad-Schamanen« nennen, weil das sein liebstes Fortbewegungsmittel ist, und gerade die letzten Tage haben bei ihr tiefe Veränderungen bewirkt.

Die Zusammenarbeit begann mit ein paar Einzelsitzungen, in deren Verlauf Habin (über einen Dolmetscher) etliche Fragen stellte, um eine Vorstellung von Nicolas Alltag daheim zu bekommen. Habin brauchte ein paar Stunden, aber irgendwann fing Nicola an, Einzelheiten ihres düsteren Lebens schon vor diesem schrecklichen Autounfall preiszugeben, mit dem vor ein paar Jahren ihre Parkinsonsymptome eingesetzt hatten.

Es begann mit einer sehr gezielten Frage des Schamanen: »Was ist für dich das Wichtigste in dieser Welt?«

»Das ist einfach«, erwiderte Nicola wie aus der Pistole geschossen. »Meine beiden Jungs. Für Nad und Brian würde ich alles tun. Für sie bin ich jetzt hier im Dschungel – damit ich wieder gesund werde und sie nicht verliere.«

Sie sprach weiter und erzählte, wie ihr einst so liebevoller Mann in dem Jahr vor ihrem Autounfall immer ausfallender geworden und ihre Ehe dann zu Bruch gegangen war. Nach dem Unfall waren ihre motorischen Funktionen zeitweilig eingeschränkt. Ihr Ex ging jetzt wegen der Kinder gegen sie vor. Er wollte sogar vor Gericht das volle Sorgerecht für sich erstreiten und behauptete, sie sei eine Gefahr für ihre Kinder und könne sich nicht in der nötigen Weise um sie kümmern. Da blieb ihr keine andere Wahl, als ihr bisschen Geld und ihre gesamte Kraft für die Abwehr dieser Forderung aufzuwenden. Außerdem musste sie ja auch noch etwas gegen das ständige Zittern unternehmen, das zunehmend ihren Körper erfasste.

Ich bemerke den Speichelfluss, der die einsetzende Wirkung des Kaktus begleitet. Im Bauch rumort es.

»Atme weiter wie Roman«, sage ich mir. »Lass die Dehnung bei jeder Haltung das Gestaute aus deinem Körper pressen. Lass nicht zu, dass er sich anspannt.«

Ich lasse diese Welle biologischer Verunsicherung auslaufen, und mein Bewusstsein schwingt zurück zu der strahlenden Frau in der Hängematte.

Nach seiner zweiten Sitzung mit Nicola berief Habin ein Meeting mit den übrigen Schamanen und mir ein. Er sagte, er habe genau das Gleiche vor einem Jahr im Umland von Lima bei einem Parkinsonpatienten erlebt. Er war dorthin gefahren, um diesen Mann zu besuchen, bei dem plötzlich dieses Zittern eingesetzt hatte, nachdem seine Frau sich von ihm getrennt und außerdem das volle Sorgerecht für die Kinder erstritten hatte. Innerhalb eines Jahres verwandelte sich dieser Mann von einem gesunden Vierzigjährigen in einen gebrechlichen, zitternden Schatten seiner selbst. Er war völlig verzweifelt und sagte Habin, er würde alles tun, um wieder gesund zu werden und weiterhin Umgang mit seinen Kindern zu haben.

Vor ein paar Tagen saßen Habin, Roman und ich neben dem glühenden Lehmofen vor der Küchenhütte beim Frühstück, als Habin die Anwendung einer sehr heiligen, aber auch gefährlichen Pflanze bei Nicola vorschlug. »Es gibt für solche Fälle eine Pflanze, die sehr viel bewirken kann. Es ist eine der stärksten Heilpflanzen des Dschungels und eine von ganz wenigen, die Krankheiten wie diese zu heilen vermag. Sie heißt *toé*.«

»*Toé?*« Roman sah mich an. Er wusste, dass ich über die Gefährlichkeit dieser Pflanze informiert war. »Und du glaubst wirklich, dass sie in diesem Fall anwendbar ist?«

Ich war ein paar Jahre zuvor in einem alten ethnobotanischen Text von Richard Evans Schultes auf diese nachtblühende Pflanze gestoßen und hatte mir gleich notiert, dass man sie auf keinen Fall anwenden durfte. Für Toé gibt es zwar eine ganze Reihe vielversprechender medizinischer Indikationen, aber sie wirkt sehr stark halluzinogen und ist dafür bekannt, dass sie irreversible Psychotraumata erzeugen kann und manchmal sogar zum Tod führt. Sie gehört zu den stärksten Kraftpflanzen des Amazonas-Regenwalds.

Die Schamanen in diesem Teil des Amazonasbeckens unterteilen die von den indigenen Kulturen eingesetzten Zeremonialpflanzen in Lehrerpflanzen und Kraftpflanzen. Lehrerpflanzen wirken sehr intensiv, sie können einen bis an den Rand des existenziellen Aus treiben, aber es gibt dann trotzdem immer einen Ausweg. Der Überlieferung nach besitzen diese Lehrerpflanzen einen wohlwollenden Geist, der für die Dauer der Wirkung auf einen aufpasst und dafür sorgt, dass man sicher zurückkehrt. Ayahuasca und San Pedro gehören dieser Kategorie der Lehrerpflanzen an. Sie sind eine hochwirksame Medizin. Man muss immer vorsichtig und respektvoll mit ihnen umgehen, aber sie haben alle einen »eingebauten« Verbündeten: Großmutter und Großvater.

Kraftpflanzen dagegen geben einem nicht immer die Chance, eine Spur zu hinterlassen, mit der man in diese Wirklichkeit zurückfindet. Bei falscher Anwendung sind sie extrem gefährlich. Man nimmt sie nur ein, wenn man über jahrelange Erfahrung mit Heilpflanzen verfügt oder wenn man als Patient einen vertrauenswürdigen Pflanzen-Maestro zur Seite hat. Sie sind von großer Heilkraft, können aber auch dauerhafte Dissoziation, Blindheit und den Tod nach sich ziehen. Zu den Kraftpflanzen gehören *Vilca*, *Mapacho* und *Toé*.

«Ich glaube, das ist für Nicola der beste Ansatz», sagte Habin und mampfte weiter Papaya und Quinoa. »Sie hat, was ihren Mann und die Kinder angeht, ganz tiefe Prägungen und Muster. Toé kann ihr helfen, das aufzulösen, und ihr Leben ganz nüchtern so zu sehen, wie es ist. Dem Mann aus Lima konnte ich damit helfen. Sein Zittern war er nach zwei Monaten los, und inzwischen ist er einfach ein wunderbarer Vater für seine Kinder. Nicola muss lernen, Ruhe zu bewahren, was ihre Kinder angeht. Dann kann sie für sie da sein, ohne ihre Sklavin zu werden. Ihr großer Familiensinn hat sie sehr starr gemacht. Unsere Aufgabe ist es jetzt, sie davon zu befreien.«

Toé ist mit gewaltigen Risiken verbunden, und darüber haben wir Nicola aufgeklärt, doch sie wollte es unbedingt ausprobieren und verwies darauf, dass sie durch Habins Fürsorge deutliche Fortschritte machen konnte. Es war eine schwere Entscheidung, vor allem nach Garrys Tod in der Vorwoche, aber dann war ich doch einer von denen, die Roman gut zuredeten, Nicola den Versuch wagen zu lassen.

»Diese Leute sind hier, weil sie ihr Pulver wirklich verschossen haben«, brachte ich vor. »Wer sind wir, dass wir ihnen die letzte Chance ausreden dürften?« Nach einigem Hin und Her gab er nach. Der Schamane und seine Patientin verbrachten zwei Nächte in tiefer Zeremonie mit Toé, der Engelstrompete. Sie blieben vollkommen allein, niemand durfte sie besuchen. Am Morgen nach dieser ersten Zeremonie lag Nicola regungslos im Bett und starrte den ganzen Tag lang nur an die Decke. Am nächsten Abend war sie wieder ganz sie selbst und trank noch einmal das Toé-Gebräu. Als Roman und ich am nächsten Morgen nach den beiden sahen, saß Nicola ohne Hilfe aufrecht im Bett, setzte die Füße auf den Boden, stand auf und begrüßte uns mit einem herzlichen »Guten Morgen!«.

Es war ein richtiger Schock, diesen Menschen so wiedererstarkt und fast ohne Parkinsonsymptome zu sehen. Roman sah Habin an, der angesichts dieser Verwandlung keine Regung erkennen ließ, und fragte dann Nicola, wie es ihr gehe.

»Viel besser, wie man wohl auch sieht!« Sie schmunzelte und fuhr dann fort: »Ich habe in diesen Nächten ein paar interessante Sachen zu sehen bekommen. Ich hatte auch Besucher. Habin hat mir beim Umgang mit ihnen geholfen. Sie wirkten so echt, als sie vor meiner Hütte auftauchten. Ich war dabei hellwach.«

Die Frau, die da vor uns saß, sprach jetzt mit einem geradezu eleganten englischen Akzent. Das Zittern und die zusammengebissenen Zähne hatten sich so stark auf Tonfall und Fluss der Stimme ausgewirkt, dass wir ihre natürliche Sprechweise noch gar nicht kannten. Kiefer und Zunge wirkten wie nach langer Froststarre aufgetaut und arbeiteten jetzt in mühelosem Zusammenspiel. Das Ergebnis war ein melodiöser und unüberhörbar britischer Singsang.

»Maestro, was hältst du von dieser Entwicklung?«, fragte Habin.

»Sieht doch so aus, als würde sie ganz gut auf die Behandlung ansprechen.« Roman warf seinem Freund im halbdunklen Zimmer einen Blick zu, in dem, was selten vorkam, ein Ausdruck von Überraschung lag. An Habin war keine Spur von Selbstzufriedenheit oder gar Selbstgefälligkeit zu erkennen.

Er sagte einfach: »Da bleibt noch viel zu tun.«

Das Universum hat so eine Art, einen an den Rand seiner selbst und darüber hinaus zu treiben. Da zieht man seine rote Linie und die kosmischen Kräfte schieben einen auf charmante Art auf sie zu, dann weiter und weiter … Schließlich kann man klar erkennen, wie müßig alle Versuche sind, den Lauf der Dinge zu steuern und zu gestalten.

Es war ein gewaltiges Risiko, Nicola diese lebensgefährliche Dschungelmedizin einnehmen zu lassen, aber wenn man sie jetzt anschaut, wie sie da in ihrer Hängematte lächelt, besteht kein Zweifel, dass es die richtige Entscheidung war.

Drei Stunden später sitze ich Knie an Knie mit Juan, unserem depressiven Patienten, und blicke ihm direkt in die Pupillen. Alle anderen im Kreis bilden ebenfalls Paare und blicken sich bei diesem Ritual, das Roman gern bei der Mescalito-Zeremonie einsetzt, gegenseitig in die Augen.

Die Augen, heißt es, sind die Fenster der Seele, aber wir Menschen tun alles, um zu verhindern, dass jemand einen Blick hineinwirft. Die meisten von uns haben eine instinktive Aversion gegen längere direkte Augen-Blicke, sogar in der Liebe. In New York City kann man von Glück sagen, wenn es bei irgendeinem der Menschen, denen man begegnet, überhaupt zu einem Blickkontakt kommt.

Bei Romans San-Pedro-Zeremonien wechseln die Partner alle zehn Minuten und alle blicken einander in die Augen, bis jeder jeden gesehen hat.

Der Blickkontakt beginnt mit den Verlegenheitsgesten bei Begegnungen von großer Nähe – ein Lächeln, ein Kichern, linkisches Gesichterschneiden, Unbehagen, feuchte Hände. Die Augen stellen sich scharf, die Lider öffnen oder schließen sich ein wenig, die Gesichtsmuskeln zucken und man ändert die Körperhaltung, um sich auf diesen Blick in die Pupillen einzustellen. Sobald sich die beiden Bewusstseinstunnel gefunden haben, verliert sich der oder die Schauende und wird Zeuge einer geschlossenen Bewusstseinsschleife und der Wahrheit, die davon ausstrahlt. Oft ist es so, dass die Züge um die beiden Portale herum zu schwimmen anfangen und alle möglichen Ausdrucksmuster ergeben.

Es kann bei jeder Paarung zu ganz unterschiedlichen Reaktionen kommen, zum Beispiel zu völlig perplexem Lachen über das, was da eben wortlos hin- und herging, oder es fließen Tränen, weil so erschütternd klar wird, dass wir alle eins sind und jedes Urteil über andere in Wirklichkeit ein Urteil über uns selbst ist.

In der Blick-Zeit mit Juan scheint es eine einzige Botschaft zu geben, die sich wieder und wieder in mir abspult: »Unter dem Gesichtspunkt, dass wir alle miteinander verbunden sind, stellen negative Gedanken anderen und uns selbst gegenüber eigentlich Verwünschungen oder Flüche dar, die so lange Schaden anrichten, bis sie bereinigt werden.

Bewusstsein ist das einzige Heilmittel.« Wir sind alle Seelen aus der gleichen Quelle, in Fleisch und Blut gehüllt. Auf dieser physischen Ebene sind wir auf Trennung und Privateigentum bedacht, doch dabei entgeht uns, wie viel Kraft wir als Kollektiv besitzen. Die Verurteilung anderer entsteht aus der Verurteilung unserer selbst.

Diese kranken Menschen haben ihr ganzes Vertrauen in mich gesetzt, und weil ich die damit verbundene Verantwortung als Last empfinde, bin ich distanziert geblieben. Heilung geschieht jedoch nicht in einem Vakuum. Vielleicht lässt diese Trennung weder bei mir noch bei den anderen zu, dass wir die Dinge wirklich ganz erleben.

Was, wenn ich einfach der Erfahrung ihren Lauf lasse und aufhöre, mir so viele Regeln zu setzen?

Ich werde in meinen Gedanken von Roman unterbrochen: »Okay, Zeit zum Wechseln. Bedankt euch bei euren Partnern für den Austausch und sucht euch neue Partner.«

Juan nickt und schließt die Augen. Ich bedanke mich bei ihm und umarme ihn.

Download erhalten.

Als ich aufblicke, sehe ich John, unseren Prostatakrebs-Patienten, wie er mit Schreckensstarre im Gesicht in die lächelnden Augen seiner Blick-Partnerin Gretchen schaut. Die Übung ist zu Ende, aber die beiden sind in einem Austausch verklammert, der, wie mein Bauchgefühl mir sagt, tiefer geht, als ich jetzt im Moment erfassen könnte. Nach einer weiteren Minute beugt sie sich vor und schließt ihn liebevoll in die Arme. Der Ausdruck der Verstörung in seinem langen Gesicht weicht dem der Traurigkeit und Dankbarkeit. Dann werden seine Augen ausdruckslos und schließen sich. Irgendetwas geht da vor sich in unserem Australier.

Letzte Sonnenstrahlen brechen sich irgendwo und fallen durch die ausgefranste Sackleinwand, die den Toilettenverschlag, in dem ich mich gerade aufhalte, vom Wald draußen abteilt. Vor einer Stunde war mir so, als wirke San Pedro in meinem Bauch wie Großmama. Ich verließ den Kreis mit komisch überspielter, aber dann doch sehr realer Dringlichkeit. Dann blieb ich noch einmal stehen, um mich intestinal zusammenzureißen, blickte auf zum Rest der Gruppe und winkte, um anzudeuten, dass alles in Ordnung sei. Ich biss die Zähne zusammen und drückte mich verkrampften Schrittes durch die Tür nach draußen.

Jetzt sitze ich endlich auf dem Donnerbrett und lasse die unangenehme und doch irgendwie befriedigende Läuterung über mich ergehen.

Durch ein Loch in dem groben Gewebe sehe ich die Maloka vor dem weiten wolkenlosen Himmel aufragen. Der grasgedeckte Turm oder Hut ist fast so hoch wie die Palmen ringsum. Ich spüre die *energía* des San Pedro in meinen Muskeln, im Kopf, in der Kehle und in den Ohren, sie läuft durch meine Arme bis in die Fingerspitzen und durch die Beine bis in die Fußsohlen.

Es heißt, die Mescalito-Medizin verleihe einem große Kräfte, könne einen aber bei unsachgemäßer Anwendung überfordern und wirke dann desorientierend und deshalb verstörend. Die Sinne sind geschärft, man nimmt alles sehr bewusst wahr. In mir entsteht der Impuls, auf allen vieren durch den Dschungel zu streichen wie ein Puma. Manchmal tue ich das auch, aber heute ist es anders.

Das Zusammensein mit den Kranken bei der Zeremonie und die gemeinsamen Bemühungen, unsere Illusionen in diesem heiligen Rahmen aufzulösen machen mich irgendwie weich und dankbar und wecken den Wunsch, ganz ungeschützt zu sein.

Meine Ohren werden auf ein neues Geräusch oben in der Maloka aufmerksam, gezupfte Saiten zum weichen Rhythmus einer Handtrommel. Nur Romans seltsame kleine Gitarre vermag eine so schräge und zugleich verzaubernde Melodie hervorzubringen.

Durch das Blätterdach erkenne ich oben in der mit einem Moskitonetz verhängten Kammer die Umrisse einiger der Beteiligten. Die meisten sitzen oder liegen auf dem Boden. Eine hohe und schlanke männliche Gestalt steht an der Seite aufrecht da und bewegt sich wild zu der Musik.

Und weiter geht es.

Etwas später steige ich die Stufen zum hölzernen Achteck hinauf und mit jedem Schritt wird die Musik lauter und schneller. Ich kann beim besten Willen nicht unterscheiden, ob die Musik wirklich mehr Tempo und Schalldruck hat oder ob Großpapa San Pedro mir hier einen Streich spielt. Die Tür öffnet sich mit einem seltsam unpassenden Knarren und gibt den Blick auf einen Innenraum frei, der von warmem Kerzenlicht durchflutet ist. Ich blicke zu Roman hinüber, der vollkommen konzentriert dasitzt, während seine Finger sich über die Saiten seiner wunderlichen Zwerggitarre bewegen. Er betrachtet aufmerksam den so lebendig gewordenen Körper auf der anderen Seite des Raums.

Es ist John, vornübergebeugt wie ein Wasserspeier und die Hände nach vorn ausgestreckt. Die Finger schütteln sich in unregelmäßigen Intervallen. Die Kinnlade hängt herab und der starre Blick ist geradeaus gerichtet. Immer wieder brummelt er etwas in eine Richtung, in die ich von meinem Standpunkt aus nicht schauen kann.

Ganz langsam beginnt er, sich aus der kauernden Haltung zu erheben, wobei das Gesicht und die Hände mit ihrem Eigenleben die Kommunikation mit dem Unbekannten fortsetzen. Nach einer weiteren Minute steht er ganz aufrecht da, die Hände haben sich gesenkt. Das Gesicht ist ausdruckslos wie zuvor, die Augen bleiben hinter dem Tanz der Kerzenflammen auf seinen Brillengläsern verborgen.

Die desorientierende, scheinbar richtungslose Musik wird schneller und gleitet in hypnotischen Schleifen auf und ab. Roman singt dazu ein Ícaro, aber seine Stimme klingt rau und angestrengt wie die eines Achtzigjährigen.

Die Stimme und die Musik setzen in John etwas in Bewegung. Der Anblick tut weh, aber es ist unmöglich, den Blick abzuwenden. Dieser Mann ist da auf einer ganz anderen Ebene unterwegs und begegnet unbekannten Anteilen seiner selbst und besinnt sich auf den ganzen Bewegungs- und Ausdrucksreichtum seines Körpers, total entrückt.

Etwas Ähnliches habe ich schon einmal gesehen. Auf einem marokkanischen Basar habe ich erlebt, wie ein Schlangenbeschwörer eine ähnlich hypnotische Musik spielte und damit eine Kobra aus dem Korb lockte und sich erheben ließ.

Auf einmal bricht die Musik ab.

Niemand sagt etwas. Die abendlichen Dschungelgeräusche dringen herein und nehmen allen Raum ein. Alle Blicke sind auf John gerichtet, unterstützend, nicht urteilend.

John steht leicht schwankend in der Abendluft, blickt hinunter auf seine zitternden Hände und hebt eine vors Gesicht. Ein paar Augenblicke lang studiert er sie intensiv, als gehöre sie nicht zu seinem Körper, wendet sie hin und her, wedelt mit ihr, und als sich

das Erkennen über sein Gesicht ausbreitet, kommt die Bewegungs-
intensität der Finger zur Ruhe.

Sein Blick geht zu Roman hinüber und wandert dann von einem
zum anderen, bis er schließlich nickt und die Augen schließt und
die Hände aufs Herz legt. Die Augen bleiben geschlossen, der Kopf
gebeugt, während er sich jetzt wieder in die Hocke hinunterlässt,
die Arme um sich selbst legt und den Körper auf bloßen Füßen leise
wiegt.

Roman richtet sich auf, geht hinüber zu ihm und nimmt ebenfalls
diese kauernde Stellung ein. Das hat nichts Komisches oder Ironi-
sches. Wir sehen einen tief in seine Arbeit versunkenen Schamanen.
Irgendwie spürt John, dass er Roman vor sich hat. Er hebt leicht den
Kopf und öffnet die Augen.

»Danke, Roman.«

Roman legt seine Hände an Johns Kopf und zieht ihn zu sich her,
bis die beiden Männer Stirn an Stirn dahocken. Mit weiterhin geschlossenen Augen beginnt er, schnell und unverständlich zu sprechen, während der Körper wiegende Bewegungen macht.

Kurz bleiben die beiden in gemeinsamer Trance verbunden, bis der
Schamane den Oberkörper langsam zurückschwingen lässt und
dem anderen in die Augen blickt.

»Na?«

»Ja.«

Die beiden umarmen sich lachend.

Ich richte mich auf, bewege mich wieder in meiner verklemmten
Haltung in Richtung Tür, wobei ich mich unterwegs zusammen-
krümme, auf den Boden blicke und inständig hoffe, dass der Darminhalt sich noch beherrschen lässt. Roman, der meine missliche
Lage offenbar bemerkt, blickt zu mir herüber.

»Gibt es da auf dem Boden was zu sehen, *hermano*?«

Hier und da ein Glucksen, auch von John.

»Noch nicht.«

Augen-Blicke

Die Augen sind die Fenster der Seele.

HILDEGARD VON BINGEN

Wir haben diese beiden Augäpfel im Kopf, die uns die Realität ringsum zu sehen und zu erkennen erlauben. Sie können feinste Einzelheiten in unserer Umgebung wahrnehmen und winzigste Veränderungen im Gesichtsausdruck eines anderen so deuten, dass wir Aufschluss über die Stimmung und Absichten dieses Menschen erhalten.

Trotzdem lassen wir unseren Blick kaum je auf den Pupillen eines anderen ruhen. Es bereitet ein unbehagliches Gefühl, wenn wir bei einem normalen Gespräch zu lange den Augen-kontakt halten. Aber woher kommt das? Was möchten wir diesem Menschen nicht zeigen? Und was möchten wir von ihm nicht gezeigt bekommen?

Wie wir auf diesem Weg immer wieder feststellen können, blockiert hier der kulturelle Hintergrund den Weg. Blickkon-takt ruft eine Reihe von gesellschaftlichen Ge- und Verboten auf den Plan, die mit körperlicher Nähe zu tun haben. Auf dem Medizin-Weg ist das für viele einer von etlichen Checkpoints, an denen man auf sein Ego aufmerksam gemacht wird und sich dann darüber hinwegsetzen kann.

Das Schöne an dieser Übung ist ihre geradezu erschütternde Einfachheit – und doch bedienen wir uns ihrer selten, sogar bei denen, die uns ganz besonders nah sind. Sehr durchschlagend wirkt sie gerade bei Menschen, mit denen uns bereits eine enge Beziehung verbindet (Freunde, Geliebte, Mütter, Väter), aber auch bei vollkommen fremden Menschen verheißt sie ein Ergebnis der besonderen Art. Sie werden überrascht sein, was für tolle Erlebnisse diese Übung mit sich bringen kann. Kaum je enttäuscht sie einen.

Die Übung:
Sie funktioniert am besten, wenn beide Seiten bereits Stress abgebaut haben und ganz präsent sind. Tun Sie also etwas Geeignetes, um diesen Zustand zu erreichen. Das können fünfzehn Minuten Meditation, eine Yoga-Einheit, Atemübungen, ein langer Spaziergang in der Natur oder eine der am Ende des dritten Kapitels genannten Wärme- und Kälteanwendungen sein.

1. Stellen Sie einen Timer auf zehn Minuten ein.
2. Setzen Sie sich Ihrem Partner/Ihrer Partnerin gegenüber hin, am besten im Schneidersitz auf einem weichen Teppich oder Kissen.
3. Atmen Sie mit geschlossenen Augen ein paarmal tief durch.
4. Öffnen Sie die Augen und blicken Sie zehn Minuten lang in die Augen Ihres Gegenübers.
5. Lassen Sie Ihre Gesichtsmuskeln spontan auf alles reagieren, was während des Blickkontakts auftaucht. Das hier ist kein Wettbewerb, bei dem der verliert, der zuerst blinzelt. Blinzeln ist erlaubt.
6. Die ganze Zeit bitte nicht sprechen.

Nach Ablauf der zehn Minuten entscheiden Sie selbst, ob Sie beide miteinander besprechen, was Sie während des Blickkontakts erlebt haben. Manchmal ist das Gespräch die natürliche Fortsetzung der Übung, ein andermal fühlt es sich besser an, wenn man sich einfach umarmt und die Begegnung ansonsten sein lässt, wie sie ist.

Alten buddhistischen Lehren zufolge sind wir alle Spiegel füreinander und sehen die Wahrheit unseres eigenen Inneren in den Augen anderer gespiegelt. Das sehen wir leicht ein, beherzigen es aber nicht. Wenn Sie die Übung ein paarmal gemacht haben, werden diese Worte eine ganz andere Bedeutung für sie bekommen.

Kapitel 11

Vom Zusammenbruch zum Durchbruch

12. November 2010
Provinz Loreto, Peru

Es gibt in der Regenzeit drei Grade der Nässe:
»Klamm« ist der Grundzustand. Jeden Morgen wacht man mit
einem gewissen Feuchtegrad der Bettwäsche und in verschwitzter
Schlafkleidung auf. Die ersten paar Tage dienen noch der Umstellung, aber nach einer Woche ist es einfach so.

Die nächste und meiner Meinung nach unerfreulichste der drei
Humiditätsstufen ist »feucht«. Feucht ist man, wenn man mit irgendetwas Wasserabweisendem oder Wasserdichtem als Außenschicht der
Bekleidung durch den Dschungel geht und sich alle Mühe gibt, diesen Zustand zu erhalten, aber vergeblich. Die Sinne klammern sich
an letzte Körperstellen, die noch nicht von rinnenden Tropfen erfasst
wurden. Widerstand zwecklos.

Dann haben wir als dritten den Zustand »durchweicht« oder
»pitschnass« – und von da an hat man keine andere Möglichkeit
mehr, als sich den Elementen zu ergeben. Das Wasser hat alle Vertei-
digungslinien überrannt und jeden Zentimeter Körperoberfläche erobert. Als wirklich nutzbringende Bekleidungsstücke bleiben einem

jetzt nur noch die kniehohen Stiefel, in denen die Zehen zumindest vor allem geschützt sind, was sich da vielleicht im Matsch verbirgt. Und »durchweicht« ist, hat man das Unbehagen erst einmal überwunden, seltsamerweise nicht mehr gar so schlimm.

Als die Filmcrew und ich am neunundzwanzigsten Tag in Richtung Hütte Nummer sieben durch den Dschungel stapfen, sind wir in dieser letzten, als »pitschnass« beschriebenen, Verfassung.

Da uns bei diesem Heil-Retreat nur noch zwei Tage verbleiben, suchen wir jetzt alle Patienten auf, um bei letzten Interviews zu ermitteln und zu dokumentieren, wie weit sie es gesundheitlich gebracht haben.

Der Tag hat sonnig begonnen, aber vor ungefähr zwei Stunden öffneten sich die Schleusen des Himmels und seitdem haben unsere Wege durch den Dschungel eher etwas von einem Bad, während wir uns darum bemühen, die Ausrüstung bei den Sprints zwischen den Hütten irgendwie trocken zu halten.

Wir kommen eben von Hütte Nummer vier, in der Melinda uns mit einer sehr ehrlichen Zusammenfassung ihres derzeit erreichten Standes überraschte. Ich bin kein Schamane, aber ihre spirituelle Verwandlung ist unübersehbar. Sie hatte sich als allzu selbstsichere Kennerin der Naturheilkunde auf diesen Weg gemacht. Sie war der Ansicht, dass sie sich bereits mit allem auskannte – die Art von Patientin, die dem Arzt erzählt, was ihr fehlt, aber sich nur gelegentlich an die Ratschläge hält, die sie von den Profis bekommt. Wenn die Schamanen auf die Schatten eingehen wollten, die in Gestalt von Ablenkungsmanövern, inneren Erzählfäden und einer dogmatischen Haltung gegenüber ihrem geistigen Weg zu erkennen waren, spürte man bei ihr jedes Mal ein subtiles Wegducken und Ausweichen. Aber in den letzten zehn Tagen hat sich irgendetwas verändert. Jetzt wirkt die achtundfünfzigjährige Mutter zweier Kinder eher still und in sich gekehrt. Ihre harte Schale war in den ersten Wochen kaum zu knacken, aber jetzt hat die Umarmung des

Dschungels sie offenbar erreicht, wie wir es auch bei den meisten der übrigen Patienten erleben.

Schwer zu sagen, ob Melindas Brustkrebs besser oder schlimmer geworden ist. Die Kräuterpackungen, die Edwin für sie zubereitet hat, üben keine sichtbare Wirkung auf die Krebsgeschwulst in ihrer rechten Brust aus.

Die Schamanen waren beunruhigt, als sich herausstellte, dass sie bereits eine Brustoperation hinter sich hatte, bei der an gleicher Stelle ein früherer Tumor entfernt worden war. Ihrer Erfahrung nach haben es die Heilkräuter und Zeremonien viel schwerer, etwas auszurichten, wenn der Körper einmal verstümmelt (ihr Ausdruck) mit Chemotherapie vergiftet oder durch Bestrahlung verbrannt wurde.

Melinda glaubt an die Behandlung und fragt nach, ob sie einen Monat länger bleiben kann. Ich verspreche ihr, die Frage an Roman weiterzugeben und ihn um eine weitere Visite bei ihr zu bitten. Ich vermute, dass er Ja sagen wird. Zur Hütte Nummer sieben und damit zu John führt der Weg abwärts und verwandelt sich von einem Matschpfad in einen Bach.

»Das Objektiv von Kamera eins trübt sich ein.« Brock, unser erster Kameramann, sagt das ganz ohne die Dringlichkeit, die eine Funktionseinschränkung dieser Größenordnung normalerweise mit sich bringt. Die Stimmung ist heute trotz des sintflutartigen Regens eher leicht und beschwingt.

Schließlich sind wir ja durchweicht und nicht feucht. Das und die Verfassung unserer unerschrockenen Patienten gibt uns fast etwas Ausgelassenes. Außerdem haben wir noch eine trockene Kamera und nur noch zwei Tage vor uns.

John habe ich seit der gestrigen San-Pedro-Zeremonie nicht mehr gesehen, die ich wie ein geölter Blitz verließ, um dem abermaligen Ruf der Natur zu folgen. Auch von der übrigen Belegschaft hat ihn niemand gesehen, Roman ist der Einzige.

Die Gewitterwolken am Himmel erzeugen über dem vor uns liegenden Waldstück einen Eindruck von Abenddämmerung, als wir uns Hütte Nummer sieben nähern. Drinnen sehen wir Kerzenschein, als wir die Eingangsstufen hinaufpatschen.

»John, bist du da?«

»Nick, Dan, Brock rein mit euch!« Die Tür öffnet sich nach innen und da steht lächelnd John. »Bitte sehr«, winkt er uns herein. »Ihr seid ja pitschnass! Das nenne ich Engagement.«

Johns unbeschwerte Heiterkeit ist wie ein dreidimensionales Leuchten vor dem düster-gewittrigen Dschungel draußen. Dan wirft mir hinter Kamera zwei hervor einen Blick zu, eine ganz leicht gehobene Augenbraue sagt so etwas wie: »Wo ist denn der grantige alte John? Wer ist das hier?«

»John«, setze ich an, »das letzte Mal habe ich dich in der Maloka bei der San-Pedro-Zeremonie gesehen. Da hatte ich den Eindruck, dass du richtig ... «

»Ja«, unterbricht mich John, »ich weiß. Mir ist in der Nacht ein Teil von mir vor Augen geführt worden, den ich lange vergessen hatte. Ich kratze zwar immer an dieser Sache in mir herum, komme aber nicht recht an sie ran. Ganz an der Peripherie meines Wahrnehmungsfeldes spüre ich manchmal diesen Teil meiner selbst, der so gern wieder eingelassen werden möchte.«

Er spricht lächelnd, aber als er weiterspricht, treten ihm Tränen in die Augen.

»Manches von dem, was gestern passiert ist, bleibt irgendwie unbegreifbar.« Er schweigt gedankenversunken. »Weißt du, mit dem Verstand komme ich da einfach nicht hin, aber mir ist bewusst, dass das alles passiert ist. Es war wirklich ein unglaubliches Erlebnis. Mein Körper fängt jetzt noch an zu vibrieren, wenn ich mit dir darüber rede.« Er strahlt übers ganze Gesicht, während ihm die Tränen über die Wangen laufen.

Auflachend ergänzt er: »Also ist eigentlich nicht viel los bei mir.«

»Wie geht es dir körperlich?«, frage ich nach. »Hast du das Gefühl, dass mit deinem Prostatakrebs etwas vorwärtsgeht?«

»Daran habe ich die letzten Tage gar nicht mehr gedacht. Dr. Pretel hat vor ein paar Tagen wieder einen PSA-Test gemacht. Ich soll noch einmal bei ihm vorsprechen, bevor wir abreisen. Aber nach dem, was ich diese Woche erlebt habe, erscheint mir alles möglich.« Er tigert jetzt in der kleinen Hütte herum und glüht nur so vor Energie. »Ich habe mich nicht mehr so jung gefühlt, seit ich zwanzig war. Nick, es ist eine solche Last von mir abgefallen, als ob etwas Giftiges aus meinem Körper entfernt worden wäre. Wie Roman sagt, manchmal muss vor dem Durchbruch der Zusammenbruch kommen. Für mein Gefühl ist der Durchbruch geschafft. Jetzt entstehen Räume in mir, die vorher nicht da waren.«

Der Mensch da vor uns sieht zwar aus wie der gute alte John – die gleiche hagere Gestalt, die grauen Augen, der kahle Schädel mit einem Kranz weißer Haare an den Seiten –, aber er ist ein anderer Mann. Freundlich, jung und weise.

»Nick, ich würde gern irgendwie mit dir in Kontakt bleiben, wenn wir alle wieder zu Hause sind. Ich bin hier im Dschungel ein bisschen zurückgestutzt worden und kann dazu vielleicht ein paar Dinge sagen, die auch dich betreffen. Ich war selbst einmal so, wie du jetzt bist, Anfang dreißig und darauf aus, etwas in der Welt zu bewegen. Ich glaube, du bist auf einem guten Weg, aber es gibt da auch Fallstricke, über die ich gestolpert bin, und vielleicht kann ich dir helfen, das zu vermeiden.«

Ich bin ein bisschen erstaunt über den Platz, den John mir in seiner Geschichte zuweist, und man sieht es mir vielleicht an.

Schnell fährt er fort: »Gib mir jedenfalls Bescheid, ob das was ist, das dich interessieren könnte. Irgendwie entspringt diese Idee der Kaktusmedizin, die es letzte Nacht gab.«

Noch vor ein paar Tagen hätte mich diese Idee wirklich nicht begeistert, aber dieser Mann spricht die Wahrheit. Sein Auftreten zeugt von etwas, was uns alle in tiefes Erstaunen versetzt. »Das fände ich toll, John«, sage ich und meine es auch so. »Ich bin für jede Hilfe zu haben. Danke.«

In zwei Tagen wird John ein letztes Mal von Dr. Pretel untersucht. Er wird ihm das schier unglaubliche Ergebnis des letzten PSA-Tests mitteilen. PSA steht für prostataspezifisches Antigen: Dieser Test wird in der modernen Medizin standardmäßig für die Früherkennung von Prostatakrebs bei Männern angewendet, in der Regel bei Männern über vierzig. Bei meinem Vater wurde auf diese Art Prostatakrebs diagnostiziert. Der Test ist nicht absolut zuverlässig, aber bei unzähligen Männern kann der Krebs dadurch erkannt werden, bevor es zu spät ist.

Bei der Ankunft hatte Johns PSA-Wert bei über 7,5 gelegen und sein Arzt hatte die Krankheit anhand einer Gewebeprobe zweifelsfrei festgestellt. Am letzten Tag des Retreats wird Dr. Pretel einen weiteren PSA-Test vornehmen und feststellen, dass der Wert auf 5,5 gesunken ist. Das ist nur zwei Punkte niedriger, aber bei diesem Test bedeutet das sehr viel. Ein PSA von 5,5 gilt bei Männern in John Alters als normal und seine Ärzte daheim in Australien werden große Augen machen, wenn ihnen das Ergebnis vorliegt.

Er gehört zu den fünf Patienten, denen während dieser Reise ein gesundheitlicher Durchbruch gelang. Daraus wird ein griffiger Slogan für die Darbietung des Films *The Sacred Science* bei Festivals werden: »Fünf Patienten werden geheilt nach Hause kommen. Zwei werden enttäuscht sein. Und einer wird überhaupt nicht zurückkommen.« (Einsatz spannungsgeladener Musik)

Ihre kostenlose Eintrittskarte für den Dokumentarfilm *The Sacred Science.*

Bei einer Ayahuasca-Zeremonie vor ein paar Jahren wurde mir von höheren Kräften ohne Umschweife vermittelt, dass der Film kostenlos zur Verfügung gestellt werden muss, damit alle Menschen unabhängig von ihren finanziellen Möglichkeiten Gelegenheit bekommen, sich selbst ein Bild von den Heil-Wahrheiten der alten Traditionen zu machen. Seitdem ist der Film überall auf der Welt kostenlos abrufbar, auch für Sie, liebe Leser.

Über zwei Millionen Menschen haben diese Gelegenheit inzwischen wahrgenommen und der Film hat einen ganzen Stamm bewusstseinsorientierter Menschen um sich versammelt.

Wenn Sie den Transformationsprozess dieser acht Patienten miterleben möchten, wenn Sie erfahren möchten, was aus jedem einzelnen wurde, und wenn es Sie interessiert, welche Heilpflanzen bei welchen Krankheiten angewendet wurden, nutzen Sie bitte den folgenden Link. Es sind keinerlei Verpflichtungen damit verbunden, Sie können den Film jederzeit anschauen und den Link an so viele Menschen weitergeben, wie Sie möchten.

Der Link: https://thesacredscience.com/tssbook_movie-screening

Die gesundheitlichen Veränderungen bei unseren Patienten sind zwar vielversprechend, aber ungleichmäßig verteilt. Manche dieser lieb gewonnenen Teilnehmer haben eine geradezu wunderbare Besserung erlebt, während andere nach wie vor mit ihren Symptomen kämpfen.

Es gibt jedoch eine als äußerst positiv empfundene Entwicklung, von der alle berichten: Dieser Monat hat ihnen spirituelle Freiräume eröffnet, die stärker reinigend wirkten als alles andere in ihrem bisherigen Leben. Selbst die, bei denen die Heilerfolge eher enttäuschend geblieben sind, sehen sich und die Welt mit neuen Augen.

Etliche berichten von täglichen Fällen von Synchronizität und Koinzidenz, also vom sinnhaltigen zeitlichen Zusammenfall verschiedener Dinge, die nicht in einem Kausalzusammenhang stehen. Auch für die Filmcrew häufen sich solche Vorkommnisse derart oft, dass man kaum noch darüber spricht. Das Unerklärliche scheint das neue Normal geworden zu sein.

Johns großes Aha steht nicht ganz einzigartig da, andere sprechen von ähnlichen Erkenntnissen. »Warum habe ich andere nicht eingelassen?«, »Warum war ich nicht da für die Menschen, die mir am meisten bedeuten?«, »Wozu diese Mauern?«

Johns Schilderung seines Gefühls, der einsame Wolf sein zu müssen, der nicht zum Rudel gehört, begleitet mich. Wir im Westen scheinen vergessen zu haben, was es heißt, zum Rudel zu gehören und im Rudel geborgen und versorgt zu sein.

Wir haben bei unserem einmonatigen Retreat verblüffende Verwandlungen erlebt, aber diese Lehre wird mir als Katalysator erhalten bleiben. Auch wenn die Wissenschaft das noch nicht erfassen oder beweisen kann: Wir Menschen sind tiefer miteinander verbunden, als wir meinen. Irgendwie sind wir auf diesen Weg der Trennung von unseren Lieben und den Nachbarn und schließlich von uns selbst geraten – es wird Zeit, dass wir uns wieder auf unsere Natur besinnen. Davor gilt es aber, sich dem Schatten zu stellen, den wir alle haben.

Am nächsten Abend sind alle Bewohner des Zentrums zur Teilnahme an einer abschließenden Feuerzeremonie auf der Lichtung neben der Maloka eingeladen.

Dan und ich hantieren vor der gewaltigen Pyramide von aufgeschichtetem Totholz mit einer Kamera, während die Patienten und Schamanen und die Mitglieder der Belegschaft auf verstreut aufgestellten Stühlen und strategisch platzierten Holzklötzen Platz nehmen.

Solche zwanglosen Zusammenkünfte gibt es hier selten, entsprechend aufgelockert, wenn auch leicht wehmütig ist die Stimmung. Diese Menschen sind von weither gekommen und hier bietet sich ihnen die einzige Gelegenheit, sich direkt über ihre Erlebnisse auszutauschen und ihre Dankbarkeit zu bekunden, bevor sie sich am Morgen auf die weite Heimreise machen werden.

Gretchen, deren kräftezehrendes Reizdarmsyndrom vollständig geheilt ist, erzählt Nicola lächelnd von ihrem Sohn Aiden, der ihr so sehr fehlt, dass sie es kaum erwarten kann, ihn daheim in Wisconsin wiederzusehen.

Jessica, die weiterhin an den Symptomen ihres Morbus Crohn laboriert, unterhält sich mit John darüber, dass sie noch einen Monat im Zentrum bleiben und mit den Heilpflanzen weitermachen möchte. Er bestärkt sie darin und bewundert ihren Mut. Er werde sich gelegentlich mal erkundigen, wie es ihr geht, sagt er.

Juan hilft Edwin und Christian, weitere Äste auf die zweieinhalb Meter hohe Holzpyramide zu legen. Dabei lauscht er gespannt auf etwas, was Edwin ihm gerade erklärt. Er ist mit Depressionen und Suchtproblemen hergekommen, aber jetzt haben wir einen vollkommenen anderen Menschen vor uns. Nicht nur, weil seine Symptome einfach verschwunden sind, sondern er hat auch das Gefühl, dass hier ein Ruf an ihn ergangen ist, selbst ein Heiler zu werden. In der letzten Woche haben die Schamanen ihn von einigen Regeln ausgenommen: Er durfte sie bei der morgendlichen Runde begleiten, wenn sie ihre Heilkräuterbehandlungen vorbereiteten und sich um die übrigen Patienten kümmerten. Gestern Abend haben wir Juan in seiner Hütte besucht und er ließ uns wissen, wie die Zeit hier auf ihn gewirkt hat.

»Das hier ist das Wichtigste, was ich je getan habe«, sagte er. »Hier in der Wildnis habe ich gelernt, mit mir selbst im Frieden zu sein und einfach weiterzugehen, auch wenn Schmerz und Angst mir zusetzen.

Mir ist jetzt klar, dass unsere Probleme eigentlich nicht körperlicher Art sind. Die Krankheit äußert sich auf der körperlichen Ebene und da fühlen wir sie auch, aber wie ich jetzt sehe, kommt sie eigentlich von hier [deutet auf den Kopf] und von hier [deutet auf das Herz]. Wir erzeugen sie da und wenn wir sie da auch bearbeiten, verschwinden die körperlichen Symptome. Das ist der Ansatz, den die Schamanen wählen, und so läuft es im Dschungel.«

Die Sonne ist inzwischen untergegangen. Die Beleuchtung während der Gespräche übernehmen jetzt die Stirnlampenträger, indem sie den Lichtstrahl auf den Boden richten. Das Sternenmeer über uns erhellt den Kosmos, eine erfreuliche Nebenwirkung des Umstands, dass wir 800 Kilometer von der nächsten Großstadt entfernt sind.

Edwin und Christian versprühen irgendetwas an der Basis des Scheiterhaufens. Jetzt tritt Roman vor und spricht.

»Es ist unser letzter gemeinsamer Abend hier unter dem Amazonashimmel. Dieser Monat war für euch alle eine große Herausforderung, aber auch sehr aufschlussreich, die eigentliche Arbeit beginnt damit erst. Alles, was ihr über euch erfahren habt, jede abgetragene Schicht der Illusion und jede Heilungserfahrung, kann nur nachhaltig sein, wenn ihr sie durch tägliche Praxis stützt.

Die Klarheit, die ihr jetzt habt, wird auf die Probe gestellt, wenn ihr in euer gewohntes Leben zurückkehrt, damit könnt ihr fest rechnen. Die Frage wird dann sein, ob ihr bei eurem weiteren Weg durch die Welt an dem festhalten könnt, was ihr hier erlebt habt.«

Jahrtausende der Erfahrung lehren uns, dass jede Stufe unserer persönlichen Entwicklung mit ihren ganz eigenen Schwierigkeiten verbunden sein kann. Die heilige Wissenschaft, das schamanische Heilsystem, mit dem ihr es gerade zu tun habt, ging aus den indigenen Traditionen hervor und ist ein Leuchtfeuer, an dem wir uns auf dem Weg durch den Ozean des Unbewussten orientieren können, um uns nicht zu verirren oder sogar zu vergessen, wer wir eigentlich sind.

Ihr habt erlebt, wie es ist, angesichts des Unbekannten völlig entblößt zu sein und dann zu sehen, was alles möglich ist, wenn wir unsere eigene Tiefe annehmen und bejahen. Jeder hat seinen ganz eigenen Weg des Geistes, aber uns allen zusammen obliegt es, von jetzt an in allem, was uns begegnet, wach und präsent zu bleiben.«

Edwin nähert sich mit einem brennenden Ast und reicht ihn Roman. »*Listo, hermano.*« Roman nimmt die improvisierte Fackel entgegen und wendet sich wieder uns zu.

»Dieser Haufen trockenes Holz hinter mir steht für all das in euch, was ihr im Laufe dieses Monats losgelassen habt. All die untauglichen Gedanken und die unwahren Geschichten, die man sich immer wieder über sich selbst erzählt, all die traumatischen Erinnerungen und die Wort- und Gedankenschnüre, die euch leise, leise eingewickelt haben ...«

Er tritt an den Scheiterhaufen heran und entzündet mit seiner Fackel die kleinen Petroleumlachen. Schnell breiten sich die Flammen aus und lecken gierig an den Scheiten, Zweigen und Blättern entlang, bis sie den ganzen Holzkegel bis ins Zentrum erfassen.

»Diese Flamme symbolisiert das Licht des Bewusstseins, das wir alle besitzen, es verwandelt das Dunkel innen und außen in Verständnis und Wahrheit. Die Schatten in uns warten nur darauf, von diesem Licht erhellt zu werden, aber wir dürfen nicht davor zurückscheuen, die Fackel hinzuhalten und alles an uns unvoreingenommen zu betrachten.«

Das Feuer flackert immer höher und heißer hinter Roman und die Flammen wirbeln sicher fünf Meter in den Himmel hinauf. Glutstückchen zerplatzen mit lautem Knacken, dass die Funken vor dem Sternenmeer nur so stieben.

Schweigend sitzen wir da und betrachten fasziniert das herunterbrennende Feuer, das schließlich nur noch ein Glimmen ist. Der schweifende Blick erfasst einen Kreis der wackersten Seelen, denen ich je begegnet bin.

Dem Schatten standhalten

Betrachte sie beide, das Meer und das Land –
findest du da nicht eine merkwürdige Übereinstimmung
mit etwas in dir? Denn wie dieser schreckenerregende
Ozean das grüne Land umgibt, so liegt in der Seele des
Menschen inselgleich ein Tahiti voller Frieden und Freude,
jedoch umschlossen von all den Schrecken des
halb erkannten Lebens.

HERMAN MELVILLE, MOBY DICK

Einmal bei einer abendlichen Coca-Zeremonie mit Roman wurde mir plötzlich etwas klar, und dann musste ich es aussprechen.

»Ich habe eine Wut in mir, mit der ich nicht umgehen kann. Dazu gehört ein passendes Opferbewusstsein, das mir sagt, der Schatten sei völlig gerechtfertigt: ›Mag ja sein, dass du Wut im Bauch hast, aber du musstest dich eben irgendwie durchschlagen, als du kleiner warst. Du musstest lernen, tough zu sein, du musstest dich schützen.‹«

Ich schaute zu dem mit überkreuzten Beinen an der gegenüberliegenden Wand sitzenden Schamanen hinüber und etwas in seinem Gesicht ließ mich weiterreden. »Wenn ich das erzähle, ist gleich eine Rechtfertigung mit eingebaut. Immer wenn ich diese Wut zulasse und davon erzähle, sage ich gleich dazu, dass ich, aus der Perspektive des Jungen gesehen, der ich damals gewesen war, schikaniert worden bin.«

»Erzähl mir davon«, sagt er schließlich. »Wie alt warst du da?«

Jeder bringt seine unaufgearbeiteten Sachen, die bearbeitet werden müssen, wenn man weiterkommen möchte, mit auf den Weg des Geistes. Bei mir entspringt vieles den ungelösten Bestandteilen des in meiner Kindheit entstandenen Außenseiter-Bewusstseins.

In der Zeit meiner Jugend war das bloße Zur-Schule-Gehen total angstbesetzt. Warum das so war, weiß ich bis heute nicht, jedenfalls hatte ich keine durchgehenden Freundschaften von der Vorschule bis zur Highschool. Vielleicht, weil ich stotterte, aber vielleicht stotterte ich, weil ich keine Freunde hatte, jedenfalls war ich allein. Dabei war ich nicht einmal ein »Streber« oder »Langweiliger«, ich war mir eine Insel in diesem Meer von Kids, die in ihrem Grund- und Mittelschulmilieu prächtig zu gedeihen schienen.

Ich kam nie dahinter, wie diese Freundschaftsspielchen funktionierten, die alle so gut zu beherrschen schienen. Meine Mama sagte immer, ich solle mir darüber keine Gedanken machen, die Polizzi-Jungen seien einfach Spätentwickler. Alles werde mit den Jahren leichter werden. Das wurde es die nächsten zehn Jahre nicht.

Für die Essenspause haben die meisten Schüler einen festen Freundeskreis, zu dem sie sich unweigerlich jeden Tag in der Cafeteria zusammenfinden. Davon konnte ich nur träumen. Ich erinnere mich noch gut an die Panikwelle, die über mich kam, wenn ich mit meinem Tablett und dem Teller knastwürdiger totgekochter Grütze dastand und irgendeinen sicheren Platz zu erspähen versuchte.

Das war im Idealfall ein Tisch voller artiger Jungs, die mich nicht abweisen würden. Schon nicht mehr ganz so ideal war ein leerer Tisch, an dem ich allein sitzen würde, wo ich aber mit höhnischen Kommentaren von anderen Tischen rechnen musste, die dann sehr deutlich machten, dass ich keine Freunde hatte. Manchmal ließ ich das Essen einfach ausfallen.

Meine ganze Kindheit hindurch litt ich unter feuchten Händen. Meine Hausaufgabenhefte und Prüfungsarbeiten waren immer voller verschmierter Stellen, weil ich mit den Händen immer mal wieder über frisch Geschriebenes strich. Meine Hände waren fast immer zu nervösen Fäusten geballt, die Zähne zusammengebissen. Heute noch habe ich die kleinen Schweißflüsse in den Falten meiner Handflächen vor Augen. In der achten Klasse eskalierten die Dinge und es gab in den Pausen handgreifliche Auseinandersetzungen mit ein paar anderen Kids. So kam ich auch darauf, dass ich Wut im Bauch hatte. Im Speisesaal lavierte ich mich irgendwie durch, aber wenn mich jemand körperlich zu etwas zwingen wollte, rastete etwas in mir aus. Bei den zuschauenden Jungen hieß das »Stärke mit Verzögerungsfaktor«. Eines ist sicher, nämlich, dass diese Reaktion mir in mancher haarigen Situation sehr zustattenkam.

Auch später mit Anfang zwanzig auf dem College wirkte die Wut eher günstig, etwa wenn Freunde in der Kneipe gemobbt oder Mädchen respektlos behandelt wurden. Michelle, meine Frau, findet sie sogar irgendwie sexy.

Ich prügle mich seit Jahrzehnten nicht mehr, aber die Wut ist noch da. Nach allem, was ich auf diesem Weg an innerer Arbeit geleistet habe, ist dieser Selbstverteidigungsmechanismus immer noch aktiv und gehört wohl zu den tiefsten Wunden, die ich eben jetzt zu heilen versuche.

»Das ist ein verkappter Segen«, tröstete Roman mich. »Es geht darum, Verantwortung für dich zu übernehmen und deine ganze Kraft zu erkennen. Ich sehe aber hinter dieser Geschichte eine Grund-Unwissenheit, in der du dich eigentlich selbst piesackst, dich machtlos machst und dich eher auf Härte als auf Weichheit ausrichtest. Wahre Stärke liegt nicht in der Verteidigungshaltung, nicht darin, dass du die Menschen fernhältst, damit sie sich nicht über dich hermachen können, und auch nicht darin, dass du dich als starker und zäher Bursche darstellst. Weich und ungeschützt sein, das Herz unter allen Umständen offen, das ist wahre Stärke.«

Er fuhr fort: »Vor langer Zeit lebte in Tibet ein Heiliger namens Milarepa, der in seiner Jugend ebenfalls Gewalt erfahren hatte, sich jedoch seinen Schatten stellte, bis sie alle aufgearbeitet waren und sich aufgelöst hatten. Dafür musste er dem Dunklen, das ihm im Leben begegnet war, so viel Raum geben, dass am Ende großes Licht daraus hervorging.«

Dann zitierte er ein Milarepa gewidmetes Gebet, das ich hier wiedergeben möchte.

Lass deinen Geist verweilen

Wenn ich den Himmel betrachte,
aber die Wolken mich beunruhigen,
lehrt Milarepa mich, über die Wolken zu meditieren.
Wenn der Himmel so ruhevoll ist, wie du sagst,

sind die Wolken nur ein Spiel des Himmels –
lass deinen Geist beim Himmel verweilen.

Wenn ich das Meer betrachte,
aber die Wogen mich beunruhigen,
lehrt Milarepa mich, über die Wogen zu meditieren.
Wenn das Meer so ruhevoll ist, wie du sagst,
sind die Wogen nur ein Spiel des Meeres –
lass deinen Geist beim Meer verweilen.

Wenn ich meinen Geist betrachte,
aber die Gedanken mich beunruhigen,
lehrt Milarepa mich, über die Gedanken zu meditieren.
Wenn der Geist so ruhevoll ist, wie du sagst,
sind die Gedanken nur ein Spiel des Geistes –
lass deinen Geist beim Geist verweilen.

Durch Schattenarbeit lernen wir, uns von Angst und seelischen Blockaden zu befreien, aber wir umgehen sie nicht, sondern sehen zu, dass wir sie verstehen. Man lernt zu erkennen, wer man ist. So kann man ein Gefäß werden, ein hohler Knochen, und dann zeigt sich auch, dass alle Gefühle und Empfindungen nichts als Wolken sind, die über den Himmel schweben. Es mögen dunkle Wolken sein, aber wenn mein wahres Wesen wie der Himmel ist, muss ich mich nicht mit dem Ärger identifizieren. Er nimmt einfach seinen Weg durch mich hindurch.
Wenn Sie für alle Gedanken und Empfindungen, die ihren Weg durch Sie nehmen, aufgeschlossen sind, werden Sie sich immer mehr als reines, unzerstörbares Bewusstsein erleben, auf das nichts abfärbt und das nicht gebunden werden kann. Das ist das Wesen der Furchtlosigkeit. Man weiß, wer man ist,

und man kennt sein wahres Wesen. Dann kann ringsumher vorgehen, was mag, die eigene wahre Essenz wird davon nicht berührt.

Dies ist ganz wesentlich für die Schattenarbeit: präsent bleiben und lernen, wie man in ruhender, herzerfüllter Präsenz bleiben kann.

Es gibt etliche Übungen und Praktiken, mit denen wir unsere Ängste und Schatten aufarbeiten können, aber unsere besten Lehrer sind Meditation und ein bewusstes Leben.

Kapitel 12

Stamm – auf Gemeinschaft angelegt

19. Juni 2016, fünf Uhr früh
Larapata, Peru

Die Sonne liegt auf dem Osthang des Mapacho-Tals, als ich im Morgendunst einen Pfad oberhalb des Paititi-Basislagers entlanggehe. Im Zelt kann ich morgens nicht lange schlafen, darüber bin ich heute ausnahmsweise froh. Ich schaue ein paar Leuten aus der Gegend zu, die mit schweren Säcken auf dem Rücken ein Cocafeld hinaufsteigen. Sie kommen schnell voran, als sei die Hangneigung von 45 Grad keinerlei Hindernis. Wie machen sie das?

Irgendwo weiter unten kräht ein Hahn.

Eigentlich sollte ich jetzt zum Frühstück nach unten gehen, aber ich möchte noch etwas an diesem Platz bleiben. Als ich den Blick hebe, wird mir klar, dass ich direkt neben einem gewaltigen Baum der Art stehe, die hier Vilca genannt wird, der Urgroßvater-Geist des Dschungels. Kondor-Medizin. Die Inka-Schamanen haben aus den Samen dieses Baums, *Anadenanthera colubrina*, einen heiligen Schnupftabak gemacht, der ihnen ermöglichte, diese Welt zu transzendieren und ins Reich der Geister zu gelangen. Wenn man die richtige Dosis schnupft, darf man mit extremen Wirkungen rechnen.

Zuerst bekommt man furchtbare Kopfschmerzen und tritt dann in einen bitterbösen und finsteren Bewusstseinszustand ein, in dem man sich dem Tod nah fühlt. Dieser Schattenzustand bleibt etwa zehn bis zwanzig Minuten bestehen und geht schließlich in etwas viel Helleres und Euphorisches über.

Alle großen Pflanzenlehrer dieser Tradition sind auch mit bestimmten Tiergeistern verbunden. Großmutter Ayahuasca wird gern als Schlange oder Giftschlange abgebildet, Großvater San Pedro (oder Huachuma) ist mit dem Puma verbunden und für Urgroßvater Vilca steht der Kondor. Diese Tiere lassen auch gleich erkennen, wie die jeweilige heilige Medizin wirkt, wenn sie in den Körper gelangt ist, und was für Fähigkeiten sie weckt. Vilca gilt bei vielen als der höchste pflanzliche Lehrer, den ganz Mutigen verschafft er Zugang zum Himmel und führt sie auch wieder zurück.

Irgendetwas überträgt sich und läuft mir den Rücken hinunter. Bei diesem Baum sind alle Äste, Blätter und Wurzeln Kontaktstellen zur Umgebung, an denen harmonischer Austausch stattfindet, damit er leben und gedeihen kann. Nichts an ihm ist wichtiger als irgendetwas anderes, und keiner der vielen Bestandteile ist von irgendeinem anderen getrennt. Jeder Zentimeter dieses Vilca spielt eine wichtige Rolle, und die Gesundheit des umgebenden Dschungels beruht darauf, dass alle Bäume so ganz und gar mit ihren Nachbarn verbunden sind wie dieser. In dieser Hinsicht unterscheiden wir uns nicht gar so sehr von Bäumen. Der verflochtene Lebensstrom, der für einen gesunden Wald von so essenzieller Bedeutung ist, besitzt die gleiche Bedeutung wie für die aufrecht gehenden Säugetiere, die sich auf seinen ausgetretenen Pfaden bewegen. Das lässt sich mit einem einzigen Wort ausdrücken: Stamm.

Für viele hat dieses Wort etwas Exotisches, etwas von fremden Kulturen, aber ich glaube, die Zeit ist jetzt gekommen, uns auch in diesem modernen Leben auf die eigentliche Bedeutung des Wortes Stamm zu besinnen.

In der heutigen Welt entspricht unsere Verbundenheit über das Internet in etwa der Definition von Stamm: eine Gruppe von Menschen, die in einen sozialen, wirtschaftlichen, religiösen und verwandtschaftlichen Gesamtzusammenhang eingebunden sind. Für die Naturvölker der Welt jedoch bedeutet Stamm etwas ganz Hautnahes. Er ist eigentlich die erweiterte Familie, die Gemeinschaft, an der alle teilhaben und in der alle füreinander sorgen.

In Stammesgesellschaften ist alles Gemeingut: Erfolg, Misserfolg, Pflichten und Führerschaft. Es gibt praktisch keine Ereignisse im Leben, die den Einzelnen so überfordern, dass er oder sie nicht damit zurechtkommt, einfach weil niemand seine Last allein tragen muss. Wenn beispielsweise bei den Dagura in Burkina Faso jemand stirbt, versammelt sich das ganze Dorf zu einem komplexen und wunderschönen Trauerritual, das sich über etliche Tage erstreckt. Trauernde werden lange über den Todeszeitpunkt hinaus betreut, denn das Trauern wird als Gemeinschaftsaufgabe angesehen.

In solchen Stammesgesellschaften ist auch der Erfolg etwas Gemeinsames. Kein Erfolg ist so groß, dass er das Ego aufblähen würde, denn alle Leistungen beruhen auf gemeinschaftlichem Handeln. Beim brasilianischen Stamm der Enawene Nawe gibt es das Yãkwa-Ritual, das darin besteht, dass man monatelang mit dem Kanu auf dem Amazonas unterwegs ist, um zu fischen und den Fang auch unterwegs gleich zu räuchern. Wenn man dann schließlich wieder ins Dorf zurückkehrt, bringt man Nahrung mit, die monatelang vorhalten wird. Alle haben etwas davon, alle feiern, alle haben zu essen. In den Vereinigten Staaten ist uns das Stammesgefühl weitgehend abhandengekommen. Vielfach werden die Alten in Seniorensiedlungen abgeschoben. Wir schuften ein Berufsleben lang, um uns das Eigenheim, den eigenen Wagen, die ganzen Gadgets und überhaupt all den Klimbim leisten zu können, der uns voneinander isoliert und entfremdet. Unsere Kinder müssen ohne die Weisheit der Großeltern aufwachsen. Sie sind auf sich allein gestellt. In aller

Regel läuft dies auf den vermehrten Gebrauch von allerlei Gerätschaften mit ständig flimmernden Bildschirmen hinaus. Für viele junge Menschen dient das elektronische Interface inzwischen als Ersatz für die persönliche Verbindung.

Ein Organismus kann nur richtig funktionieren, wenn alles an ihm ganz und gesund ist. Wenn wir unsere Gesellschaft als einen Organismus betrachten, der wesentlich von der Kernfamilie gebildet wird, spricht alles dafür, dass es sich um einen zerrissenen und blockierten Organismus handelt.

Niemand möchte wie so viele unserer Rentner in dem Gefühl leben, ihr Leben habe keinen Inhalt, keinen Sinn mehr. Wer in einer Stammesgesellschaft alt wird, vollzieht einen natürlichen Übergang vom Versorger zum Hüter der Weisheit. Es ist die Zeit, in der man zum Lehrer oder zur Lehrerin wird, sich um die Kinder kümmert und für junge Erwachsene und Eltern als erdende Kraft zur Verfügung steht. Es sind neue Rollen, aber sie werden genauso benötigt wie die früheren.

Kinder eines Stammes können sich an zwei oder drei Generationen von Vorbildern orientieren, die alle ihre ganz eigene Sicht des Lebens zu vermitteln haben.

Als Vater sehe ich, wie wichtig die Beziehung zu den Großeltern für meinen Sohn River ist. Sie leben ihm etwas vor, was ich einfach noch nicht bieten kann. Es hat seinen ganz eigenen Zauber zuzusehen, wie sie miteinander umgehen.

Und das ist nur ein kleiner Eindruck dessen, was möglich ist, wenn wir Menschen in Verbundenheit miteinander leben. So viele fühlen sich allein und überfordert, auch wenn liebevolle Freunde und Angehörige da sind. Könnte es sein, dass wir Menschen mehr Gemeinschaft brauchen, um dieses Dasein auf sinnerfüllte Weise miteinander zu teilen?

Ich glaube, dass »Stamm« das bezeichnet, was uns vor vielen der Fallgruben der modernen Welt schützen kann. Doch wenn dieses

Mittel wirksam werden soll, müssen wir erst einmal neu lernen, wirklich aufeinander einzugehen – in der Familie, in der Nachbarschaft und von da aus immer weiter nach außen.

Immer wieder bekomme ich neuerdings zu hören, unsere Bedürfnisse und die unserer Lieben blieben unerfüllt. Das Sonderbare daran ist, dass alle unsere Bedürfnisse zusammenhängen. Der Wunsch der Großeltern nach mehr Sinn lässt sich erfüllen, wenn sie enger in die Familie ihrer Enkel eingebunden werden. Genau das würde auch den Eltern dienen, wenn sie sich Unterstützung wünschen, um auch mal etwas Zeit für sich zu haben. Und so ist es schließlich auch mit dem Bedürfnis unserer Kinder nach Verbundenheit, Zuwendung und Anleitung. Wenn wir den Stamm wiederherstellen, ist für all das gesorgt.

Wir haben für uns vieles so eingerichtet, dass hohe Reibungsverluste entstehen, die vollkommen sinnlos sind. Die indigenen Völker der Welt und ihr Lebensraum, der Wald, können uns eine Menge vermitteln, wenn wir uns für ihre Weisheit öffnen.

Hunde sind in Peru und dem übrigen Lateinamerika meist wild lebende Tiere, die sich irgendwie durchschlagen. Wenn Sie einmal durch Mexiko und weiter in die südlicheren Gefilde gereist sind, werden Sie wohl Bekanntschaft mit Straßenkötern gemacht haben. Sie können sehr flink sein, sind in aller Regel Promenadenmischungen und könnten ein Bad oder gleich mehrere vertragen. Dazu besitzen sie jedoch eine Intelligenz, die man bei den meisten streunenden Hunden in zivilisierten Ländern nicht findet. Sie sind robust und von ganz eigener Schönheit, auch wenn sie als Mischlinge keinerlei Chancen bei Schönheitswettbewerben hätten. Sie wirken alle so freundlich und harmlos wie Haushunde, aber man merkt ihnen gleich an, dass sie keine Besitzer haben. Am Morgen liegen sie auf dem Straßenpflaster und saugen die erste Sonne auf, um sich bei zunehmender Hitze auf die Steinstufen von Hauseingängen zurückzuziehen. Am Vormittag und in der Abenddämmerung sieht man sie einzeln oder im Rudel nach Nahrung stöbern oder sie suchen Paarungspartner oder sind einfach auf Abenteuer aus. Klar, sie sehen ziemlich abgerissen aus und sind wahrscheinlich voller Flöhe, aber sie wirken alles in allem sehr zufrieden mit ihrem Los.

Vor ein paar Monaten war ich bei einer Hochzeit in einem Sack-Canyon, etwa drei Kilometer hangaufwärts von der peruanischen Kleinstadt Lamay, als ich auf eine solche Hündin aufmerksam wurde, die gerade über eine Bullenweide strich. Mein Freund Marc und ich erkannten sie sofort, weil wir ihr ein paar Monate zuvor bei einer Wanderung gut dreißig Kilometer nördlich dieser Stelle begegnet waren.

Ohne großes Hallo, aber doch sichtlich erfreut, trottete diese braune abgemagerte Mischlingshündin zu uns herüber, suchte sich neben meinen Füßen ein Plätzchen und legte ihren Kopf auf meinem linken Stiefel ab. Keine Minute später schlief sie tief und fest. Ich konnte nur staunen und freute mich, sie hier wiederzusehen, aber wie um alles in der Welt fand sie sich in dieser rauen Gebirgslandschaft zurecht? Und wie weit mag wohl ein südamerikanischer Straßenhund herumkommen?

Ein Wolf kann an einem Tag bis zu dreißig oder sogar fünfzig Kilometer zurücklegen, aber wir überlegen kaum je, wie groß der Radius eines frei herumstreunenden zahmen oder halbzahmen Hundes sein mag. Vielleicht liegt die Magie dieser Andenstreuner genau darin, dass sie irgendwo zwischen zahm und wild rangieren und durchaus in der Lage sind, sich an die Regeln eines menschlichen Haushalts zu halten, dann aber auch genügend Zähigkeit besitzen, um irgendwo da draußen wochen- und monatelang überleben zu können.

Ich besitze eine reinrassige Französische Bulldogge namens Oscar, der sehr zugewandt, verspielt und verfressen ist, immer furzt und außerdem schnarcht wie ein Weltmeister. Wir lieben ihn wirklich über alles, aber er würde da draußen auf der Straße keine Stunde überleben und in anspruchsvollerem Terrain noch weniger.

Als Michelle und ich vor etwa acht Jahren in New York City zusammenzogen, sagte sie gleich, es müsse ein Hund ins Haus, und zwar eine reinrassige Französische Bulldogge und nichts anderes. Es war noch längst keine ausgemachte Sache, dass wir Partner fürs Leben sein würden, doch obwohl ich damals noch nicht darauf aus war, einen Hund als Familienoberhaupt zu haben, kam ein Nein meinerseits überhaupt nicht infrage. Ich stellte nur die Bedingung, das Tierchen aussuchen zu dürfen. An einem verregneten Nachmittag nahmen wir die Subway Richtung Sheepshead-Bay zu einem Züchter, der ein paar Welpen inseriert hatte. Die herzigen Fotos und das Logo der Website wirkten ganz seriös, aber wir standen dann vor einem heruntergekommenen Gebäude unter einer Subway-Überführung und drückten den Klingelknopf neben einer ramponierten schwarzen Tür, auf die die Hausnummer mit, wie es schien, Tafelkreide gekritzelt worden war.

Der Mann, der uns öffnete, war recht nett und führte uns nach oben in den zweiten Stock, in dem die Räume frisch geweißt und hell erleuchtet waren. Hier und da ein paar offiziell wirkende Schilder, vorn ein improvisierter Empfang. Er bat uns auf einer Ikea-Couch Platz zu nehmen und ging die Welpen holen. Ich warf Michelle einen finsteren Blick zu und sagte, das Ganze sei nicht so das Gelbe vom Ei. Doch dann kehrte der Züchter mit zwei Handvoll Fell und Falten zurück. Er setzte die beiden zwei Monate alten Welpen auf den Boden ab. Alles, was ich bis dahin an finsteren Vorbehalten gegen den Erwerb eines reinrassigen Hundes gehabt haben mag, verpuffte einfach. Die beiden Puschel-Brüder, kaum auch nur halbe Portionen, waren trotz ihrer Winzigkeit und Arglosigkeit bereits deutlich erkennbare Persönlichkeiten. Der eine hatte eher etwas Draufgängerisches und tappte zu einem Korb mit Hundespielzeug hinüber und sprang mitten hinein. Der andere saß einfach da und sah uns mit großen Augen an, um einen Eindruck von uns zu gewinnen. Im Spielzeugkorb ging es mit jiff und jaff drunter und drüber, während der andere keinen Mucks machte. Er betrachtete uns.

Sein Bruder hatte dann keine Lust mehr auf das Spielzeug, an dem er in der Ecke nagte, und wandte seine Aufmerksamkeit ebenfalls uns zu. Er sprang auf und rannte auf uns zu und rempelte dabei seinen vor uns sitzenden Bruder um. Der jedoch setzte den Schwung des anderen so um, dass er im Nu obenauf war und dieses mit Zähnen bewehrte Wollknäuel mühelos festnagelte.

Gleich darauf saß er wieder zu unseren Füßen und musterte uns, wobei er gelegentlich seine Pfote leckte und zum desinteressiert an seinem Schreibtisch sitzenden Züchter hinüberschaute.

»Wir nehmen den da«, sagte ich und bekräftigte damit nur die bereits von dem Hündchen zu unseren Füßen getroffene Wahl.

So trat Oscar in unser Leben. Ausgewachsen, so hieß es, werde er um die zwölf Kilo wiegen, aber er brachte es dann auf gut achtzehn Kilo, je nach aktuellem Füllstand etwas mehr oder weniger. Er war die sportlichste Französische Bulldogge, die ich je gesehen hatte, er schnappte Frisbees aus der Luft und bei kurzen Sprints im Park ließ er manchmal sogar Hunde anderer Rassen stehen, die eigentlich als schneller gelten.

Bis er das gesegnete Alter von sechs Jahren erreichte.

Einmal kollerte er beim Spiel mit einem anderen Hund ein paar Steinstufen hinunter und dabei verrutschte einer seiner Wirbel. Das hätte sich bei den meisten anderen Hunden wieder einrenken lassen, aber von Französischen Bulldoggen ist bekannt, dass die Wirbelsäule aufgrund starker Überzüchtung deformiert ist. Diese Hunde werden zehn Jahre alt, wenn es ganz gut läuft, aber die späteren Jahre können eine ziemliche Quälerei sein.

Über Jahrhunderte der gezielten Züchtung sind diese Wesen mit viel Fingerspitzengefühl in ihre gegenwärtige Form geknetet worden. Sie besitzen Attribute, die von vielen als ästhetisch befriedigend empfunden werden, aber wenn es um grundlegende Überlebensfunktionen geht, sind sie eher aufgeschmissen. Der Körper ist so verunstaltet, dass sie sich ohne Unterstützung durch den Menschen nicht einmal vermehren können. Kaum zu glauben, dass Oscar und alle domestizierten Hunde direkte Abkömmlinge von *Canis lupus*, dem Wolf, sind. Hunde sind die besten Freunde des Menschen, aber vielleicht auch ein Spiegel, genaues Abbild der Art und Weise, wie wir uns selbst von unseren ursprünglichen Anlagen weggezüchtet haben.

Vergleiche zwischen Hunden und Menschen oder Welpen und Kindern entsprechen nicht so recht dem guten Ton, aber dieses Buch legt es nicht darauf an, politisch korrekt zu sein. Ich bin auf Wahrheit aus, nicht auf Konsens. Um zur Wahrheit zu kommen, müssen erst einmal ein paar gesellschaftlich akzeptierte Normen beiseitegeräumt werden.

Wir haben unseren Hunden und Katzen die Ecken und Kanten abgezüchtet und das haben wir auch mit uns selbst gemacht, auch wenn wir es nicht gern so sehen. Und um was geht es bei diesem Denken? Um Kontrolle. Um Überschaubarkeit. Um Besitzanspruch. Um Herrschaft.

Diese vier Wörter bezeichnen Verwandte der Angst – und damit müssen wir uns auf dem Weg des Geistes auseinandersetzen und zurande kommen. Angst ist in vielen Fällen eine gesunde oder sogar lebensnotwendige Reaktion. Ohne sie wären wir wahrscheinlich schon nicht mehr da. Das gilt vermutlich auch für Sie, ob Sie es sich eingestehen möchten oder nicht. Angst ist unser Freund, solange sie richtig dosiert und nicht so häufig auftritt. Wenn ich mir unsere Schlagzeilen so ansehe und dazu den Rückgang der Fremdenfreundlichkeit beobachte – etwa in Gestalt der Bereitschaft, Anhalter mitzunehmen –, würde ich sagen, dass wir als Gesellschaft an einer Überdosis Angst laborieren.

Wir alle werden wie Oscar in einen kulturellen und technologischen Zusammenhang hineingeboren und wachsen darin auf. Das hat seine Vorteile, etwa wenn man als Welpe gleich aus der Nahrungskette herausgenommen wird. Aber wie weit würde Oscar kommen, wenn wir ihn vor die Tür setzten und sich selbst überließen? Er würde in kurzer Zeit verhungern, es sei denn, er fände einen anderen Haushalt, der ihm den Napf füllt.

Und wir, was würde bei einem Versagen der Technik aus uns werden? Wenn die Energieversorgung in weiten Bereichen ausfiele und es in der Folge keinen Strom, kein Internet und keine Handyverbindungen mehr gäbe, welche Konsequenzen hätte das?

Wie viele von uns würden überleben? Wären Sie dabei?

Ich bin mir vollkommen sicher, dass die indigenen Völker Südamerikas überleben würden. Ich sehe sie auch nicht als technisch rückständig, denn Handys und Computer haben sie auch. Aber außerdem haben sie eben nicht vergessen, wie es ist, als Menschen im Einklang mit der Natur zu leben.

Die Menschen des Amazonas- und Andengebiets wachsen so auf, dass sie ihren Instinkten vertrauen, aus dem unmittelbaren Umgang mit der Außenwelt lernen und sich nicht kleinkriegen lassen. Zum Überleben brauchen sie nicht viel mehr als Mutter Natur selbst. Sie sind aufgeweckt, sie haben Mumm, und vor allem sind sie geradezu ansteckend glücklich, auch wenn sie wenig besitzen.

Unsere Naturentfremdung zeigt sich auch auf anderen Gebieten. Wir haben Rückenschmerzen, weil wir alle Tage Stunde für Stunde sitzen, und unsere Augen machen Schwierigkeiten, weil wir unter Neonlampen arbeiten und auf LED-Bildschirme starren. Wir vertreiben uns die Zeit mit Schauspielern, die uns fiktive Ereignisse darstellen, und mit Nachrichtensprechern, die uns den Kopf mit aufgebauschten, beängstigenden Darstellungen von Weltereignissen vollblasen. In uns ist eine Leere, die sich mit Filmen, Comedyshows und Videospielen einfach nicht füllen lässt. Etwas ganz Ursprüngliches in uns schreit nach tieferer Verbundenheit mit anderen und dem Boden unter unseren Füßen.

Wussten Sie, dass unsere nicht gar so fernen Vorfahren im Durchschnitt jeden Tag gut drei Kilometer in strammem Marschtempo zurücklegten? Wir entstammen Gemeinschaften von Sammlern und Jägern, deren Überleben von nahtloser Zusammenarbeit abhing. Wir sind körperlich und seelisch immer noch sehr weitgehend auf diese Art von Leben eingestellt. Heldentum, gemeinsam getragene Lasten und der Glaube an die Gemeinschaft waren für unsere Ahnen alltägliche Realität. Aber wo ist das alles jetzt?

Die Technik, so scheint es, hat unsere biologische Evolution überholt. Würde diese Technik wegfallen – durch freiwilligen Verzicht oder katastrophale Ereignisse –, würden wir dann auf das von Natur aus in uns Angelegte zurückfallen? Oder haben wir uns schon zu weit von der Natur und voneinander entfernt, als dass wir uns wieder zu einem gedeihlichen Miteinander zusammenfinden könnten?

Die Illusion der Trennung aufheben

Waren Sie schon mal am Nacktbadestrand oder in einem Thermalbad, wo Ihnen das Tragen von Badekleidung freigestellt war? Seltsame Frage, zugegeben, aber ich kann Ihnen versprechen, dass sie nicht müßig ist. Es gibt nämlich etwas ganz Interessantes zu beobachten, wenn wir uns in einer Umgebung mit lauter nackten Menschen entkleiden.

Das Kindische an unseren gesellschaftlichen Bekleidungs-
normen springt dann sofort ins Auge.

Bevor Sie sich bis aufs Adams- oder Evakostüm entkleiden,
besteht eine mehr oder weniger große Unsicherheit darüber,
wie das Urteil anderer wohl ausfallen mag, man fürchtet
unerwünschte Aufmerksamkeit und so weiter. Wenn alle
nackt sind, sitzen wir auch alle im gleichen Boot, ein bisschen
ungeschützt, dafür aber freier. Wenn lauter Nackte im
Thermalbad herumspringen, könnte man ja auch denken,
dass da einiges an sexueller Verkorkstheit zum Vorschein
kommt, doch tatsächlich handelt es sich da um etwas ganz
Normales und Asexuelles. Wenn Sie es schon erlebt haben,
wissen Sie, was ich meine. Falls nicht, kann ich Ihnen nur
empfehlen, es auszuprobieren.

Wenn man mit anderen über seinen inneren Weg spricht, ist
damit eine ähnliche Ungeschütztheit verbunden und es
bieten sich ähnliche Freiheitschancen. Erst einmal hat man
Bammel, aber wenn dann alle die Karten auf den Tisch legen,
kommt uns irgendwann die heilsame Erinnerung, dass wir alle
Menschen sind und alle unsere Schwächen haben. Wenn wir
einmal wissen, woran der andere arbeitet, wird diese Beziehung viel bunter und wir bewegen uns leichter in ihr. Unsere
Lieben werden uns zu Spiegeln, die uns zu Einsichten verhelfen können, mit denen wir unserer Medizin näherkommen.
Die wichtigste Folge des offenen Gesprächs mit Freunden über
unsere Arbeit an uns selbst könnte darin bestehen, dass wir
ihnen Mut machen, ebenfalls an ihrer Entwicklung zu arbeiten
und für ihre Heilung den Weg zu nutzen, auf dem wir bereits
sind. Auf diesem Weg wird sehr deutlich, dass wir alle Spiegel
füreinander sind und ein geeintes Bewusstsein sichtbar werden lassen, in dem wir nur noch durch unser Fleisch und Blut
voneinander getrennt sind – und vielleicht nicht einmal das.

Sich ganz füreinander zu öffnen und das Innerste mitzuteilen – das kann erst einmal ein bisschen unbehaglich wirken. Es kann nach Kommunardentum, wenn nicht Kommunismus klingen. Ich erinnere mich, dass es bei mir anfangs so war. Bis es sich dann als befreiend und entsprechend unwiderstehlich erwies.

Mit der Übung »Augen-Blicke« am Ende von Kapitel 10 haben wir eine sehr schöne Möglichkeit, Trennungsgefühle unter vier Augen aufzulösen, aber jetzt möchte ich Ihnen eine Übung vorstellen, die man in Gruppen von drei oder mehr Teilnehmern machen kann.

Darf ich vorstellen: mein Schatten

Beim Essen mit Freunden oder im Familienkreis laufen sehr oft immer wieder die gleichen Gespräche ab. Man erzählt von der Arbeit, von den Kindern, wenn man welche hat, man tratscht ein bisschen über Freunde, man kramt in alten Erinnerungen – Weißt du noch?

Das läuft routinemäßig ab und hat nichts von echter Erreichbarkeit oder gegenseitiger Entwicklungshilfe. Aber sind das nicht genau die Leute, bei denen Sie etwas Nahes und Vertrautes empfinden? Warum also nicht die Karten auf den Tisch legen und sie ebenfalls dazu animieren?

Wenn Sie wieder einmal jemandem aus ihrem inneren Kreis gegenübersitzen, könnten Sie von etwas erzählen, womit Sie sich innerlich herumschlagen. Das wird vermutlich eine Reaktion auslösen, und zwar hoffentlich eine einfühlsame. Jedenfalls ist jetzt der Samen für einen gemeinsamen Transformationsprozess ausgebracht.

Was Ihre seelenverwandten Kameraden auch antworten mögen, hören Sie es sich ein paar Minuten lang sehr aufmerksam an, um dann bei passender Gelegenheit Vorschläge zu Regeln zu machen, die das Ganze interessant halten.

Sie können sich etwa so äußern: »Hört mal zu, für mich wäre es völlig in Ordnung, das einfach weiter zu erörtern. Ich hör mir gern an, was ihr zu dem, woran ich arbeite, zu sagen habt. Aber damit das Ganze irgendwie im Gleichgewicht bleibt, würde ich vorschlagen, dass wir alle etwas von dem erzählen, was uns gerade beschäftigt und wobei uns ein bisschen Hilfe willkommen wäre.«

Wenn Sie etwas wirklich Persönliches preisgegeben haben, ist das jetzt die Latte für alles Weitere. Ihre Freunde sind entweder zum Mitspielen bereit oder sie sind es nicht. Auf jeden Fall haben Sie jetzt ein paar Anhaltspunkte, um einzuschätzen, mit wem Sie es da zu tun haben. Sehr wahrscheinlich öffnet die freimütige Darstellung ihrer eigenen Kämpfe eine Tür und schafft für ihre Freunde einen sicheren Raum, in dem sie es Ihnen nachtun können.

So hat sich für Ihre Gruppe eine ganz neue Beziehungsebene aufgetan. Sie sehen diese Menschen mit anderen Augen, Sie verfolgen unmittelbar, womit sie zu kämpfen haben, und geben ihnen Raum dafür. Auf diese Art kann man vermeintliche Getrenntheit durchschauen und überwinden. Ein Stamm ist gegründet.

Aber seien Sie gewarnt: Wenn wir den Schleier der Trennung lüften, müssen wir bereit sein, über alte Prägungen und oberflächliche Einstellungen hinauszugehen, die so weite Teile der modernen auf Eigentum versessenen Welt beherrschen. Rechnen Sie also damit, dass manches am Anfang mühsam und leidvoll ist. Wo Entwicklung stattfinden soll, gehört das einfach dazu.

Wenn es Ihnen schwerfällt, Ihr Innerstes vor anderen auszubreiten, ist das in sich bereits ein lohnendes Anliegen.

Kapitel 13

Aufstieg

19. Juni 2016, acht Uhr früh
Larapata, Peru

Es ist sechs Jahre her, dass wir den Film *The Sacred Science* gedreht haben, aber für mich fühlt es sich eher wie sechs Monate an.

Heute ist Zeremonie-Tag, und wir werden uns heute Abend um neun in der Kapelle zusammenfinden, um Ayahuasca zu trinken und allem, was sich während des achtstündigen Rituals zeigen mag, Raum zu geben. Ich hatte mir vorgestellt, dass ich es heute einmal langsam angehen lassen würde, um den von unserem heroischen Abstieg gestern Abend zurückgebliebenen Muskelkater loszuwerden, aber Roman scheint andere Pläne zu haben. Ich treffe Elton und Roman im Speiseraum beim Ayahuascafrühstück an, eine Schale ungewürztes Quinoa und dazu gegarte Kochbananen. Ich setze mich zu ihnen.

»Ich möchte dir und Mileen heute unsere Permakulturfarm zeigen, und vielleicht können wir auch bei der neuen Schule für die Kinder der Gegend vorbeischauen, an deren Bau wir uns beteiligen.« Er isst weiter, während er spricht und der fade Brei scheint ihm tatsächlich zu schmecken. »Klingt gut«, sage ich. »Ist das hier in der Nähe?«

Elton lacht in sich hinein, als er mich anschaut und deutet mit dem Finger den Talhang über uns hinauf. »Siehst du die Linie wo das Tal da oben aufhört? Dahinter geht es noch mal so einen Hang rauf und dahin wollen wir. Iss auf, *hermano*. Das wird heute eine ziemlich anstrengende Wanderung.«

Zum Paititi-Institut gehören tausend Hektar Dschungel-Hochwald, und das ganze liegt fünf Autostunden und zwei weitere Stunden Fußmarsch östlich des Heiligen Tals und der nächstgelegen Stadt Cusco. Das Basislager, wo man isst, schläft und duscht, liegt unten im Tal, nicht weit oberhalb des schnell fließenden Río Mapacho, der alles, was am Tag oder in der Nacht geschieht, mit seinem dumpfen Tosen begleitet. Vom Ökodorf am Flussufer zieht sich das Land sehr steil die Bergflanke hinauf und bietet sowohl alte Inka-Terrassen und mit Primärwald bewachsene Stellen als auch schroffe Felsen und geheimnisvolle Wasserfälle. Was sie hier »das Land« nennen, ist eigentlich die westliche Hälfte eines kleinen Berges in den östlichen Ausläufern der Anden, wo Gebirge und Dschungel aneinandergrenzen. Wir vier treffen uns vor dem Speiseraum und verstauen Proviant und leichte Ausrüstungsdinge sowie Wasser in unseren Rucksäcken. Der Pfad führt über uns in engen Serpentinen und mit, wie es scheint, um die 45 Grad Steigung nach oben. Die nächsten paar Stunden versprechen, sehr hart zu werden.

»Immer nur ein Schritt auf einmal, *hermano*«, sagt Roman und setzt einen alten breitkrempigen Filzhut auf.

Nach ungefähr einer halben Stunde Aufstieg bleibt er stehen, dreht sich lächelnd zu mir um und sagt: »Hier, sieh dir das an.« Unmittelbar vor uns biegt der Pfad um eine scharfe Felsnase und ist nicht mehr zu sehen. Als wir ihm um die Kurve folgen, wird die warme Nachmittagsluft urplötzlich deutlich kühler und so, wie wir tiefer in die steinige Falte hineingehen, wird es auch dunkler. Das Knirschen der Bergschuhe auf losem Gestein wird jetzt vom Geräusch prasselnden Wassers übertönt.

Aus einem gewaltigen Felsen ungefähr fünfzehn Meter über uns, schießt ein Wasserstrahl und ergießt sich mit Getöse in ein etwas unterhalb liegendes Steinbecken. »Es gibt auf diesem Land viele heilige Plätze dieser Art«, sagt Roman. »Dieses Wasser ist aus einer Quelle und man kann es trinken, wenn nicht irgendwo oberhalb ein Tier im Bachbett verendet ist.« Er lacht, bildet eine Schale mit seinen Händen, fängt etwas von dem herabstürzenden Nass auf und trinkt. »Ah, es gibt nichts Besseres. Probier mal.«

Das mit dem verendeten Tier gibt mir zu denken, aber ich habe einfach Durst. Ich bin jetzt schon sechs Jahre bei Roman, und er hat es noch nicht geschafft, mich um die Ecke zu bringen. Ich nehme meinen ledernen Gaucho-Hut vom Kopf und fange mit ihm etwas von der glitzernden Flüssigkeit auf. Die erste Füllung gieße ich mir über den Kopf, und die zweite nach kurzem Zögern ins Gesicht. Er hat recht, das Wasser ist süß und leicht erdig.

»Hermano, wie weit ist es noch bis zur Farm?«

Roman sieht Elton über das Becken hinweg an. Der stellt betont nüchtern fest: »Ungefähr ein Viertel haben wir schon, bisschen weniger vielleicht.«

Wir sind nach dem ersten Stück des steilen Anstiegs schon total durchgeschwitzt. Mileen grinst mich an, immer obenauf, auch unter schwierigen Bedingungen. »Bin nur froh, dass ich in letzter Zeit immer mein Pilates gemacht hab«, lässt er mich wissen. Höhe, Hitze und dann auch noch senkrecht die Wand rauf, das ist schon ein ziemliches Work-out.

Roman sitzt auf einem moosbewachsenen Felsen und lässt sich von der Feuchtigkeit nicht beirren. »Ihr beiden habt schon eine Weile nicht mehr an einer Zeremonie teilgenommen. Wir werden unserem Körper heute ein hartes Training zumuten, damit er am Abend nicht zum Hindernis wird. Aber keine Sorge, eure Muskeln werden sich in der Kapelle ausruhen können, während der Geist das Marschieren übernimmt.«

Die nächsten zwei Stunden klettern wir noch einige Hundert Meter weiter in die Höhe und durchmessen dabei drei Klimazonen: vom hohen Dschungel zur *Altiplano* genannten Anden-Hochebene und weiter hinauf bis zur beginnenden Hochgebirgszone. Alle zwanzig bis dreißig Minuten ändern sich Boden und Vegetation. Auf diesen alten Inka-Steigen einen Fuß vor den anderen zu setzen ist in sich selbst ein Ritual.

Als wir uns in Richtung der ersehnten Permakulturfarm da oben immer weiter hinaufstemmen, regt sich in mir Dankbarkeit über die ganze Beschwerlichkeit des Unterfangens, das Brennen in den Knien und Waden, das Keuchen. Normalerweise tue ich mich eher schwer an Tagen, an denen eine Zeremonie stattfinden soll. Ich sehe mit sehr gemischten Gefühlen dem Abend und all dem entgegen, was er möglicherweise bieten wird. Manche der alten Hasen sind ganz versessen auf Großmutter und freuen sich schon Wochen vorher auf die nächste Zeremonie. Ich nicht.

Sie hat mir mehr gezeigt, als jedes andere spirituelle Abenteuer, das ich je erlebt habe, aber das kostet auch etwas. Wer mit dieser uralten Heilpflanze arbeitet, muss bereit sein, absolut alles wahrzunehmen, was sich in den letzten Winkeln des Unterbewussten zu verstecken versucht. Für mich jedenfalls ist es so.

Manchmal wird es so dicht, dass ich kaum noch atmen kann. Manchmal verliere ich mich total und weiß dann über Stunden nicht, wer, was oder wo ich bin. Aber wenn man mit seinem unermesslichen und nicht benennbaren Seelen-Ich wieder vertraut geworden ist, kommen die Unterweisungen – manchmal wie aus einem Abgrund und ohne Reihenfolge und manchmal so, als würden sie mit Großmutters Stimme gesprochen. Nur über einen kleinen Tod kommt man dort hin, aber es ist auch die kraftvollste Medizin, die ich kenne. Das Quechua-Wort *aya* bedeutet Seele oder Tod, und *huasca* bedeutet Ranke, Liane oder Seil. Ayahuasca heißt also wörtlich die Ranke der Seele.

Ich sehe dieser Wiedersehenszeremonie seit vier Tagen mit banger Erwartung entgegen, aber die Strapazen des Aufstiegs ermöglichen mir eine gewisse geistige Entspannung. Roman hat seine Weisheit wieder mal unter Beweis gestellt. Der Anstieg löst oder verzögert die Angstanfälle, die sich Zugang zu meinem Herzen verschaffen möchten. Danke, ihr Berge.

Wir haben jetzt ungefähr so viel an Höhe gewonnen, wie wir gestern Abend abgestiegen sind, wir erkennen sogar an der weit entfernten gegenüberliegenden Talseite die Straße, auf der wir gefahren sind. Der Weg aus dem Tal herauf ist genauso steil, aber man kommt entschieden langsamer voran, setzt die Schritte gezielter und fühlt sich dadurch sicherer.

An einem Felsvorsprung, der einen großartigen Ausblick auf den Río Mapacho bietet, machen wir kurz halt und trinken ein wenig Wasser. Das Basislager unten ist jetzt nur noch als eine kleine Ansammlung ameisengroßer Dächer entlang einer glitzernden blauen Linie zu erkennen, die sich am Talgrund entlangschlängelt. Gegen zwei Uhr erreichen wir das Tor aus handbearbeitetem Holz mit seinem bunten Schild, auf dem »Bien Venidos« steht. Die Luft ist hier oben trocken und staubig, es herrscht ein entschieden anderes Mikroklima. Roman hebt den improvisierten Drahtriegel. Das alte hölzerne Gatter öffnet sich knarrend und schwingt unter seinem eigenen Gewicht einladend nach innen. Wir folgen dem Weg, der ins Gelände hineinführt. Hinter einer weiteren Haarnadelkurve führt der Weg steil nach oben. Ich suche mit dem Blick die Hangkante über uns nach Anzeichen unseres Zielorts ab, als der zerklüftete Pfad plötzlich flach in einen Bestand von üppigem, weichem, grünem Gras übergeht. Statt des steinigen und staubigen Bodens haben wir auf einmal braune Erde unter den Füßen und verlangsamen unwillkürlich unsere Schritte, um uns hier umzusehen.

»Wir sind da«, sagt Roman. Er geht weiter geradeaus an einem alten Brunnen vorbei, dessen Becken mit den gleichen Steinen eingefasst ist mit denen auch die alten Terrassen befestigt wurden, die wir heute beim Aufstieg gesehen haben. Gleich daneben stehen zwei herrliche Kakteen, die ich sofort als San Pedro erkenne, die Großvater-Medizin der Inka. Weiter voraus gabelt sich der Weg und führt beiderseits an einem Gemüsebeet vorbei, um sich dann immer wieder zu gabeln, sodass ein geometrisches Patchwork von Feldfrüchten aller Art entsteht. Hinter diesem üppigen Berggarten ist eine alte Stützmauer zu erkennen, die größtenteils unter Moos und allerlei Ranken verschwindet, aber nach wie vor standhält.

Dann begreife ich: Wir stehen auf einer der vielen weitläufigen Terrassen, die sich hier wie die anderen, die wir heute beim Aufstieg gesehen haben, an den Hängen entlangziehen. Der einzige Unterschied zwischen dieser Terrasse und den anderen liegt darin, dass sie restauriert wurde und jetzt wieder so benutzt wird wie vor langer Zeit. Sie birst schier vor Fruchtbarkeit und wird von den Menschen optimal genutzt. Das Paititi-Team hat das Vorgefundene aufgegriffen und die traditionellen Anbaumethoden mit Formen moderner Permakultur kombiniert. Und es funktioniert.

Wir gehen weiter und stoßen auf einen Mann, der sich über ein Blattkohlbeet beugt und mit gekonntem Griff die reifen Blätter erntet, um sie dann in einen über der Schulter hängenden Sack zu stecken. Ohne Hemd und verschwitzt steht er da und grinst uns unter seinem Gaucho-Hut hervor an.

»Ihr habt ja ganz schön lange gebraucht! Bringt ihr mein Mittagessen mit?«

Es ist Anthony einer der drei Lehrlinge, die wir gestern Abend kennengelernt haben. Er scheint sich hier oben vollkommen wohlzufühlen. Roman meint, Anthony sei durch einen höheren Ruf an diesen Ort gelangt. Er möchte hier sein Können einsetzen, um die alten Traditionen zu neuem Leben zu erwecken, zugleich möchte er von einer Kultur lernen, deren Menschen ganz im Einklang mit der Natur leben. Früher war Anthony im Dienst des United States

Forest Service für Instandhaltung und Neuanlage von Wegen verantwortlich und verbrachte den größten Teil des Tages draußen in der freien Natur.

»Keine Sorge«, sagt Roman. »Wir haben genug Quinoa und Kochbananen für ein ganzes Dorf dabei. Aber gehen wir doch zum Essen alle zusammen rauf zur Zisterne.«

Das Wort »essen« stimmt mich für einen Moment erwartungsfroh, bis mir dann dieser Quinoabrei mit den glitschigen Kochbananen wieder einfällt. Das einzig Gute an dieser Art von Dieta liegt darin, dass sie den Körper auf das ganze bevorstehende Unbehagen einstimmt, sodass einen die intensiven Empfindungen, die folgen werden, nicht mehr so hart treffen. Meine Verdauung ist so an Salz und Fett gewöhnt, dass es schon einige Mühe kostet, diese teigigen Bananen hinunterzubekommen – typisches Zivilisationsproblem.

Wir erklimmen einen weiteren Hang und befinden uns auf einem hochalpin wirkenden Absatz wieder. Der Blick schweift von hier aus über ein riesiges Areal mit Bergrücken, Gipfeln und Tälern. Linker Hand erheben sich die Berge bis in die Wolken und gehen abwärts ganz allmählich in das immer dichter bewachsene Amazonas-Hochland über. Zwei Hunde bilden unsere Vorhut, seit wir das Basislager verlassen haben. Sie tauchen immer mal wieder auf und dann unvermittelt ab, folgen einfach Ohren und Nase zu für uns unsichtbaren interessanten Dingen im Unterholz. Einer springt plötzlich über den Weg und dann einen steilen Abhang hinunter, ohne auch nur einen Moment zu zögern. Mir entfährt unwillkürlich ein »Nein!«. Gleich darauf wird mir bewusst, dass es sich eben nicht um amerikanische Haustiere handelt. Sie wissen einfach, was sie tun.

Ein paar Minuten später erreichen wir ein altes Steingebäude mit dem für diese Gegend typischen verrosteten Blechdach. Vom torlosen Vordereingang aus fällt einem sofort ein ganzes Meer goldener Maiskolben ins Auge. Elton tritt als Erster ein und springt von der Schwelle aus in einen gewaltigen Haufen Inka-Mais. »Gentlemen, das hier ist die Ernte dieses Jahres. Ganz schön, oder?« Der frühere Koch ist regelrecht von Ehrfurcht ergriffen angesichts dieser üppigen Versorgungsbasis. Roman watet durch diesen Reichtum zu einer der beiden darüber aufgespannten Hängematten hin. Ich gehe auf die andere zu. Ich lasse den erschöpften Körper mit seinen brennenden Beinen einfach fallen und wäre um ein Haar auf der anderen Seite wieder rausgepurzelt.

»Diese Pfade winden sich durch die ganzen Anden und sind voller Geheimnisse«, sagt Roman. »Die Quechua-Frauen aus Larapata hatten immer solche Tuchtaschen wie Elton, die waren mit Kartoffeln, Cassava und anderem Wurzelgemüse gefüllt. Damit gingen sie dann zum Markt nach Pisac. Morgens mussten sie ganz früh hier aufbrechen und waren bis zum Abend unterwegs, um am nächsten Morgen ins Heilige Tal abzusteigen. Manche gehen noch heute diesen Weg.«

Elton greift das auf: »Die Frauen werden hier bis weit über neunzig Jahre alt. Während sich die meisten Amerikaner so ab achtzig keine großen Mühen mehr zumuten, legen die heutigen Inkas diese Wege noch in weit höherem Alter zurück. Damit kennen sie sich aus. So haben sie es ein Leben lang gemacht – ein Leben der inneren Stärke und Naturverbundenheit.«

Und dazu jede Menge Kartoffeln.

Die Sonne sinkt schon der Hanglinie auf der anderen Seite des Mapacho-Tals entgegen, als wir fünf, Anthony hat sich uns angeschlossen, durch das Anden-Hochland in Richtung Lager absteigen. Der Aufstieg war strapaziös gewesen, barg dafür aber kaum Gefahren. Die Gefahren, das habe ich gestern schon gelernt, lauern größtenteils beim Abstieg. Da es schnell dunkel wird, einigen wir uns darauf, eine Abkürzung zu nehmen, durch die wir eine gute halbe

Stunde gewinnen, aber dieser alte Eselspfad bröckelt unter den Füßen weg und ist lange nicht mehr gepflegt worden. Roman geht mit seiner Machete vorweg und schlägt die in den Weg hängenden Ranken und Zweige ab. Wir folgen ihm im Gänsemarsch. »Anthony ist noch nicht dazu gekommen, diesen Weg wieder herzurichten«, sagt Roman, »passt also auf.« Als ich mich vorbeuge, um besser zu hören, holt er gerade aus, um das vor ihm hängende Grünzeug abzuschlagen und die Klinge zischt für mein Empfinden sehr knapp an meinem Gesicht vorbei.

Roman haut weiter den Weg frei und ich drehe mich um, weil ich sehen möchte, wie weit die anderen drei zurück sind. Mileen und Elton sehe ich ungefähr fünfzig Schritte hinter mir, aber keine Spur von Anthony. Elton schließt zu uns auf und ahnt wohl, was mir durch den Kopf geht.

»Mach dir keine Sorgen«, sagt er. »Anthony ist unser wilder Mann hier. Sicher hat er irgendwo was gesehen, was in Ordnung gebracht werden muss. Wenn er diese Pfade nicht instandhalten würde, hätten wir heute nicht bis ganz nach oben gehen können.«

Mileen und ich schauen uns verwundert an. Ein einzelner Mann legt den Weg frei und hält ihn instand?

Dann hören wir weiter oben schnelle Schritte. Sekunden später sehen wir Anthony halb rutschend, halb laufend auf uns zukommen, den Rucksack hat er sich fest um den nackten Oberkörper gezurrt. Er kaut Coca, der Blick ist auf den Boden gerichtet und er wirkt gedankenverloren, vielleicht auch entrückt. Seiner äußeren Erscheinung nach hat er so gut wie kein Gramm Körperfett und wohl deshalb bewältigt er diese Abhänge zweimal so schnell wie wir.

»Was steht ihr da rum? Wir kommen noch zu spät zu unserer letzten Portion Quinoa mit Bananenmatsch!« Sein Grinsen legt einen Batzen Coca in der Backentasche frei.

Der Rest des Abstiegs geht ganz schnell, ein Kinderspiel im Vergleich zu dem, was wir gestern um diese Zeit erlebt haben.

Hin und wieder bleibt Roman stehen und deutet auf kleine in die Felswand links vom Pfad eingehauene Zeichen. Es handelt sich um ganz gleichförmige Trapeze, die leicht vom Bewuchs am Wegrand verdeckt werden, aber wenn man einmal auf sie aufmerksam geworden ist, bieten sie einen ungewöhnlichen Anblick. Und wie so viele Dinge in diesen Bergen werfen sie Fragen auf.

Es handelt sich um heilige Ablageorte, die man seit Jahrtausenden dafür nutzt, um den Berggöttern oder Apus Opfergaben zu hinterlassen. Jeder Berg der Anden wird als lebendige Gottheit mit höheren Kräften betrachtet. Eine dieser Kräfte besteht darin, Leben zu schenken oder Leben zu nehmen. Besonders gern werden Cocablätter hinterlassen. Der Wanderer bildet ein Kintu aus drei makellosen Blättern, haucht ihm seine Schutzgebete und seine Dankbarkeit ein und legt diese Blätter in die Öffnung im Gestein, bevor er seinen Weg fortsetzt. Je mehr ich mich mit diesen alten Traditionen beschäftige, desto klarer zeichnet sich ab, dass sie tiefe Achtung vor dem Leben bedeuten und außerdem ein ständig wiederholter Ausdruck der Dankbarkeit sind.

Die Archäologen wissen immer noch nicht so ganz genau, wie diese mit laserartiger Präzision geschaffenen geometrischen Andachtsstätten zustande gekommen sind. Die Opfernischen sieht man überall in den peruanischen Anden, und es gibt sie seit über tausend Jahren, sie entstammen einer Zeit, in der man in Europa seine Notdurft noch in Erdlöchern verrichtete und mit roh geschmiedeten Eisenschwertern und Rüstungen aufeinander losging. Und Tausende von Kilometern entfernt verfügten die Menschen bereits über eine Technik, diese perfekten Formen entstehen zu lassen, die tief ins Gestein hineinreichen und bei denen man mitunter kein Ende findet.

Ähnliche Steinmetzarbeiten habe ich an den gewaltigen Mauern der alten Wege im Heiligen Tal und in Machu Picchu gesehen. Mit ihren präzisen Rändern, Ecken und Flächen können sie eigentlich nur mithilfe neuerer Technik gefertigt worden sein. Aber die Carbon-Datierung irrt sich nicht. An diesen scheinbar unmöglichen Werken rätseln die Archäologen schon mindestens ein Jahrhundert herum, und mir, der ich gerade vor einer dieser Öffnungen stehe, läuft ein Schauer den Rücken hinunter. Was wussten diese Menschen, das uns noch immer verborgen ist?

Eine Stunde später befinden wir uns im Speiseraum des Paititi-Instituts, strecken die müden Beine aus und nehmen es mit der letzten Schale Quinoa und Bananen auf. Anthony ist schon beim Nachschlag, während ich noch kaum drei Happen geschafft habe.

Es ist fünf, um neun soll die Zeremonie beginnen, und ich spüre jetzt schon den Bammel. Die Stunden des Wartens vor einer Zeremonie sind für mich immer besonders schwierig.

»Iss was, Nick« sagt Roman. »Wenn du dich heute Abend entleerst, tut sich dein Körper leichter, wenn du was im Bauch hast.«

Zu Elton und Stella gewandt ergänzt er: »Ich habe noch lebhaft in Erinnerung, dass bei ihm immer eine Menge zu entleeren ist.«

Sie lachen mich gutmütig an. Ich lächle zurück und wehre die ganze Angst ab, die mit Romans Worten in mir hochkommt. Im Lauf der letzten halben Stunde, in der körperlich kaum noch etwas zu tun war, greift die Angst wieder zunehmend nach mir und ballt sich im Bauch zusammen. »Großmama ruft mich, seit wir wieder da sind, *hermano*. Kann sein, dass es mit dem Entleeren schon losgeht, bevor die Zeremonie auch nur angefangen hat.«

Ich gebe mein Bestes, um noch ein paar Bissen hinunterzuwürgen. Neben Roman sitzt Stella, eine seiner drei Lehrlinge, die außerdem für alle Schüler und Patienten im Zentrum die Mutterrolle übernimmt. Sie strahlt eine Sanftmut aus, die gar nicht zu ihrem Punk-Äußeren zu passen scheint. Ihr Haar ist auf der einen Seite kurz rasiert und fällt auf der anderen Seite ganz wunderbar, was ihr das Aussehen einer Krieger-Priesterin gibt, die einem Mad-Max-Film entsprungen sein könnte. Sie stammt aus Montreal und spricht mit einem ebenso starken wie schönen französischen Akzent mit den Permakultur-Werkstudenten, die neben uns essen.

Sie müssen keine Ayahuasca-Diät halten. Was sie da auf dem Teller haben, sieht lecker aus und riecht auch so.

»Wie ihr wisst«, sagt Roman, haben wir sechs heute Nacht eine Ayahuasca-Zeremonie in der Kapelle. Falls bis morgen früh irgendwelche dringenden Angelegenheiten oder Fragen auftauchen, ist Sasha so lange dafür zuständig.« Sasha ist eine sehr freundlich wirkende Frau Mitte vierzig, und sie scheint mit diesem Auftrag kein Problem zu haben, offenbar ist es nicht der erste. Beim Zuhören nimmt sie ein Stück knuspriges Sauerteigbrot und wischt damit die Reste ihres überaus verlockenden Dschungelgemüse-Eintopfs aus ihrer Schale. Sasha, die neben Stella vor einer gipsverputzten Wand sitzt, antwortet Roman: »Ich habe das Zitronen-Knoblauch-Wasser das ihr bei der Zeremonie braucht, schon vorbereiten lassen. Gibt es noch weitere notwendige Vorbereitungen?«

»Nein, darüber hinaus haben wir nur noch die Bitte, dass Musik und jeglicher Lärm ab halb neun unterbleiben«, sagt Roman. »Und macht die Kapellentür nur im äußersten Notfall auf.«

Der Schamane und seine Lehrlinge leeren ihre Essenschalen mit so alltäglicher Selbstverständlichkeit, dass ich ein wenig befremdet bin. Man könnte meinen, es sei für die vier ein Abend wie jeder andere. Thema und Tonfall des Gesprächs lassen nichts von Erwartung erkennen. Offenbar erscheint die bevorstehende spirituelle Prüfung nicht einmal als winziges Pünktchen auf ihrem Radar.

Als Roman fertig ist, steht er auf und geht quer durch den großen Gemeinschaftsbau auf den Tisch zu, an dem Mileen und ich sitzen. »Es ist jetzt halb sechs, vielleicht sollten wir uns vor der Zeremonie alle noch ein bisschen ausruhen.«

Ich nicke. »Gute Idee. Dann bis später in der Kapelle.« Um ehrlich zu sein, finde ich die Idee gerade gar nicht so gut. Völlig undenkbar, dass ich jetzt schlafen kann. Klingt eher nach Quälerei.

Der Schamane und seine Lehrlinge plaudern noch ein paar Minuten mit den Übrigen und treten dann hinaus in die Abenddämmerung.

Mileen fragt: »Gehst du zurück zum Zelt?«

Ich versuche, so ungerührt dreinzublicken wie die vier, die eben den Raum verlassen haben. »Ich glaube, ich bleibe noch ein bisschen hier. Bin gar nicht richtig müde.«

»Okay. Also, ich geh zurück und sehe zu, dass ich eine Mütze Schlaf kriege. Scheint eine lange Nacht zu werden.«

»Ja, mach das. Ich komme auch gleich.«

Er stellt Teller, Löffel und Becher in die Geschirrablage, öffnet die Insektentür und verschwindet im Wald.

Jetzt bin ich der Nachzügler, offen für alle Ablenkungen.

Einer der Permakulturstudenten grinst mich von der gegenüberliegenden Seite des Raums an. »Cool, dich hier in Person zu treffen, Mann. Ich habe *The Sacred Science* inzwischen mindestens fünf Mal gesehen und eigentlich bin ich nur deswegen hier. Ich hab dich gleich erkannt, als du reinkamst.«

Dieser gut zwanzigjährige junge Mann mit dem imposanten Bart ist der Fünfte, von dem ich in den letzten vierundzwanzig Stunden angesprochen worden bin, und wie die anderen sprudelt er nur so über vor Dankbarkeit, als wäre ich irgendwie ein Meister der Heiltradition, die wir im Film vorstellen.

Wie sollte er auch wissen, dass ich gerade in aller Stille abschmiere und mir nichts anmerken lasse und voll Grauen dem entgegensehe, was mich in ein paar Stunden in der Kapelle erwartet. Die Wirk-

241

lichkeit hier im Paititi-Speisesaal erreicht mich nur noch aus großer Ferne.

»Das freut mich«, bringe ich mit einiger Mühe hervor. »Wie heißt du noch mal?«

»Sean.«

»Nett, dich zu treffen, Sean. Ich heiße Nick. Woher kommst du?« Er erzählt, er komme aus Sacramento und habe erst kürzlich sein Studium abgebrochen, weil er nicht weiß, was er eigentlich aus seinem Leben machen will. In der Familie fühle er sich nicht wohl, habe aber sonst nichts wohin er nach diesem Trip gehen könne. Er fügt hinzu, die Permakultur und das Leben in wahrer Verbundenheit mit der Natur hätten ihm die Augen geöffnet. Er hätte jetzt einen Richtungssinn in sich entdeckt, von dem er zuvor nichts gewusst hatte.

»Ich hoffe, Roman lässt mich an einer Ayahuasca-Zeremonie teilnehmen, solange ich hier bin. Ich glaube, das würde mir wirklich weiterhelfen. Wie oft warst du schon dabei?«

»Das wird jetzt meine sechste, aber ich habe die letzten beiden Jahre nicht weiter daran gearbeitet. Um ganz ehrlich zu sein, habe ich diesmal ziemlich Muffe.« Kaum habe ich das zugegeben, schon fühle ich mich ein bisschen erleichtert. »Man weiß nie, was Großmama einem auftischen wird. Ich musste auf die etwas rauere Art lernen, dass man sich am besten auf hohe Erfahrungsintensität einstellt, bevor man seinen Fuß in den Kreis setzt. Es kann auch ein mildes und schönes Erlebnis sein, aber ich würde nicht darauf setzen.« Ein paar andere gesellen sich mit ihren verlockenden Tellern zu uns. Ihr munteres Geplänkel lässt erkennen, dass sie einen entspannten Abend mit Lektüre im Stirnlampenlicht oder gegenseitigen Qigong-Massagen vor sich haben und zuletzt zu einer angebrachten Zeit in kuscheligen Schlummer fallen dürfen.

Der Kontrast könnte größer nicht sein. Die Knoten im Bauch ziehen sich immer weiter zu. Ich sage mir, dass es wohl besser ist, mich

jetzt zu verdrücken. Ich verabschiede mich ebenso abrupt wie lin-
kisch von den jungen Leuten und gehe im letzten Licht den Pfad zu
meinem Zelt hinunter.

Was mache ich jetzt die nächsten drei Stunden? Die einzige Option,
die ich habe, schmeckt mir gar nicht: den Reißverschluss hinter mir
zuziehen und ein bisschen Schlaf zu finden versuchen. Allen anderen scheint das durchaus möglich zu sein, wieso nicht auch mir? Ich
biege auf dem Pfad nach links ab und noch einmal weiter unten bei
einem Stein, auf dem »Jupiter« geschrieben steht und der mir für
diesmal mein Dschungelquartier markiert.

Und da, unter einem gewaltigen Vilca-Baum vor einer alten Inka-
Stützmauer, erwartet mich mein oranges Einmannzelt. Wird schon
schiefgehen.

Als ich in meinem Schlafsack daliege, gelingt es mir ganz gut, meinen Kopf leer zu halten. Die Meditationsmaschine läuft und zappt
Gedanken weg, die sich einnisten wollen. Die Geräusche des Waldes über dem dumpfen Rumpeln des Río Mapacho spülen nach und
nach meine Ängste mit sich fort und lassen die Trennung zwischen
mir und der Welt ringsum verschwinden.

Es ist ein magisches Tal. Dieses Land ist reine Medizin.

Trotzdem kommen jetzt Bedenken auf: »Wozu brauchst du dann
überhaupt Zeremonien? Das Gehen auf diesen Pfaden, das Bad
in diesen Wasserfällen und Bächen und dann auch noch der Río
Mapacho ganz in der Nähe, das ist doch alles sehr wohltuend für die
Psyche. Gestern Abend der Weg hierher, das bewirkte doch allein
schon das Erlebnis einer tiefen Verwandlung.

Bei manchen Stämmen bekommt niemand Ayahuasca zu trinken,
der nicht wenigstens Lehrling ist. Und vielleicht haben sie recht und
diese Medizin ist wirklich nichts für die nicht Gesalbten.«

Und die friedliche Gelassenheit meiner Umgebung ist bereits verpufft. Stattdessen rattert ein ganzer Zug schwer beladen mit Erklärungen und Begründungen dahin, dessen Lok mit einer ganz speziellen Art von Angst betrieben wird.

»Warum tue ich mir das immer wieder an? Ich kann unmöglich heute Abend wegbleiben. Es ist eine besondere Ehre, zu einer Zeremonie mit dem Schamanen und seinen Lehrlingen eingeladen zu werden. Wovor sollte ich mich denn fürchten? Ich weiß doch, dass Ayahuasca einen nicht umbringt. Ich komme schon irgendwie durch.«

Mein Bewusstsein wird von Bildern überflutet, von kristallklaren Erinnerungen an das ganze visuelle und akustische Chaos, das sich nicht lange nach dem Trinken einer Schale Ayahuasca um mich herum erhebt. Normalerweise bin ich außerstande, die mit früheren Zeremonien verbundenen Bilder und Empfindungen noch einmal aufsteigen zu lassen, weil sie normalerweise nicht zu beschreiben und deshalb schwer einzuordnen und zu reproduzieren sind. Aber jetzt vor einem weiteren Sprung in den Urgrund von Pachamama, bedrängen mich die Empfindungen, die ich zu fürchten gelernt habe.

»Du hast Angst, weil du dich in diesem Kreis verlierst. All das Verstörende zu sehen, zu fühlen und zu hören – Dämonen, Schatten und dein eigenes Selbstgespräch –, das ist eine Sache. Aber durch die Dunkelheit zu stürzen und nicht zu wissen, wer oder was du bist, das ist noch mal ein ganz anderes Grauen. Es wird so stark, dass du dir jeden Atemzug erkämpfen musst. Wenn es einmal angefangen hat, kommst du nicht mehr raus.

Wie konntest du so dumm sein zu glauben, das sei dein Weg. Er ist viel zu schwierig und geht über deine Kräfte. Es ist nur eine Frage der Zeit, bis jeder sieht, was du für einer bist.«

Ich gerate in meinem Mumienschlafsack total ins Trudeln und kann mich einfach nicht mehr beruhigen. Traurigkeit senkt sich schwer auf mich herab, vielleicht die Traurigkeit, die Leute am Vorabend ihrer Hinrichtung fühlen, wenn sie wissen, dass sie ihre Angehörigen nie wieder sehen werden. Jetzt fließen die Tränen, aber Traurigkeit ist besser als Angst, und so lass ich es geschehen.

»Sieh an«, redet die Stimme in mir weiter, »jetzt gehst du richtig mittendurch und die Zeremonie hat für dich schon angefangen.«

Vor dem inneren Auge taucht mein dreijähriger Sohn River auf.

»Vergiss nicht«, sagt die innere Stimme, »weshalb und für wen du das hier machst. Du bist zu allem bereit, was deiner Entwicklung dient und dich zu dem klaren, liebevollen Menschen macht, der du in dieser Welt sein sollst. Deshalb bist du auf diesem Weg: um die Illusionen aufzulösen, die Wunden zu heilen und deine Wahrheit zu leben. Vergiss das nicht.

Wenn die Angst kommt, musst du dir in Erinnerung rufen, dass du dich für diesen Weg entschieden hast. Du bist mutig, diese Gabe bringst du mit, aber das gilt auch für die Innenschau, das Gegenstück des Selbstzweifels. Nur du bestimmst, welche dieser Gaben du nährst und wann.«

Es geht nicht um mich und es geht nur um mich. Dieser Gedanke breitet sich in mir aus, löst die Angst auf und nimmt ihren Platz ein. Ich tue das hier, um ein besserer und ganz eingebundener Mensch zu sein. Ich sitze nicht in der Todeszelle, ich gehe ganz bewusst durch das Tor der Läuterung. Angst ist eine ganz natürliche Reaktion, aber wie laut ich sie werden lasse, entscheide ich selbst.

Eines meiner Hauptmotive ist im Moment River. Zu gern möchte ich die alten Blockierungen aus meiner Vergangenheit lösen, damit er sich nicht mit den Ahnentraumata herumschlagen muss, die mir hinterlassen wurden. Wenn er mich jetzt in diesem Moment sehen könnte, würde ich mich ganz tapfer zeigen und keinen weiteren Gedanken an die Angst verschwenden. Erledigt. Abgemacht.

Ich lange in die Zeltecke, in die ich mein Handy gelegt habe, und schalte es ein. Der Bildschirm wird hell und zeigt mir 19:36 Uhr.

Mir bleiben noch 84 Minuten bis zur Zeremonie. Ich kann mich noch ein bisschen ausruhen.

Zur verabredeten Zeit gehe ich zu Mileens grünem Einmannzelt, das auf einem kleinen Vorsprung steht, von dem aus man durch die Bäume den Río Mapacho sehen kann. Er ist schon wach und hört mich kommen. »Müssen wir?«, fragt er leise im Dunkeln.

»Zehn vor neun. Wir liegen gut in der Zeit.«

Die friedliche Stille ist mir in den letzten eineinhalb Stunden erhalten geblieben und begleitet mich, als wir uns im Licht der Stirnlampe durch den Wald in Richtung Kapelle bewegen, vorbei an der im Dunkeln liegenden Dschungelküche und dem Speiseraum.

Der Umriss des fünfhundert Jahre alten Baus, erhebt sich vor dem sternenübersäten Nachthimmel. Durch die angelehnte Tür ist auf dem Boden der blasse Lichtschein einer flackernden Kerze zu sehen.

Rechts neben der Tür hängt ein kleines Holzschild, auf dem steht: »*No zapatos.*« Keine Schuhe. Als ich mir an meinen schlammverkrusteten Wanderschuhen zu schaffen mache, sehe ich zwei oder drei weitere Stirnlampen blinken, die sich oberhalb durch den Wald bewegen. Ich trete über die eiserne Schwelle und der Rest Bangigkeit löst sich in nichts auf. Der Tisch ist bereitet, Angst wäre jetzt einfach Energieverschwendung.

Mileen drückt die knarrende Tür ein wenig weiter auf, um hinter mir einzutreten. Wir sehen im schwachen Licht eine Gestalt, die sich hinunterbeugt, um einige weitere Kerzen auf der gegenüberliegenden Seite des Raums anzuzünden.

»Willkommen ihr zwei.« Stella richtet sich auf und umarmt uns nacheinander. »Roman und die anderen sind in ein paar Minuten da. Mileen, das da ist dein Platz, der da drüben ist deiner, Nick.« Sie deutet auf eine Stelle auf dem mit Decken ausgelegten Boden direkt vor der Ziegelmauer. Jeder Platz ist mit einem Kissen und dem bei Ayahuasca-Zeremonien obligatorischen Eimer ausgestattet.

Mileen setzt sich mir gegenüber an die Wand und schließt die Augen, während Stella eine letzte Kerze anzündet, bevor sie ihren Platz vor dem Altar an der Stirnseite des Raums einnimmt.

Wieder öffnet sich die Tür knarrend und herein spazieren Elton und Anthony, die noch aufgeregt flüsternd in ein Gespräch über irgendeine Permakulturtechnik vertieft sind, die sie auf einer der Terrassen erproben. Etwas Leichtes und Helles ist um sie, als sei das hier einfach eine von mehreren Aufgaben auf ihrem Wochenplan.

Elton sucht drüben neben Mileen seinen Platz auf und lächelt zu mir herüber. »Konntest du ein bisschen schlafen, *hermano*?«

»Eher nicht. Ich glaube, für mich ist die Zeremonie bereits im Gange.«

»So macht sie es manchmal, nicht? Also, ich musste jedenfalls nach unserem Marsch heute ein bisschen schlafen. Vor ein paar Minuten bin ich aufgewacht, gerade rechtzeitig, damit wir hier zusammen wachträumen können.«

Anthony setzt sich mit überkreuzten Beinen neben mich und nickt mir zur Begrüßung zu, bevor er die Augen schließt.

Stella stimmt leise für sich, aber vermutlich auch für uns, ein Ícaro an. »*Todo cura, todo sana, todo tiene medicina adentro de di di di. Llevo tierra adentro alli. Llevo fuego adentro de di di di. Tengo líneas dentro … «*

Immer noch nichts von Bammel. Diese Augenblicke, in denen wir uns auf unseren Plätzen einrichten, sind meist der Moment, in dem sich bei mir die Angst meldet, aber heute bleibt alles *tranquilo*. Stattdessen breitet sich das Empfinden einer tiefen Seelenverwandtschaft aus, einer Vorfreude auf das, was sich in unseren kleinen Gruppe tun wird. Ich schätze die Ehre, hier sein zu können, und was dann im Einzelnen geschehen wird, ist unwichtig im Vergleich zum Flow, der mich jetzt gerade erfüllt.

»Guten Abend zusammen.« Roman steckt den Kopf zur Tür herein, während er draußen die Wanderstiefel auszieht. Er steuert das letzte noch leere Kissen neben Stella an und vergewissert sich mit einem Blick, dass alles in Ordnung und an seinem Platz ist. Über der Schulter hängt sein handgewebter Medizinbeutel, den er jetzt abnimmt und neben ein paar Ein-Liter-Limonadenflaschen mit einer trüben karamellfarbenen Flüssigkeit auf den Boden legt.

»Das ist heute ein sehr vielversprechender Abend. Wir haben Vollmond und dazu Sonnenwende. In vielen indigenen Gemeinden in diesen Bergen werden sie morgen früh um vier aufsteigen, um den Sonnenaufgang zu begrüßen.«

Das wird *Inti Raymi* genannt, die Feier der Sonne, der strahlenden Sonne unseres Bewusstseins.

»Da passt es sehr gut, dass wir mit Großmutter Ayahuasca arbeiten werden, der Königin des Unbewussten. Sie wird uns helfen, heute Nacht alles Unreine auszutreiben, damit wir der Sonnen morgen neu begegnen können.

Denkt daran, dass es bei der Zeremonie darauf ankommt, sie ihre Arbeit tun zu lassen und sie nicht dabei zu stören. Wir müssen Mutter Natur unbedingt vertrauen, in welcher Form sie uns auch begegnen mag. Die Menschen dieser Gegend, die noch die alten Traditionen pflegen, besitzen ein natürliches Vertrauen gegenüber Pachamama, weil sie erlebt haben, was sie vermag, um die Kranken zu heilen und Klarheit zu bringen, wenn der Weg unklar ist.

Wir, die wir keine direkten Nachkommen dieses Volks sind, müssen uns diesen Glauben angesichts des Unbekannten manchmal erst erarbeiten.

In manchen Gegenden des Amazonasgebiets wird die Anwendung von Ayahuasca als eine Art Exorzismus betrachtet. Die Liane treibt negative Energien und Verdunklungen des Bewusstseins aus, sodass die Lebensenergie wieder einströmen kann. Damit sind oft unangenehme Empfindungen, Spannungen und verstörende Gefühle verbunden. In den nächsten acht Stunden kommt es für euch darauf an, eventuell eintretende Spannungen dieser Art nicht auch noch zu verstärken. Wenn es euch nicht gelingt, euch in etwas, was ihr erlebt, hinein zu entspannen, dann ist eben das eure Aufgabe: euch in diese Unfähigkeit hinein zu entspannen.

Die körperliche Reinigung kann draußen geschehen, seht nur zu, dass ihr euch nicht zu weit entfernt. Es gibt in der Nähe der Kapelle steile Abhänge, passt also auf, wo ihr hintretet.«

Elton hebt die Hand und Roman nickt ihm zu. Der Lehrling räuspert sich und sagt: »Und Vorsicht vor der Fee, falls sie kommt.«

»Ach ja. Möchtest du dazu noch mehr sagen, Elton?« Elton fährt mit seinem Malteser Akzent fort: »Falls die Fee kommt, was manchmal der Fall ist, geht ihr nicht nach, das kann nämlich sehr gefährlich werden. Sie kann fliegen, aber wir Menschen haben keine Flügel; seht zu, dass ihr das nicht vergesst. Wenn jemand ruft und es sich nicht um Roman oder einen von uns Übrigen handelt, folgt ihr dem Ruf einfach nicht.«

»Und um alle Zweifel auszuräumen, unsere Stimmen kommen eher aus dem Inneren der Kapelle«, fügt Roman hinzu und schaut uns über den Rand seiner Brille hinweg an.

Die Lehrlinge lachen, aber mir ist nicht ganz klar, ob das mit der Fee ein Witz ist oder nicht. Einstweilen lass ich die Mitteilung einfach auf sich beruhen.

»Ich möchte den formellen Teil damit abschließen und in die Zeremonie einsteigen. Hat jemand noch Fragen, bevor wir anfangen?«

Wir sehen einander an und grinsen unwillkürlich. Brüder und Schwestern im Geiste. Hier sind wir daheim.

Roman holt noch ein paar Sachen aus seinem Beutel, eine kleine Keramikschale, seine Flöte, ein Bündel Palo-Santo-Stäbe, etwas Mapacho-Tabak und ein gebundenes Büschel trockener Blätter, das man in der Shipibo-Tradition *chakapa* nennt. Mit diesem fächerartigen Instrument wird während einer *limpia* oder Heilzeremonie in stetigem Rhythmus über dem Patienten oder um ihn herum gewedelt. Die Blätter, heißt es, fangen die bösen Geister ein, wenn sie den Körper verlassen, damit sie später im Wald geläutert werden können. Vielleicht ist das der Zusammenhang mit der Fee. Vielleicht ist das Ganze eher ein Zeugnis von leicht schrägem schamanischem Humor. Nun, wie dem auch sei.

Ich bin der Zweite, der eine Schale Medizin bekommt. Roman lächelt mir zu, bevor er mir einschenkt. »Schön, dass du wieder da bist, Nick.« Dann noch ein paar Segensworte, ein Wölkchen Palo-Santo-Rauch und die Medizin ist in meinem Körper.

Fünf Minuten später ist der anfängliche Würgereiz überwunden und die kompakte Flüssigkeit liegt mir mit ihrem ganzen Gewicht im Magen. Es ist jetzt nur noch eine Frage der Zeit.

Roman füllt eine letzte Schale und spricht ein kurzes Gebet, sieht uns alle noch einmal an und sagt: »*Salud*«, bevor er die Schale in einem Zug austrinkt.

Er beugt sich vor zu der letzten noch brennenden Kerze und sagt: »Vergesst nicht, wenn ihr Ungeheuer und Dämonen fürchtet, werdet ihr selbst welche. Dämonen zieht es immer zu anderen Dämonen hin und mit eurer Angst zieht ihr nur mehr von ihnen auf euch. Was euch immer jetzt begegnet, klammert euch nicht daran und wehrt es nicht ab. Es gibt kein Gut oder Böse.« Er hebt die Kerze vors Gesicht und bläst sie aus.

Pechschwarze Dunkelheit.

Ich starre in dieses Dunkel und bin zu allem bereit.

Ich rufe mir in Erinnerung, dass mir drei Mittel zur Verfügung stehen, wenn mir die Sache über den Kopf wächst. Das erste ist Kälte. Kalte Luft bringt mich immer auf den Boden zurück, wenn ich zu weit gegangen bin. Vielleicht muss ich mir das Hemd ausziehen. Die

Nacht ist kühl und die zwei Schichten, die ich trage – Hoodie und T-Shirt –, fühlen sich jetzt noch ganz behaglich an. Das zweite ist Wasser. Nach starkem Erbrechen oder Abführen kann ein bisschen Wasser kühlend wirken und mir erneut bewusst machen, dass ich in einem Körper mit einer Kehle und einem Verdauungssystem lebe. Es kann die Entleerung auch einleiten, wenn sie nicht recht in Gang kommen will.

Das dritte ist der Atem. Das Atmen zu vergessen ist das Schlimmste, das einem passieren kann, und trotzdem vergesse ich es manchmal. Das soll mir heute auf keinen Fall passieren.

Hände und Füße fangen an zu kribbeln. Es geht los.

Stella singt ein Ícaro, das eben noch ganz schön klang, aber jetzt fühle ich mich auf einmal von jeder Silbe durchbohrt. Das Kribbeln hat aufgehört, aber ich erlebe keine körperliche Auflösung, kein Gefühl von Schwerelosigkeit und Desorientierung. Ich bin noch hier, aber irgendwie auch anderswo im Raum und blicke zu mir herüber und sehe mich ganz klar.

Mein Ich ist noch da, aber es gibt da draußen ein zweites und dieses schaut sich das Ich-Gewand an, das ich bin. Dieser Mann ist an die vierzig und möchte so dringend das Beste in sich verwirklichen – das Beste nach irgendwelchen vorgegebenen Regeln. Er setzt alles daran, das Ganze irgendwie zusammenzuhalten, er lässt die Peitsche knallen und gönnt sich keinen Frieden, weil er fürchtet, dass sein Leben verpatzt und vergeudet sein wird, wenn er auch nur für einen Moment loslässt.

Vergeudet, was heißt denn das? Ist da jemand, der Buch führt und dafür sorgt, dass Nick brav ist und alles, was er hat, der Welt zukommen lässt? »Was ist das Allerwichtigste? Die Welt oder deine Familie? Warst du gut zu deiner Familie? Bewirkt die Selbstverneinung, dass du entspannter mit River umgehen kannst?«

Ein Bild von ihm, wie er in mein Zimmer gerannt kommt, während ich arbeite, blitzt in der Dunkelheit auf. Ich weise ihn zurecht und halte ihm vor, er wisse doch, dass meine Tür geschlossen sein muss, während ich arbeite. Seine Mama nimmt ihn an der Hand und geht mit ihm weg.

O nein.

Dieser Nick, der an der Wand lehnt und verbissen einhält, damit sein Darminhalt sich nicht auf den Boden der Kapelle ergießt, mag wohl auf seinem Weg sein, aber er hält immer noch an ein paar Schatten aus seiner Kindheit fest. Katholische Angstmuster verbinden sich mit ungelösten Selbstwertproblemen aus sehr wechselvollen zwölf Jahren in einer Vorstadtschule. Er möchte so dringend, dass sein Leben etwas bedeutet, so dringend, dass er vergisst, das Handtuch zu werfen, wenn es Zeit ist, zu spielen und sich mal nicht zu kümmern.

»Da muss jetzt«, sage ich mir, »die nächste Haut von deiner Psyche abgezogen werden, um diesen kindlichen Freigeist zu wecken, der jeden Tag ohne Angst und mit der Bereitschaft zum Staunen aufwacht. Ohne das zu tun, wirst du nie in der Lage sein, deine Frau und deine Kinder voll und ganz zu lieben. Lass die Medizin ihr Werk tun.«

Das Ícaro ist zu Ende und ich weine leise im Dunkeln. Die kosmische Ohrfeige, vor der mir die ganzen letzten Tage gegraut hat, ist ausgeblieben. Dafür gab es den Gegenwert von etwa zehn Jahren Psychotherapie, die in einer Art außerkörperlichem Zustand stattfanden. In den wenigen Minuten der Ablösung von dem Geist-Körper-Gefüge, das sich Nick nennt, gelang es dem wahren Ich, die Störung zu diagnostizieren und das Heilmittel zu verordnen.

Und weiter im inneren Text: »Lass dir doch ein bisschen Freiheit, auch mal was zu vermasseln. Sonst erstickst du den Kern, treibst dich in das Burn-out, und was das Schlimmste ist, es macht keinen Spaß.

Mann, ich mute mir wirklich einfach viel zu viel zu. Wieso ist mir das nicht aufgefallen?

Aber geh jetzt nicht mit dir ins Gericht, weil du zu hart mit dir umgehst. Dieses Schuld-Gerede dreht sich im Kreis, da kommst du nicht raus. Ist das nicht offensichtlich? Du kannst dich nicht aus dem ganzen Schlamassel hinausdenken. Du musst fühlend in deinen Flow zurückfinden, wenn du nicht in ihm bist.

Ich muss dir nicht erzählen, dass du keinen Abflussreiniger trinken sollst, oder? Du weißt, dass der giftig ist. Du musst vorsichtig damit umgehen. Schuldgefühle sind genauso giftig, Scham ist giftig. Solche Gifte ernähren sich aus sich selbst und vermehren sich auf diese Weise. Deshalb bist du doch auf diesem Weg: um diesen Kreislauf zu durchbrechen und dich dann davon zu lösen.«

Mit der Hand umklammere ich ein Knie und versuche, den unvermeidlichen Durchfall niederzuringen. Dabei wird mir klar, dass ich dieses körperliche Grundbedürfnis zu unterdrücken versuche, um die Zeremonie nicht zu stören, wenn ich die schwere Metalltür geräuschvoll aufdrücke. Ich stehe auf und sage mir: »Hör auf mit dem Quatsch, Nick. Kümmere dich um deine Bedürfnisse.«

Ich drücke die Klinke und reiße mit einem Ruck die Tür auf und trete nach draußen in die Nacht. Die Stromschnellen des Río Mapacho tosen unter mir, als ich im Licht der Stirnlampe auf dem gewundenen Pfad in Richtung Toiletten einschwenke. Es hat einen ganz eigenen Zauber, unter dem Nachthimmel und im Licht des Sonnwendvollmonds durch den Wald zu gehen. Vielleicht gehe ich einfach noch ein bisschen weiter auf diesen Pfaden, wenn ich mein Geschäft verrichtet habe.

Ach ja, die Fee. Vielleicht halte ich mich besser doch an den Rat der Leute hier, auch wenn er meine Rationalität eigentlich beleidigt.

Gleich darauf finde ich mich in der Kapelle an meinem Platz auf dem Boden wieder.

Elton singt in einem Quechua-Dialekt ein Ícaro. Die Melodie schwebt vor uns in der Dunkelheit tanzend auf und ab, und mein

Mund bewegt sich mit den Lauten, die ich höre. Die Noten werden meine eigenen und dringen bis in die letzten Winkel meiner Psyche. Ich rücke mit ihrer Hilfe gegen die Nester des Widerstands vor. Das von meinen Stimmbändern ausgehende tiefe Grummeln wird lauter, als ich mit Elton und jetzt auch mit Roman und Stella in das Ícaro einstimme.

Großmama ist voll dabei, aber anders, als ich sie je erlebt habe. Keine visuellen oder existenziellen Schockmomente, auch keine Ehrfurcht, dafür aber Hinweise auf einen tiefen Kummer, die von mir fordern, ihm bis hinunter in dessen Wurzeln zu folgen. Beim Singen mit dem Schamanen und seinen Lehrlingen werden subtile Schichten der Stagnation freigelegt, die ich bisher nicht gesehen habe.

Und die Traurigkeit fühlt sich gut an.

Einige Stunden später, als blassblaues Morgenlicht unter der Kapellentür hereindringt, stellt mir die Medizin frontal eine Frage: »Warum hast du immer so viel Angst, zu mir zu kommen? Du hast es noch nie bedauern müssen. Die ganze Angst, die Erwartung von Unannehmlichkeiten, die Einstimmung auf ein schlimmes Ende – das war deine Medizin heute Nacht. Die Zeremonie will dich nur dazu anhalten, einmal ins Licht zu rücken, wie sehr du dich selbst quälst.

Die Welt ist ein Kaleidoskop von Unbekanntem, aber du kannst selbst bestimmen, wie deine Beziehung zu dir selbst aussehen soll. Vergiss nie, dass du dein stärkster Verbündeter bist.«

10 Medizinfragen

Für den Fall, dass Sie sich mit irgendetwas plagen, das seine Medizin einfach nicht preisgeben will, gebe ich Ihnen hier eine Liste von zehn Fragen, mit denen Sie sich vielleicht Zugang zum Kern der Sache verschaffen können. Aber vergessen Sie nicht, dass solche Hindernisse wie die Anden sind. Wenn Sie eine Passhöhe oder einen Gipfel erreicht haben, sehen Sie von da aus überall in der Ferne weitere Berge, die auch noch erklommen werden wollen.

Es kann nicht darum gehen, sie alle zu bezwingen; das Ziel ist vielmehr, die Aufstiege lieben zu lernen. Jeder Halt, den die Hand findet, jede versteckte Gebirgswiese, jeder Fels, jede Klippe, die Höhenangst beim Blick nach unten, das Hochgefühl beim Erreichen des Gipfels. Bleiben Sie aufgeschlossen für alles, was Ihnen da begegnet.

Ein kleiner Disclaimer: Manche dieser Fragen kommen Ihnen vielleicht ein wenig zu gewichtig vor. Sie müssen nicht auf sie eingehen, wenn es sich gerade nicht richtig anfühlt.

Es gibt hier keine richtigen oder falschen Antworten. Bei diesen Fragen geht es darum, dass Sie Ihre innere Landschaft in groben Zügen nachzuzeichnen lernen, die Küsten, die Gebirge, die Täler. Bevor Sie einsteigen, empfiehlt es sich, ein paar Minuten still dazusitzen und die Gedanken ausklingen zu lassen.

1. Gibt es eben jetzt Spannung oder Schmerz irgendwo in meinem Körper? Wie würde ich die Empfindung benennen?

2. Was benötigt mein Körper eben jetzt, das ich ihm vorenthalten habe?

3. Was lässt mich eben jetzt nicht in Frieden/glücklich/zufrieden sein? (Wenn es sich um etwas Materielles handelt, welche Art von Erleichterung würde es mir bringen?)

4. Wann habe ich zuletzt etwas getan, was mich von meiner Komfortzone entfernte? Um was handelte es sich? Was hat mich dazu bewogen, es zu tun? Was blieb in meinem Leben ungetan, das mir das gleiche Gefühl geben würde?

5. Welches fällige, aber schwierige Gespräch mit meiner Mutter, meinem Vater oder einem anderen sehr nahestehenden Menschen schiebe ich vor mir her?

6. Welchem schwierigen Gespräch mit mir selbst weiche ich aus?

7. Wie lautete meine letzte Notlüge? Wem habe ich sie erzählt und weshalb? Was wäre passiert, wenn ich die Wahrheit gesagt hätte? (Wenn der Ausdruck »Notlüge« Ihnen nicht passend erscheint, können Sie einfach an einen Fall denken, wo Sie etwas über- oder untertrieben haben.)

8. Was ist die eine Sache, die ich mir selbst nicht verzeihe? Gibt es einen Menschen in meinem Leben, dem ich nie ganz verziehen habe? In welcher Weise hat sich dieser Mensch gegen mich vergangen? Was hält mich jetzt davon ab, ihm oder ihr zu verzeihen?

9. Wenn ich irgendwann in den letzten Atemzügen liege, welchen Rat würde ich dann meinem jetzigen Ich geben?

10. Wer bin ich? (Wer sieht mit diesen Augen? Wer hört mit diesen Ohren? Was macht mich im Zentrum meines Bewusstseins aus?)

Kapitel 14

Abreise

24. Juni 2016
Larapata, Peru

Es ist Freitagvormittag und ich folge Roman und Elton durch das Gedränge auf dem San-Pedro-Markt im Zentrum von Cusco. Sie haben eine zweiseitige Einkaufsliste abzuarbeiten, die sie von den Leuten daheim auf dem Anwesen mitbekommen haben; es geht um Dinge, die für das Zentrum benötigt werden und um persönliche Gebrauchsgegenstände.

Heute ist der letzte Tag meiner Reise und ich habe mir gesagt, dass ich meine Zeit am besten mit Roman und Elton und ihren Einkäufen verbringe. Mein Flug nach San Francisco geht in vier Stunden, warum also nicht noch etwas Sinnvolles tun?

Zwischen den Ständen mit Getränken, dem Obst und Gemüse, den Elektrowerkzeugen geht es in diesem Irrgarten von Anbietern hin und her. Immer wieder machen wir halt, um zu feilschen und zu kaufen. Wir betreten den offenen Stand eines Matratzenhändlers und wiegen uns in der Hoffnung, einen der größten Aufträge abhaken zu können: fünf Betten für die neuen Dieta-Heilquartiere, die in Paititi gerade errichtet werden. Roman drückt und knetet verschiedene in Plastik eingeschweißte Matratzen und macht Bemerkungen zur Qualität und Preisgestaltung, die dazu führen sollen, unsere Verhandlungsposition zu stärken. Meine Gedanken schweifen unterdessen zu dem Leben ab, das mich daheim erwartet.

Bei solchen Exkursionen ins heilige Outback Mittel- und Südamerikas lösen sich die starren Abläufe des gewohnten Alltagstrotts allmählich (dann und wann auch plötzlich) auf. Die Illusionen, die wir um uns herum aufgebaut haben, werden vom ersten Augenblick an infrage gestellt, ihre Entstehung und toxischen Auswirkungen werden schmerzlich offenbar.

Wenn man das ein paar Wochen lang hautnah erlebt hat, nimmt die Lautstärke dieser neurotischen Impulse ab – manchmal verstummen sie ganz. Dafür stellen sich Frieden und ein Sinn für die einfachen Dinge ein, man weiß, was man will, man wird froh und gelassen.

Zwischen diesen Abenteuern, wenn ich mich wieder auf die moderne Welt einlasse, versuche ich, ganz achtsam zu bleiben und die uralte Lebensform oder Seinsweise in mir lebendig zu erhalten, die in den indigenen Kulturen überall spürbar ist. Deshalb nehme ich nach meiner Rückkehr in die Staaten meist ein, zwei größere Veränderungen vor, um mein Leben und meine Welt mehr mit meinen Idealen zur Deckung zu bringen.

Es kann sich um ganz einfache Dinge handeln, wenn ich zum Beispiel Dinge in meinem Umfeld, die eigentlich nur noch ungenutzt herumstehen, neu arrangiere oder entferne. Einmal habe ich eine Abalonenschale auf die Küchenanrichte gestellt, damit ich das morgendliche Opfer von Salbei oder Palo Santo nicht vergesse. Solche Veränderungen betreffen vielfach aber eher zwischenmenschliche Dinge, etwa dass man sich mit einer guten Freundin oder einem anderen geliebten Menschen zusammensetzt, um tiefe Einsichten mitzuteilen, zu denen man durch den Umgang miteinander gelangt ist. Solche Gespräche können dazu führen, dass neue Übereinkünfte entstehen, zum Beispiel: »Mir ist klar geworden, dass ich mich zuweilen von dieser oder jener negativen Überzeugung oder Neigung mitreißen lasse. Wenn dir dies auffällt, bitte ich dich darum, mir das ganz offen zu sagen.«

Solche Umstellungen fallen umso schwerer, je intimer sie sind, aber sie sind dann auch besonders robust und überdauern die Zeit. Schwieriger ist es, sich nach der Rückkehr in die moderne Welt auf der Höhe einer weniger greifbaren Daseinsform zu halten, wie sie mir beispielsweise vor Augen geführt wurde, als ich in der einbrechenden Dunkelheit traumwandlerisch einen sehr unsicheren Inka-Pfad hinunterglitt.

Vor dieser jüngsten Expedition habe ich nur kurze Einblicke in diesen Bereich des Bewusstseins bekommen, meist auf dem Höhepunkt einer Heilpflanzenzeremonie. Etwas hat sich jedoch durch meine nächtlichen Coca-Zeremonien mit Roman verändert und ich bin jetzt fast durchgehend damit verbunden.

Die besonders tückische Seite der Heimkehr besteht im unmerklichen Verschwinden oder Verrinnen dieses Gefühls. Würde es nach der Landung in Kalifornien durch irgendetwas Drastisches gelöscht, würde mir das nicht entgehen und ich könnte etwas unternehmen. Aber so läuft es nicht.

Manchmal bleibt es ungeschmälert für Tage und Wochen erhalten und leuchtet weiter, während ich mit klarem Blick mein altes Leben wiederaufnehme und voll präsent alte Beziehungen erneuere oder neue aufbaue und auf meine Umgebung eingehe. Erst mit der Zeit spüre ich, wie die Ganzheit ähnlich einer herunterbrennenden Kerze abnimmt und es dann zu unerklärlichen Einbrüchen des inneren Friedens kommt und ich nach Ersatz für den tiefen Strom des Lebens greife – Kaffee, Alkohol oder Medienkonsum.

Dieses rätselhafte Geschehen sehe ich auch jetzt wieder auf mich zukommen. Dabei geht mir immer wieder etwas durch den Sinn, was Roman gesagt hat. Als ich vor ein paar Wochen noch im Schatten der modernen Welt in Peru ankam, machte er mich vorsichtig darauf aufmerksam, dass meine Gedanken und Verhaltensweisen auf ein Gefühl von Trennung hindeuteten.

»Nick«, sagte er, »diese Vorstellung von einer privaten, losgelösten Innerlichkeit, die sich nicht mit dem verträgt, was man als das Außen wahrnimmt, ist ein Teil der Krankheit der westlichen Welt.«

Nach meiner Überzeugung war ich Nick. Der Rest der Welt war da draußen. Ich lebte so, als existierten meine Gedanken und Gefühle nur in mir und wären ohne Auswirkung auf die Außenwelt – es sei denn, sie motivierten mich, zu tun, zu handeln.

Doch das ist eindeutig ein Irrtum, wie an allem deutlich wird, was mir und der Filmcrew bei den Dreharbeiten zu *The Sacred Science* widerfuhr. Sosehr wir auch versuchen mochten, unsere professionelle Distanz zu wahren, wurden wir doch in die gleiche existenzielle Supernova hineingesaugt, der sich unsere Dschungelpatienten ausgesetzt sahen. Wir mussten einfach einsehen, dass unsere Tendenzen, Intentionen und inneren Gespräche nicht in der Zwischenzeit irgendwo in den Staaten sicher verwahrt blieben, um uns dort nach der Rückkehr zu begrüßen.

Wenn man sich wirklich auf die Welt ringsum einlassen möchte, kann man nicht am Spielfeldrand bleiben. Es gibt keine Isolationsschicht zwischen unserem Bewusstsein, unseren Absichten und der Energie, die wir in alle Situationen einbringen und auf die Menschen ringsum projizieren. Denkbar ist allenfalls, dass wir wenig davon bemerken.

In unserer Lebenswirklichkeit präsent zu sein ist kein abstrakter schamanischer Erleuchtungszustand. Es ist ein Zustand der tiefen Aufrichtigkeit uns selbst und der Welt gegenüber. Darauf sollten wir jeden Tag aus sein, ob wir in einem Holzboot auf dem Río Ucayali unterwegs sind oder in unsere Bürozelle sitzen.

Ablenkung durch unsere unmittelbare Umgebung ist reine Einbildung, eine Art Versuchung, uns nicht mit dem zu befassen, was wir wirklich sind.

Mir geht ein weiteres Gespräch mit Roman vor ein paar Tagen durch den Sinn, als wir am Abend bei der Coca-Zeremonie zusammensaßen und mir der Gedanke durch den Kopf ging, dass ich es nach der Rückkehr in die Vereinigte Staaten sehr schwer haben würde, das Seelen-Upgrade zu bewahren, das ich durch ihn bekommen habe.

»Am liebsten würde ich mit meiner ganzen Familie hier runterziehen, damit wir hier so leben können«, sagte ich.

»Wie leben?«, fragte er.

»Na ja, jeden Augenblick tief mit dem verbunden, was wir wirklich sind. Echte Gespräche und dieses Gefühl von Stamm.«

»Wieso kannst du das nicht daheim auch?«, fragte er.

»Würde ich ja gern, aber es ist schwierig. Meine Leute und viele meiner Freunde wissen gar nicht recht, was ich eigentlich hier unten treibe. Sie halten mich für ein bisschen gaga.«

»Dann ist das die Arbeit, *hermano*«, sagte er. »Deine Arbeit. Mach nicht den Fehler, das, was du hier erlebt hast, mit einer bestimmten Zeit oder einem bestimmten Ort zu identifizieren. Erfahrungen wie diese kann man überall machen, man muss nur lernen, wie man sich an sie anschließt.

Es gibt keine magischen Orte für diese Arbeit. Wir sind zwar jetzt gerade in Peru, aber die ganze Welt ist unser Trainingsplatz. Egal, wo du hingehst, da bist du dann. Vergiss das nicht.«

Roman ist gerade handelseinig geworden, seine Stimme schreckt mich aus meinen Gedanken auf. »Ich nehme diese drei Einzelbettmatratzen«, sagt er gerade. »Wichtig ist, dass sie aus Schaumstoff sind. Nick, du wolltest doch eine Alpakadecke als Mitbringsel. Die da drüben sind handwerklich sehr gut gemacht.«

Ihn beim Feilschen um Matratzenpreise zu erleben ruft mir in Erinnerung, dass selbst er dem alltäglichen Kleinkram des Lebens nicht gänzlich entrückt ist. Als ich mich durch den vollgestopften Bettzeugladen in Richtung Deckenregal bewege, frage ich mich wieder, was mich zu Hause davor bewahren wird, von der Lebensweise abzukommen, die ich am Amazonas gelernt habe.

Diesmal erreicht mich die Antwort fast augenblicklich. Sie besagt, dass ich den Menschen daheim nicht wirklich vertraue und dass ich außerdem die grundsätzliche Befürchtung hege, meine Familie nur versorgen zu können, wenn ich mich dafür mit ganzer Kraft einsetze. Das sind zwei Kernpunkte des Lebens in der westlichen Welt. Während wir aufwachsen, wissen wir bereits, dass wir mit achtzehn oder so vor die Tür gesetzt werden und dann entweder studieren oder unsere Arbeitskraft gleich zu Markte tragen, um für uns selbst sorgen zu können. Wenn wir dabei »erfolgreich« sind, können wir uns irgendwann ein Eigenheim leisten und haben dann unser eigenes Rasenstück, auf dem wir uns ausbreiten dürfen oder auf dem wir von allen anderen verschont bleiben, auch von unserer eigenen Familie. Das ist der Grundbestand des American Dream und ziemlich kostspielig.

Da gilt es dann, wie wild zu arbeiten, damit wir in unserem Beruf etwas erreichen und das Geld zusammenkriegen, das wir für die Abzahlung des Hauses oder die Miete, für die Rückzahlung des Studiendarlehens, für die Ganztagsbetreuung der Kinder, für Gesundheits- und Lebensversicherung und möglichst auch noch für die Telefonrechnung und die Rate zur Abzahlung des Autos brauchen, und darüber hinaus soll das Geld auch noch für Lebensmittel reichen.

Diese Gesellschaft feuert uns an, uns auf eine überzeugende Story einzulassen, die uns auf die Übernahme hoher Verantwortung vorbereitet, was bedeutet, sich für gute Jobs zu qualifizieren. Wenn wir in diesem Konkurrenz- und Überlebensspiel gut abschneiden, können wir uns höherwertige Güter leisten und sind besser vor den Elementen, vor Krankheit und Hunger geschützt. All dies mündet schließlich in die innere Leere, die sich nur mit immer noch mehr von allem beschwichtigen lässt.

Ungefähr so war es für mich auch, als ich den Weg des Suchers einschlug. Ich wollte wirklich wissen, was es mit den Dingen auf sich hatte, denen ich da nachspürte, aber zugleich hielt ich an dem naiven Glauben fest, diese indigenen Kulturen ganz objektiv filmen zu können und von den dort angewandten magisch-religiösen Praktiken unberührt zu bleiben.

Aber bevor ich überhaupt dazu kam, irgendetwas filmen zu können, musste ich etliche Rituale über mich ergehen lassen, die alles, was ich zu sein glaubte, kurz und klein schlugen.

Nach dem ersten Erschrecken über die Leichtigkeit, mit der mir das alles entrissen wurde, fiel ich in ein dunkles Loch, in dem mir aufging, dass ich nicht wusste und nie wirklich gewusst hatte, wer ich war und was es mit dieser Realität auf sich hatte. Es gelang mir, aus den am Boden liegenden Scherben meines früheren Ichs etwas Neues zusammenzusetzen: das Bewusstsein von dieser trügerischen westlichen Grundeinstellung und von Wahrheiten einer höheren Art.

Aber wie bei allem in dieser Welt – das neue Ich, das aus diesen Heilriten hervorging, war nicht dauerhaft und ist es bis heute nicht. Ich habe mir das Vertrauen einiger Schamanen erworben und daraus sind weitere Kontakte und auch Einladungen entstanden, durch die ich meinen Weg weiter verfolgen kann. Aber im Laufe der letzten Jahre, haben sich neue und diesmal subtilere Illusionen rund um Nicks Wesenskern angelagert – auch erkennbar durch die neue Art der inneren Arbeit, mit der ich in der Nacht meiner letzten Ayahuasca-Zeremonie in der Kapelle konfrontiert wurde.

Immer, wenn die Tafel freigewischt wird, ist es nur eine Frage der Zeit, bis wieder neue und nachgebesserte Geschichten von Sabotage erscheinen. Sie sind offenbar eine universale Konstante, eine Selbstbehinderungsautomatik des menschlichen Bewusstseins.

Nach und nach erkenne ich diese Schatten als das Bestreben, auf bestimmte Ergebnisse aus zu sein oder sie verhindern zu wollen. Auf den ersten Blick wirkt das alles ganz vernünftig und förderlich, aber es reißt uns aus dem gegenwärtigen Augenblick und verwandelt uns in hirngesteuerte quasselnde Affen.

Ich tue so, als würde ich die Bündel von Alpakadecken genau begutachten, aber mit dem Kopf bin ich anderswo und gehe all die Muster durch, die ich diesmal abgelegt habe.

»Nur auf das essenzielle Sein kommt es an« sage ich mir. »Vergiss nicht, dass es immer da ist, wenn du alle anderen Gedankenkonstruktionen weglässt. Den Blick auf den Weg richten, nicht auf den Rand.«

Ein paar Stunden später sitze ich an meinem Gate im Alejandro Velasco Astete International Airport und fühle das Missverhältnis zwischen dieser total westlichen Umgebung und der Tatsache, dass ich mich immer noch auf peruanischem Boden befinde.

Wie lange werde ich wohl diese Klarheit erhalten können, die ich gerade empfinde? Sie ist wie eine lebendige Meditation, sogar mehr als das, ein weites, kindliches Genügen, gepaart mit tiefer Intelligenz. Alles fügt sich zusammen. Ich erkenne den Lauf, den mein Leben genommen hat, um mich hierherzubringen, und dazu alles, was sich eben jetzt zeigt, und die Zukunft, die ich vor mir sehe. Alles ist klar wie der lichte Tag.

Das möchte ich nicht wieder verlieren.

Ich nehme meinen Rucksack auf und ziehe mein Moleskine-Notizbuch mit Stift heraus, diesen treuen Begleiter. Ich werde jetzt einen Plan aufstellen, an den ich mich halten kann. Den Kernpunkt kenne ich schon: diese Daseinsform nähren und verkörpern, wo auch immer ich bin.

In meinem neu aufgestellten Überlebensplan für die Seele wird es darum gehen, mich auf dem schmalen Pfad des Geistes zu halten, auch in den Betonwüsten und Einkaufsmeilen der westlichen Welt.

Ich beginne mit der Bestandsaufnahme all dessen, was ich im Amazonas-Regenwald und in den Anden gelernt habe.

Ich mache mir Aufzeichnungen über die von Roman und den anderen Schamanen angewandten Praktiken, mit denen es ihnen gelingt, auch in Zeiten großer Anforderungen gesammelt und kraftvoll lebendig zu sein.

Diese erste Liste zieht weitere nach sich und dann Tage der Recherchen und des Feinschliffs, um schließlich eine Form anzunehmen, die mir für den Rest meines Lebens als Orientierung dienen soll.

Die persönliche Reise, zu der ich anregen möchte, ist so abenteuerlich und alt wie der Amazonas-Regenwald und in der Literatur aller Kulturen anzutreffen. Sie beginnt mit Abschied und Trennung, gefolgt von großen Herausforderungen und Prüfungen, die in einer Initiation und in zunehmender Weisheit gipfeln. Den Abschluss bildet die Rückkehr in die Gesellschaft, aber jetzt mit einem vollständigeren Verständnis der eigenen Person und des Platzes, den man in der Welt einnimmt.

Dem möchte ich aber noch etwas hinzufügen: Für diese Reise brauchen Sie nirgendwo hinzugehen. Es fallen keine teuren Flugtickets, keine Ausfallzeiten bei der Arbeit, keine kostspieligen Einkäufe im Outdoorshop an. Das ist sicherlich weniger romantisch und macht überhaupt weniger her als ein Trip in den Dschungel, aber es kann in Ihrem Leben möglicherweise trotzdem mehr bewirken.

Die acht Patienten, die wir ins Amazonasgebiet brachten, waren wirklich sehr krank, aber die zentralen Probleme, die sie auf der seelischen Ebene zu bewältigen hatten, waren einfach die, mit denen wir alle zu tun haben: Wir hängen an unserer Story, wir sind mehr oder weniger stark von unserem wahren Ich abgeschnitten, wir haben uns in unbeweglich gewordenen Denkmustern festgefahren, wir sind in Sorge, was andere über uns denken, wir fürchten, dass letztlich nicht viel mit uns los ist, wir vertrauen weder uns selbst noch anderen und letztlich graut uns vor der Vergänglichkeit aller Dinge und das ist unsere Todesfurcht.

Nun ist dieses nicht gerade gesunde Realitätsverständnis zum Glück total menschlich, trotzdem muss das alles zur Kenntnis genommen, verstanden und aufgelöst werden, wenn wir die in all diesen Dingen verborgene Weisheit nutzbar machen und in Leben umwandeln möchten.

Natürlich können wir bis ans Ende der Welt gehen, um diese Dinge aufzuarbeiten, aber wenn wir nicht bereit sind, jetzt hier zu sein, gut zu uns zu sein und das zu tun, was unseren Idealen entspricht, kann uns kein Schamane dieser Welt retten.

Als Vater zweier Söhne kann ich nicht ganz frei über meine Zeit verfügen und mich immer dann in den Dschungel verziehen, wenn ich gerade eine Dosis Pachamama brauche. Deshalb halte ich mich an ein paar grundsätzliche Dinge, die mich überall da, wo ich gerade bin, den Medizinpfad erkennen lassen.

Sie können diesem Buch vermutlich entnehmen, dass das keine Patentlösung ist. Nichts wirklich Wertvolles ist mühelos zur Hand. Das Ganze ist ein im Entstehen begriffener Bildteppich in den uralte und gegenwärtige Weisheit hineingewebt sind, die dem Leben eine ganz neue Richtung geben können, doch dazu gehören Übung und Ausdauer.

Auf jedem spirituellem Weg ist Geduld das Erste, was es zu lernen gilt. Es ist und bleibt schwer einzusehen, dass der Augenblick an dem wir uns endgültig angekommen fühlen, nie eintreten wird. Wenn wir einen Gipfel erklommen haben, bietet er uns einen Ausblick auf immer weitere, die es zu bezwingen gilt.

Der Gedanke kann etwas ernüchternd wirken, wenn er uns ganz klar geworden ist. Vielleicht denken wir dann: »Was soll das alles, wenn es am Ende doch immer nur auf weitere Anforderungen hinausläuft?«

Genau gesehen, ist dieses Streben und Trachten zur Verwirklichung unserer fernen Träume ein fester Bestandteil unserer modernen Realität: Wenn ich nur jetzt die Luft noch ein bisschen länger anhalte und den ganzen Stress noch ein paar Monate oder Jahre oder Jahrzehnte ertrage, wird sich das bestimmt irgendwann auszahlen.

Wir verpfänden unser reales Leben für die Illusion einer glücklicheren Zukunft, die sich doch sicher einstellen wird, wenn wir alle Schulden beglichen haben.

Das ist wie eine vor uns zurückweichende Fata Morgana, wenn wir müde und halb verdurstet durch die Wüste stolpern. Aber die Oase ist keine Täuschung. Es gibt sie. Nur eben nicht da, wo wir sie vermuten.

Eigentlich geht es darum, einen realen, aber ungreifbaren Raum zwischen uns und der Außenwelt entstehen zu lassen. So klärt sich für uns, dass jeder Augenblick Raum bietet, der uns nährt und in dem es uns gut gehen kann, sodass unser Blick in allen Lebenssituationen immer klar bleibt.

Das ist Erd-Weisheit. Solange Sie leben und atmen, können Sie sich ihrer bedienen. Sie gehört keiner bestimmten Überlieferung, sondern ist Kernbestand vieler ursprünglicher Lehren auf der ganzen Welt.

Auf dem Heilungsweg kommt es auf den langen Atem an. Wenn wir es auf einen Kurzstreckensprint anlegen, werden wir erleben, dass die Sache uns überfordert und wir irgendwann nicht mehr können. Angehörige des Stammes der Tarahumara in Mexiko laufen hundert Meilen am Stück, aber nicht als Wettkampf.

Der Lauf ist bei ihnen Bestandteil eines Fests. Sie hoffen dann nicht auf das Ende des Laufs, sondern finden ganz im Gegenteil Lebendigkeit und Freude in jedem Schritt.

Langstreckenläufer, Kletterer und andere Ausdauersportler müssen oftmals innere Dämonen niederringen, um ihren Körper dazu zu bringen, das schier Unmögliche zu leisten. Das werden wir mit den

Übungen am Ende dieses Kapitels auf spiritueller Ebene zu erreichen versuchen: das Undenkbare vor Augen haben, um das Unmögliche zu erreichen.

Atmen Sie tief durch, trinken Sie Wasser, stimmen Sie sich ein. Das Gehen auf dem Weg ist in sich selbst der Trost. Wenn Sie sich auf ihm befinden, haben Sie ihr Ziel schon erreicht.

Ihr spiritueller Trainingsplatz

Was wäre, wenn Sie Ihr Leben und all seine Umstände als Ihr spirituelles Trainingsumfeld betrachten würden? Was, wenn Sie die Tage, die Minuten und jeden Augenblick nicht mehr als etwas sehen würden, was man hinter sich bringen muss, um irgendwie zum leichteren Teil zu gelangen, sondern wenn Sie einmal verfolgen würden, wie Sie zu allem, was Ihnen begegnet, sei es subtiler oder handgreiflicher Art, in Beziehung treten?

Wie viel von Ihrem wahren Ich geben Sie sich selbst zu erkennen und wie viel bieten sie all den anderen dar, mit denen Sie zu tun haben? Was wirft Sie aus der Bahn? Worin sind Sie besonders gut?

Spiele sind etwas, wovon wir Menschen nie genug bekommen, wie alt wir auch sein mögen. Da könnten wir doch eigentlich auch aus dieser ernsten Sache namens Leben ein Spiel machen.

Keine Sorge, Sie brauchen dazu nicht mehr als das, was Sie ohnehin bei sich haben, Ihren Körper, Ihr Denken, Ihr Bewusstsein und alles, was die Außenwelt Ihnen zuträgt.

Wenn das Leben ein Spiel wäre, woran würden Sie dann erkennen, ob Sie gewinnen? Für mich wären diese Anzeichen: Entwicklung, Liebe, Weisheit, Begeisterung und ein Gefühl von Stamm. Sie können sich an meine Kriterien halten oder Ihre ganz eigenen aufstellen.

Und woran würden Sie erkennen, dass Sie verlieren? Das wären für mich vor allem Gefühle und Regungen wie Scham, Wut, Ignoranz, Selbstgefälligkeit und Stress. Angst und Frustration habe ich weggelassen, weil es sich um natürliche Gefühlsreaktionen handelt, insbesondere wenn wir uns auf unsicheres Gelände vorwagen. (Frustration ist knifflig, weil sie in Wut oder Scham umschlagen kann, wenn wir nicht aufpassen, aber in ihrer reinen Form kann sie eine Kraft der Veränderung sein.)

Sie müssen aber beim Einrichten Ihrer inneren Maßstäbe darauf achten, dass Sie wirklich wissen, was Ihre persönlichen Bedingungen für ein erfülltes Leben voller Freude sind.

1. Aufgabe: Bemerken

Wenn Sie Ihre Ziele einmal bestimmt haben und wissen, wo Sie leicht zu verunsichern sind, ergibt sich der Rest von selbst. Gehen Sie einfach weiter durch Ihr Leben und machen Sie sich dabei bewusst, wie Sie auf Ihre Umgebung eingehen. Ihre Ziele umschreiben einen stabilen Zustand, den Sie erreichen möchten: wie Ihr Leben sein soll. Betrachten Sie sie als Steinhäufchen auf einem Wanderweg, an denen Sie erkennen, dass Sie noch in die richtige Richtung gehen.

Wir müssen aber auch die Felsabstürze und losen Schotterhänge im Blick haben, damit wir das Verzeichnis unserer emotionalen Fallgruben Tag für Tag griffbereit halten und auch konsultieren – nicht um ihnen auszuweichen, sondern um über die von Situation zu Situation verschiedenen Gefühls-reaktionen und ihre gedanklichen Auslöser Bescheid zu wissen.

Aus Schwierigkeiten lässt sich nichts lernen, solange wir nicht zugeben, dass es sie gibt. Wir haben so viele Schutzschilde und Sicherungen, so viele Geheimabsprachen mit uns selbst, dass schon das bloße Bemerken unserer Auslöser eine stolze Leistung darstellt.

Falls Sie dieses Buch Seite für Seite lesen, sind Sie weiter oben in diesem Kapitel auf meine Worte über die alte Lebensform oder Seinsweise gestoßen. Sie steht uns allen zur Verfügung und ist oft beim Aufwachen am Morgen einfach da, wenn das Leben uns noch nichts abverlangt.

Wenn wir davon ausgehen, dass wir morgens in einem weder negativen noch positiven Nullzustand aufwachen, könnten Sie sich doch einmal fragen: »Wo kann es im Lauf des Tages passieren, dass mich etwas aus meinem Grundzustand der Verbundenheit wirft?«

Sicher kennen Sie das: Der Tag lässt sich erst einmal recht nett an, aber bereits am Nachmittag sind Sie ein Nerven-bündel und auf dem besten Weg, völlig durchzudrehen.

In der Rückschau können Sie dann trotzdem nicht unbedingt feststellen, was da schiefging und wann. Aber genau da liegt die Medizin.

Wie jeder Film aus vierundzwanzig unbewegten Fotos pro Sekunde besteht, so ist jeder Augenblick unseres Lebens randvoll, und unsere persönliche Entwicklung hängt davon ab, dass wir die von Augenblick zu Augenblick wechselnden Schwingungen unserer Erfahrung wahrnehmen.

2. Aufgabe: Erinnern

Ein Instrument der Selbstsabotage, das wir Menschen mitbringen, ist das Vergessen. Das Vergessen ist von Vorteil, wenn es traumatische Erlebnisse loszulassen gilt, um sie zu überwinden, aber es kann auch unsere spirituelle Entwicklung behindern. Zu bemerken, wo und durch was wir aus unserem essenziellen Grundzustand gerissen werden, ist ein guter Anfang, aber es gelingt uns dann nicht unbedingt, die Sache in Erinnerung zu behalten, um sie später aufarbeiten zu können. Aber nicht dabei bleiben, nicht hineinsteigern, einfach nur Notiz davon nehmen.

3. Aufgabe: Bestandsaufnahme

Da Sie jetzt ihre spirituelle Röntgenbrille aufhaben und wacker den Hinderniskurs des Lebens abschreiten, sollten Sie die Auslöser vermerken, die Ihnen auffallen.

Noch einmal, es geht hier nicht um äußere Schwierigkeiten wie Reifenpannen, Knöllchen und Sprünge in der Windschutzscheibe. (Bei mir scheint sehr vieles mit dem Auto zu tun zu haben.) Äußere Turbulenzen wird es immer wieder geben, das ist die universale Konstante, auf die wirklich Verlass ist. Aber wie reagieren wir? Davon hängt es ab, was Sie bei Ihrer Bestandsaufnahme erfassen.

Gab es heute etwas, was eine nicht dem Anlass entsprechende Gefühlsreaktion bei Ihnen auslöste? Wo wallen im Alltag negative Reaktionen auf, gegen die Sie nichts tun können? Oder kommt es im Gegenteil vor, dass eine solche Reaktion ausbleibt, obwohl sie angemessen wäre? Emotionale Stumpfheit bei Erlebnissen, die Gefühle auslösen müssten, kann ebenfalls eine Menge aussagen.

Ihr Ego wird immer versuchen, die Schatten und Risse Ihrer Seele zu übermalen – lassen Sie sich nicht täuschen. Jeder, der

nicht gerade erst zur Welt gekommen ist, hat da wunde
Punkte. Das Leben auf der Erde geht nun mal mit äußeren
und inneren blauen Flecken einher. Das darf ruhig so sein,
solange die Dinge gesehen, bearbeitet und als Entwicklungs-
chancen genutzt werden.

4. Aufgabe: Die Medizin finden

Dieser ganze Ansatz beruht auf dem schamanischen Prinzip,
dass alles Medizin ist. Wie schmerzhaft, erschreckend oder
unangenehm etwas auch sein mag, wer Meister ist, hat
gelernt, das alles in Weisheit und in eine Kraft zu verwandeln,
die mehr Raum und Mitgefühl schaffen.

Denken Sie sich das als eine Art Schutzimpfung: Wir setzen
uns kränkenden Einflüssen aus, die unseren Schmerzkörper
negativ reagieren lassen, und so kann unser Organismus eine
spirituelle und psychische Immunität gegenüber künftigen
Zusammenstößen oder Übergriffen dieser Art aufbauen. Aber
wenn wir unsere Medizin nicht nehmen oder sie überdosieren,
kann es sein, dass wir nicht weiterkommen oder selbstgefällig
werden.

Und wie finden Sie die Medizin? Da sind wir jetzt an einer
ganz schwierigen Stelle auf dem Weg des Geistes.

Sie sind also offen, Sie nehmen die Feinheiten wahr, und
trotzdem werden Sie heute schon zum siebten Mal auf die
gleiche Art getriggert. Sie wissen auch, dass genau das Ihr
Treibstoff und unvermeidlich ist, aber die darin versteckte
Erkenntnis will sich Ihnen einfach nicht zeigen.

Gratuliere, immerhin sind Sie wach. Das ist schon die halbe
Miete!

Roman würde sagen: »Das ist die Arbeit, *hermano*.« Wir leben
im Zeitalter der schnellen Patentlösungen und werden in eine
Komfortgesellschaft hineingeboren, in der alles im Handum-

drehen und schmerzlos lösbar sein sollte – geht nicht gibt's nicht. Alles beschleunigt sich, soll immer schneller, besser und produktiver werden, aber der Umgang mit uns selbst und anderen leidet furchtbar darunter.

Wir wissen einfach nicht mehr, wer oder was wir sind. Mehrheitlich identifizieren wir uns mit unserem Namen. Das muss man sich mal klarmachen. Wenn Sie irgendwen fragen: »Und wer sind Sie?«, bekommen Sie in neun von zehn Fällen einen Namen genannt.

Ganz sicher bin ich nicht einfach Nick, sondern sehr viel mehr – und weniger. Ich bin ein nicht bezifferbares, in Fleisch gepacktes Lebenskraft-Gebilde. Ich bin zeitweilig ein Kanal für die anonyme, rohe Bewusstseinsenergie, die durch das Herz einströmt, zum Gehirn aufsteigt und dann über die Nervenbahnen abwärts in die Hände dieses Buchschreibers Nick gelangt, um zuletzt in Ihnen, iebe Leser, wach zu werden. (Ist das passiert?)

Es gehört schon etwas dazu, sich schonungslos zu vergegenwärtigen, was man hier zu tun hat. Wenn der Schritt getan ist, wird immer noch mehr zu tun sein, deshalb noch ein kleiner Rat: Üben Sie sich in Geduld. Nehmen Sie das Tempo raus, bleiben sie entspannt bei dem, was Sie gerade leben. Die Medizin wird Sie finden, wenn sie fertig ist.

Wenn wir uns einmal klargemacht haben, dass uns jeder Tag Chancen der persönlichen Entwicklung bietet, bekommen unsere großen und kleinen Probleme (die nie aufhören werden) eine andere Bedeutung. Sie werden genau bemessene Portionen dessen, was Sie brauchen, um weiter zu gesunden und Ihre inneren Muskeln zu trainieren: Geduld, Mitgefühl, Verbundenheit und Präsenz.

Woran erkennen Sie, ob das gelingt? Na, können Sie angesichts von bevorstehenden Schwierigkeiten konzentriert und präsent bleiben? Wenn ja, können Sie sich dem nächsten Werkstück zuwenden.

Und wenn nicht, dann ist Misserfolg immer noch der beste Lernimpuls. Halten Sie sich an die japanische Spruchweisheit »Siebenmal hinfallen, achtmal aufstehen«.

NACHWORT

Da Sie bis hierher gelangt sind, danke ich Ihnen für die Präsenz, mit der Sie meine Worte begleiten. Jeder Augenblick unseres Lebens ist kostbar und deshalb möchte ich Ihnen eine Perle schenken. Sie stammt von einer der weisesten Seelen, die ich kenne, von meinem fünfjährigen Sohn River.

Ich dachte, ich verstünde etwas vom Leben – bis ich ein Kind hatte. Roman hatte mich vorgewarnt: Familie sei die machtvollste Evolutionsmedizin überhaupt. Das war nicht einfach so dahingesagt. Dieser Junge schult mich, seit er da ist.

Einmal am Abend bin ich mit River zum gewohnten Schlafenszeit-Ritual in seinem Schlafzelt: Wir danken Pachamama für unser Leben, für alles, was sie uns schenkt, und dafür, dass wir einander haben. Plötzlich unterbricht er sich und fragt: »Papa, warum sagen wir Amen, wenn wir uns bei Pachamama für alles bedankt haben?«

»Weil wir unsere Gebete dann leichter zu Gott und ins Universum schicken können.«

»Was ist Gott?«

Gott ist das große helle Licht, von dem wir alle kommen und zu dem wir alle gehen.«

»Wie der Mond?«

»Ungefähr, aber doch anders. Gott ist das Licht, das wir in uns haben, das wir sind.«

»Wie Liebe?«

»Ja, Gott ist Liebe.«

Er schaut mir länger als eine Minute in die Augen. Ohne ein Wort, aber etwas tut sich da, was ich nicht übersetzen kann. Dann werden die Augen ganz groß, er kichert, und das Kichern geht in ein Gähnen über.

»Nacht, Papi, ich lass das Licht an, in Ordnung?«

GLOSSAR

Ayahuasca: eine psychotrope Liane der Spezies *Banisteriopsis caapi* beziehungsweise das aus ihr zubereitete Gebräu, das bei Zeremonien Verwendung findet. Ayahuasca gilt als eine der wichtigsten Heil- und Visionenpflanzen des Amazonas-Regenwalds, ihre halluzinogene Wirkung ist unübertroffen.

Coca: den Blättern dieser Pflanze werden viele Heilwirkungen zugeschrieben. Belegt ist, dass sie vor Höhenkrankheit schützen und einen Energieschub bewirken können, weshalb sie von vielen Bewohnern der Andenregion den ganzen Tag gekaut werden. Sie finden auch bei Zeremonien Verwendung.

Curandero: ein Heiler oder Medizinmann. Diesen Männern (natürlich auch Frauen) wird eine außersinnliche Beziehung zu den örtlichen Pflanzengeistern nachgesagt, durch die sie die Kräfte dieser Pflanzen zur Heilung Kranker einsetzen können.

Dieta, spanisch für »Diät«: Bei den Heilern im Amazonas-Regenwald besteht die Dieta darin, bestimmte Heil- oder Nahrungspflanzen so lange zu sich zu nehmen, bis sich ihr Geist mitzuteilen beginnt. Dazu gehört allerdings eine sehr einfache und monotone Ernährungsweise oder eben Dieta, die diese Kommunikation nicht stört.

Engelstrompete: siehe Toé.

Kraftpflanzen: So werden im Amazonas-Regenwald Pflanzen genannt, die sehr heilkräftig sind, aber bei unsachgemäßer Anwendung schwere und dauerhafte psychische und körperliche Schäden nach sich ziehen können. Beispiele sind Vilca, Mapacho und Toé (siehe dort).

Lehrerpflanzen: zu ihnen werden Ayahuasca und der San-Pedro-Kaktus gezählt. Sie sind von sehr intensiver Wirkung und Heilkraft, aber sie überfordern einen nicht, wie es bei den Kraftpflanzen (siehe dort) der Fall sein kann.

Lupuna: eine tropische Baumart, *Chorisia integrifolia,* der höchste Baum des Amazonas-Regenwalds. Aus der weichen Gewebeschicht unter der Rinde lässt sich ein Saft pressen, der für die Einführung von Schamanen-Lehrlingen von großer Bedeutung ist.

Maloka: zweistöckiger Tempelbau, wie er bei den Stämmen des peruanischen Regenwalds gebräuchlich ist. Hier finden unter anderem die Zeremonien mit den verschiedenen Heilpflanzen wie Ayahuasca, San-Pedro-Kaktus und Coca statt.

Mapacho: besonders starke verwilderte Tabaksorte (*Nicotiana rustica*), die vielfach in rituellen Zusammenhängen geraucht wird; auch Name des Flusses, in dessen Bereich die in diesem Buch geschilderten Ereignisse stattfanden.

Pachamama: der bei einigen Anden-Völkern gebräuchliche Name für »Mutter Erde«, die personifizierte Erdmutter oder Erdgöttin.

Paititi-Institut: das von Roman Hanis (der zentralen Schamanen-Gestalt in diesem Buch) gegründete Heil-Institut in Peru, das inzwischen mehrere Tochterzentren für Heilungs- und Ausbildungszwecke betreibt. An den Kursen nehmen Menschen aus aller Welt teil. https://paititi-institute.org

Palo santo, »heiliges Holz«: wird in der Form von Stäben oder Spänen als besonders aromatisch duftendes Räucherwerk verwendet.

San-Pedro-Kaktus: eine psychoaktive Kaktusart der Anden, auch Huachuma, Mescalito oder Großvater genannt. Er enthält das psychedelisch und halluzinogen wirkende Alkaloid Mescalin.

Schamane: Das Wort entstammt der tungusischen Sprache, die im Bereich des Altai-Gebirges in Sibirien gesprochen wird. Es bedeutet »Wissender« oder »Wissende«. Heute ist es weltweit verbreitet und bezeichnet Menschen, die durch psychoaktive Substanzen oder andere Maßnahmen in veränderte Bewusstseinszustände eintreten können, in denen Sie Kontakt mit der Welt der Geister oder mit bestimmten Pflanzengeistern aufnehmen, um Krankheiten zu heilen und in der Lebensgemeinschaft Harmonie zu stiften.

Toé: eine Engelstrompete der Art *Brugmansia suaveolens*. Sie ist von sehr stark halluzinogener Wirkung und muss mit äußerster Vorsicht und absoluter Sachkenntnis angewendet werden, da sonst irreversible Psychotraumata entstehen können. Auch Todesfälle sind bekannt. Erste Erfahrungen deuten auf eine mögliche Wirksamkeit bei Krankheiten wie Parkinson hin.

Vegetalista: im Amazonas-Regenwald eine Bezeichnung für Pflanzenheilkundige, die ihre Kräfte aus den Pflanzen der Region ziehen und außerdem über umfassende Heilpflanzenkenntnisse verfügen.

Vilca: eine Baumart des Amazonas-Regenwalds, *Anadenanthera colubrina*. Aus den Samen bereitet man einen heiligen Schnupftabak von stark bewusstseinsverändernder Wirkung zu.

LITERATUR

Arvigo, Rosita: *Mein Leben als Medizinfrau.* Bastei Lübbe, Bergisch Gladbach, 1999.

Beyer, Stephan: *Singing to the Plants: A Guide to the Mestizo Shamanism in the Upper Amazon.* University of New Mexico Press, Albuquerque, 2009.

Buhner, Stephen Harrod: *Plant Intelligence and the Imaginal Realm: Beyond the Doors of Perception into the Dreaming of Earth.* Vermont, Bear & Company, Rochester, 2014.

Eliade, Mircea: *Schamanismus und archaische Ekstasetechnik.* Suhrkamp, Frankfurt am Main, 2006.

Ermakov, Dmitry: *Bø and Bön: Ancient Shamanic Traditions of Siberia and Tibet in Their Relation to the Teachings of a Central Asian Buddha.* Vajra, Frederick, Maryland, 2008.

Gorman, Peter: *Ayahuasca in My Blood: 25 Years of Medicine Dreaming.* CreateSpace, Charleston, South Carolina, 2010.

Harner, Michael: *Der Weg des Schamanen: das praktische Grundlagenwerk zum Schamanismus.* Heyne, München, 2013.

Ingerman, Sandra: *Auf der Suche nach der verlorenen Seele: der schamanische Weg zu innerer Ganzheit.* Heyne, München, 2010.

Kalweit, Holger: *Urheiler, Medizinleute und Schamanen: die Wiederkehr archaischer Lebenstherapie.* Heyne, München, 1992.

Kovacic, Peter und Ratnasamy Somanathan: »Novel, Unifying Mechanism for Mescaline in the Central Nervous System«, in *Oxidative Medicine and Cellular Longevity* 2, Nr. 4 (2009), S. 181–190.

Langdon, E. Jean Matteson: *Portals of Power: Shamanism in South America.* University of New Mexico Press, Albuquerque, 1992.

Pendell, Dale: *Pharmako Gnosis: Plant Teachers and the Poison Path.* North Atlantic Books, Berkeley, 2005.

Plotkin, Mark: *Medicine Quest: In Search of Nature's Healing Secrets.* Viking, New York, 2000.

Randall, Robert: »Qoyllur Rit'i, an Inca Fiesta of the Pleiades: Reflections on Time and Space in the Andean World«, in *Bulletin de l'Institut francais d'études Andins* 11 (1982).

Schultes, Richard Evans: *Plants of the Gods: Origins of Hallucinogenic Use.* McGraw-Hill, New York, 1979.

Taylor, Bron (Hg.): *Encyclopedia of Religion and Nature.* Bloomsbury Academic, New York, 2005.

DANK

Nehme ich etwas Kreatives in Angriff, wird eine Familienangelegenheit daraus, Widerstand zwecklos. Ohne meinen Stamm, so liebevoll und reich begabt, wäre es nicht zu diesem Buch gekommen.

Danke, Mama, dass du mich in die Welt gesetzt hast und mir unerschöpfliches Mitgefühl vorlebst. Dankbar bin ich auch für deinen klaren Blick – du bist immer die Erste, der ich meine Entwürfe zeige, weil ich auf deinen Verstand zählen kann und darauf, dass du mich verstehst. Dankbar bin ich auch meiner älteren Schwester Liz, die das Buch *dreimal* überarbeitet hat. Ich habe schon als Pimpf zu dir aufgeschaut, es war praktisch vorherbestimmt, dass ich dir die literarische Seite überlasse. Und danke, Papa, dass du immer hinter mir gestanden hast. Ich habe beim Schreiben immer deinen Geist auf meiner linken Schulter gefühlt, wie er mir zuredete, mehr Anschauungsmaterial und mehr Belege einzufügen, wenn die Sache ein bisschen dünn wirkte. Dank an meinen Seelenbruder Mark DeRespinis, der vor fünfzehn Jahren den Schleier dieser Realität wegzog und mir so einen Einblick ermöglichte. Danke Nick Ortner und Kevin Gianni, Freunde fürs Leben. Ihr haltet mir vor Augen, was ich hier zu tun habe, und ihr sorgt dafür, dass die Verbindung stark bleibt. Danke Pedram Shojai und Jeff Hays, meine Mitverschwörer am Pool – Eure Offenheit, euer Humor und euer kreatives Genie sind mir immer aufs Neue Inspiration.

Roman Hanis, dir verdanke ich, dass ich immer besser sehe, was das hier alles wirklich ist. Wie gut, dass du meiner manchmal quälend langsamen spirituellen Entwicklung Raum lässt. Ich weiß gar nicht recht, wie wir uns in diesem kosmischen Tanz finden, aber es ist für mich eine große Sache, hier sein zu können.

Dank an Reid Tracy und Patty Gift vom Verlag Hay House, die auf dieses Buch setzten und mir die Freiheit ließen, auch mal abzuschweifen, wenn die Thematik es verlangte.

Danke, Sandra Kring, dass du mich so spät noch unter deine Fittiche genommen und in die Kunst des Erzählens eingeführt hast. Auf der Zielgeraden war deine Unterstützung besonders wertvoll. Auch Shannon Kring Buset danke ich für ihre Freundschaft und für alles, was Sie in Nord- und Südamerika für die indigenen Gemeinschaften tut.

Mileen Patel und Deb Larrabee – danke, dass ihr euch so unermüdlich und selbstlos für die Sacred-Science-Community einsetzt. Ohne euch wäre das alles nicht gegangen.

Dan Bailey – wir hatten keine Ahnung, auf was wir uns mit dem Film einließen, und trotzdem hast du mit mir den Absprung gewagt. Dafür großen Dank. Außerdem gehörst du zu den lustigsten und humorvollsten Bewohnern dieser Erde. Auch Carl Bailey – danke, dass du an uns geglaubt hast.

Brock Bertloff, dir danke ich für die Zeit und Liebe, die du jeder Einstellung unseres Films zugewendet hast. Du hast dir alles, was wir im Dschungel gelernt haben, wirklich zu eigen gemacht.

Zutiefst dankbar bin ich meiner geliebten Frau Michelle Polizzi. Meine Arbeit ist deine. Seit wir uns kennen, haben wir eine gemeinsame Vision für diese Welt, und ganz allmählich nimmt die Entwicklung jetzt diese Richtung. Danke, dass du mich immer vor die Tür schiebst, wenn die Medizin ruft. Deine grenzenlose Liebe für mich und unsere beiden Jungen begeistert und erstaunt mich. Zuletzt danke ich Ihnen, liebe Leser. Ihnen ist bewusst, dass Sie mehr sind als der Körper, dessen Finger und Hände die Seiten dieses Buchs umgeschlagen haben. Wie wunderbar, dass Sie auf der Suche nach Wahrheit sind. Lassen Sie sich durch nichts davon abbringen.

ZUM WEITERLESEN

BÜCHER AUS DEM GRÄFE UND UNZER VERLAG

Angakkorsuaq, Angaangaq; Quarch, Christoph:
Der Alltagsschamane. *GU*

Appel, Jenny; Grosser, Dirk: Kraftort Natur. Wurzeln entdecken,
Ruhe finden, Wachstum erleben. *GU*

Griebert-Schröder, Vera: Schamanische Alltagsrituale für Hier
und Jetzt. Kraft und Klarheit finden, wo immer wir sind. *GU*

K. Woods, Sonia: Hexenwissen und weiße Magie. Wie du dein
Leben positiv verwandelst. *unum*

Limmer, Stefan: Schamanische Seelenreisen. Kraft und Heilung
in sich selbst finden. *GU*

Limmer, Stefan: Toxische Beziehungen schamanisch heilen. *unum*

Storl, Wolf-Dieter: Meine Kräuter des Waldes. Kraftvolle
Pflanzenpersönlichkeiten entdecken und nutzen. *GU*

Tschenze, Vadim: Das spirituelle Buch von der Selbstliebe. *unum*

WEITERE EMPFEHLENSWERTE BÜCHER

Brunner, Adelheid: Pflanzenschamanismus – sich mit der Natur
verbinden. Rituale für Heilung, Kraft und Verwurzelung.
Kosmos

Fischer-Rizzi, Susanne: Medizin der Erde. Heilanwendung,
Rezepte und Mythen unserer Heilpflanzen. *AT Verlag*

Hess, Sam: Die Welt der Naturgeister. *Nymphenburger*

Krämer, Susanne: Schamanische Naturrituale. *Nymphenburger*

Villoldo, Alberto: Das geheime Wissen der Schamanen. *Goldmann*

NEUE WELTEN ENTDECKEN

ISBN 978-3-8338-8319-4

ISBN 978-3-8338-8036-0

ISBN 978-3-8338-8127-5

ISBN 978-3-8338-8108-4

ISBN 978-3-8338-8107-7

 Alle hier vorgestellten Bücher
sind auch als eBook erhältlich.

eins sein. ganz sein.

Mehr von unum auf **www.unum-verlag.de**

IMPRESSUM

© 2022 GRÄFE UND UNZER VERLAG GmbH,
Postfach 860366,
81630 München

unum

unum ist eine eingetragene Marke der GRÄFE UND UNZER VERLAG GmbH,
www.gu.de

ISBN 978-3-8338-8621-8
1. Auflage 2022

Projektleitung:
Viola Schmid
Übersetzung:
Jochen Lehner
Lektorat: Winfried Kieser
Umschlaggestaltung und
Layout:
ki36 Editorial Design
Herstellung: Renate Hutt
Satz: Uhl + Massopust,
Aalen
Reproduktion:
Longo AG, Bozen
Druck und Bindung:
Livonia Print, Lettland

GRÄFE UND UNZER

Ein Unternehmen der
GANSKE VERLAGSGRUPPE

Umwelthinweis

Nachhaltigkeit ist uns sehr wichtig. Der Rohstoff Papier ist in der Buchproduktion hierfür von entscheidender Bedeutung. Daher ist dieses Buch auf PEFC-zertifiziertem Papier gedruckt. PEFC garantiert, dass ökologische, soziale und ökonomische Aspekte in der Verarbeitungskette unabhängig überwacht werden und lückenlos nachvollziehbar sind.

Bildnachweis

Cover: Istock
Illustrationen: Adobe Stock

Syndication:
www.seasons.agency

Wichtiger Hinweis

Die Gedanken, Methoden und Anregungen in diesem Buch stellen die Meinung bzw. Erfahrung der Verfasserin dar. Sie wurden von der Autorin nach bestem Wissen erstellt und mit größtmöglicher Sorgfalt geprüft. Sie bieten jedoch keinen Ersatz für persönlichen kompetenten medizinischen Rat. Jede Leserin, jeder Leser ist für das eigene Tun und Lassen auch weiterhin selbst verantwortlich. Weder Autorin noch Verlag können für eventuelle Nachteile oder Schäden, die aus den im Buch gegebenen praktischen Hinweisen resultieren, eine Haftung übernehmen.

Die unum-Homepage finden Sie unter:
www.unum-verlag.de